Monica Lierhaus
Immer noch ich

Monica Lierhaus
mit Heike Gronemeier

Immer noch ich
Mein Weg zurück ins Leben

Ullstein

ISBN 978-3-550-08118-7
© by Ullstein Buchverlage GmbH, Berlin
Alle Rechte vorbehalten
Gesetzt aus der Kepler
Satz: Pinkuin Satz und Datentechnik, Berlin
Druck und Bindearbeiten: GGP Media GmbH, Pößneck
Printed in Germany

Gewidmet meinem Vater Horst, dem ich so viel zu verdanken habe. Er ist dem Tod dreißig Jahre lang immer wieder von der Schippe gesprungen – ein Kämpfer und Stehaufmännchen mit unfassbar vielen Talenten. Vom Beruf her war er Rechtsanwalt, doch eigentlich war er ein Feingeist, ein Künstler und Feinschmecker, und ein Mann, der sich komplett in den Dienst der Familie gestellt hat. Ich wünschte, er wäre noch bei uns.

Horst Lierhaus 18. Juli 1937 – 2. Oktober 2011

Inhalt

Prolog 11

1 Stunde null 15
2 Der große Knall 38
3 Alles auf Anfang 66
4 Einmal Hölle und zurück 85
5 Frau Meyer sagt »Tschüss!« 125
6 Endlich zu Hause 137
7 Deckname »Mona Lisa« 156
8 Mein Held 178
9 Arbeit ist die beste Therapie 190
10 Wer nach den Sternen greift … 200
11 Licht und Schatten 222
12 In jedem Abschied liegt ein Neuanfang 236
13 Bruch mit einem Tabu 245

Epilog 256

Danksagung 267
Bildnachweis 271

Als Benjamin Franklin einmal gefragt wurde, warum er eine Sache trotz großer Hindernisse nicht aufgebe, sagte er: »Haben Sie schon einmal einen Steinmetz bei der Arbeit beobachtet? Er schlägt vielleicht hundertmal auf die gleiche Stelle, ohne dass auch nur der kleinste Riss sichtbar würde. Aber dann, beim hundertundeinsten Schlag, springt der Stein plötzlich entzwei. Es ist jedoch nicht dieser eine Schlag, der den Erfolg bringt, sondern die hundert, die ihm vorhergingen.«

Aus einem Brief des Cheftherapeuten
der Rehaklinik in Allensbach,
frei nach Jacob Riis

Prolog

Am Ende wird alles gut. Und wenn es noch nicht gut ist, dann ist es eben noch nicht das Ende.
Mein neues Motto für dunkle Tage – aus dem Film *Best Exotic Marigold Hotel* (2011)

Wo beginnt man, wenn der Anfang fehlt? Wenn es nur noch Erinnerungsinseln gibt? Kleine, verstreute, weit voneinander entfernt, ohne erkennbaren Zusammenhang. Manchmal auch große, mit klaren Konturen, gefüllt mit Bildern und Geschichten. Manche dieser Geschichten kann ich jederzeit abrufen. Andere verschwimmen, verschwinden wie in einem Nebel, obwohl sie gerade noch greifbar schienen.
Mein Leben hat zwei Anfänge. Den meines alten Lebens, das im Mai 1970 begann und am 8. Januar 2009 aufhörte. Und den meines neuen Lebens, das aus unzähligen An-

fängen besteht. Jeder Tag ist ein solcher Anfang. Seit sieben Jahren.

Für meine Familie war der Anfang, dass ich überhaupt überlebt habe. Dass ich sie nach Wochen im Koma wiedererkannt habe. Dass ich zurückgekommen bin, wenn auch ganz anders, als wir uns das alle vorgestellt haben. Ihre Erinnerungen an diese Zeit sind noch da. Genau wie das Tagebuch, das Rolf damals geführt hat. In den ersten 140 Tagen sind die Einträge sehr lang, alles wurde festgehalten, jeder Fortschritt, jeder Rückschritt. Auch der Alltag und das, was diese Extremsituation für alle bedeutet hat. Nach 140 Tagen fühlte sich Rolf »leergeschrieben«, die Einträge ändern sich, werden zu kurzen Fragebögen. Was war heute gut? Was hat genervt? Was war der Fortschritt heute?

Ohne die Erinnerungen meiner Familie könnte ich die Geschichte meines zweiten Anfangs, meines neuen Lebens nicht erzählen. Es ist wie die Arbeit an einem Mosaik, das ich Stück für Stück neu zusammensetzen muss. Meine eigenen Erinnerungen sind, was diese Zeit angeht, nur in Bruchstücken vorhanden. Wenn überhaupt. Winzige Erinnerungsinseln – ein bestimmter Geruch, die Farbe einer Wand, ein paar Wortfetzen, ein Gefühl, ein Bild. Manche Erinnerungen stehen ganz für sich allein, andere hat mein Gehirn neu zusammengesetzt, so dass neue Bilder und Geschichten daraus entstanden sind.

Als ich aus dem zweiten Koma erwachte, dachte ich zum Beispiel, ich wäre in einer Klinik auf Mallorca. Hätte vielleicht einen schweren Unfall gehabt, im Urlaub. Tatsächlich hatte sich meine Schwester in meinem Krankenzimmer mit jemandem über eine geplante Mallorca-Reise unterhalten. Ein Geburtstagsgeschenk für ihren Mann. Aufgrund der kritischen Situation hatte sie ihre

Pläne aber auf Eis gelegt. Auf irgendeiner Bewusstseinsebene muss ich dieses Gespräch registriert haben.

An das, was tatsächlich passiert ist, warum ich überhaupt in einer Klinik war, kann ich mich nicht erinnern. Nicht an die langen Monate auf der Intensivstation. Nicht an die emotionale Achterbahnfahrt, die meine Familie und die Ärzte durchmachten. Nicht an die grauenvollen Ängste, die Todesangst, die etwas mit einem macht, auch wenn man dieses Gefühl nicht bewusst abrufen kann. Irgendwo tief drinnen in mir ist das alles noch da. Aber nicht alles kommt nach oben. Über manches, das nicht nach oben kommt, bin ich froh. Über anderes, zu dem mir der Zugang fehlt, möchte ich manchmal nur verzweifeln.

Etwas in mir ist damals gestorben, und etwas hat überlebt. Ich bin, was meine Fähigkeiten angeht, eine andere geworden. Ausgewechselt in der zweiten Halbzeit, ohne dass ich den Pausenpfiff gehört hätte. Ein Kern ist geblieben. Einige Charakterzüge, die mir dabei geholfen haben, überhaupt zurückzukommen. Deshalb kann ich sagen, ich bin immer noch ich, auch wenn mir manches an diesem neuen Ich fremd ist. Vielleicht immer fremd bleiben wird.

1
Stunde null

Es bleibt eine gewisse Grundtraurigkeit über diese höllische Erkrankung, die nicht nur über meine Schwester hereingebrochen ist und ihr ganzes Leben verändert hat. Das Leben unserer ganzen Familie, unseres engsten Umfelds, ist aus den Fugen geraten. Die Folgen versuchen wir bis heute zu kitten.

Eva Lierhaus

Seit dem 8. Januar 2009 ist mein Leben geteilt in ein »Davor« und ein »Danach«. Auf der Trennlinie dazwischen steht »das Unglück«. Auf den ersten Blick vielleicht ein seltsamer Begriff. Aber ich sehe das, was passiert ist, tatsächlich als Unglück. Als eine Verkettung von vielen tragischen Situationen, die so nicht abzusehen war. Vielleicht kann ich mit diesem Begriff aber auch nur besser umgehen. Weil er mir etwas mehr Raum lässt. Ein Unglück passiert; es hat Folgen, mit denen man klarkommen muss. Die sich vielleicht eines Tages in den Griff bekommen lassen. Denen man sich nicht ergeben muss wie einem »Schicksal«.

Was die Zeit vor dem Unglück angeht, weiß ich noch, dass ich seit längerem unter einem seltsamen Pochen im Kopf litt. An einem Druckgefühl über dem Ohr, das nicht weggehen wollte. Vor allem nachts war es da, weshalb ich kaum noch gut schlief. Mit zwölf oder dreizehn Jahren hatte ich zum ersten Mal das Gefühl, dass irgendetwas in meinem Kopf ist, das da nicht hingehört. Meinen Eltern gegenüber habe ich das nicht groß thematisiert, auch weil ich dachte, ich würde mir das alles vielleicht nur einbilden.

Als junge Erwachsene hatte ich dann schon einmal einen Neurologen aufgesucht, weil die Kopfschmerzen nicht besser werden wollten. Die Untersuchung hatte kein Ergebnis gebracht, und da ich ansonsten keinerlei Beschwerden hatte, beruhigte mich der Arzt mit Sätzen, die ich später auch von anderen Medizinern wieder zu hören bekam: Zu viel Stress, Frau Lierhaus, kein Wunder bei dem Pensum, Sie muten sich einfach zu viel zu, Sie brauchen eine Pause. Probieren Sie es doch mit Yoga oder autogenem Training, schalten Sie einfach mal einen Gang herunter.

»Einfach mal« einen Gang runterschalten, das konnte ich nicht, das konnte ich noch nie. Entspannungsübungen und ich – das geht nicht wirklich gut zusammen. Ich bin nicht der Typ, der los- und lockerlassen kann, ich stehe eigentlich immer unter Strom. Daran hat sich bis heute nichts geändert. Früher habe ich das vor allem im Job gemerkt. Selbst in Zeiten, in denen der Terminkalender nicht voll war, konnte ich nur schlecht entspannen. Nach der WM ist vor der WM. Ich erinnere mich noch gut an eine Diskussion mit Rolf zum Thema Freizeitgestaltung. Ich war gerade von der Fußballeuropameisterschaft zurückgekommen und hatte einige Wochen frei bis zum nächsten Großereignis.

»Genial, was du in der Zeit alles machen kannst! Fahr doch weg, nimm dir eine Pause, genieß es!«

»Bist du verrückt? In acht Wochen beginnen die Olympischen Spiele in Peking! Ich muss mich schließlich noch vorbereiten.«

So war das immer. Ich hätte nicht wegfahren können, zumindest nicht entspannt. Der Druck, den ich mir selbst gemacht hätte, wäre viel zu groß gewesen. Meine Mutter Siggi hat einmal gesagt, ich sei wie eine Kerze, die an beiden Enden gleichzeitig brennt. Wahrscheinlich hatte sie recht damit, dass das auf Dauer nicht gutgehen konnte.

Was dagegen immer gutging, war das Wegdrücken. Was nicht sein darf, das nicht sein kann. Das Pochen war noch da, auch die Kopfschmerzen und die schlechten Nächte blieben. Der Stress war noch da, mein Perfektionismus, alles war wie immer. Ich funktionierte wie ein Duracell-Häschen. Wenn ich arbeitete, war sowieso alles andere vergessen. Außerdem – da war ja auch nichts. Das hatten inzwischen nicht nur verschiedene Ärzte festgestellt, ich hatte mich sogar unter die Hände einer Reiki-Meisterin begeben. Normalerweise bin ich eher kopfgesteuert, aber ich dachte, es kann nicht schaden, wenn sie meine Energiefelder auf Blockaden untersucht. Sie hat keine gefunden.

Dass mein Zustand keineswegs normal war, kam eher zufällig heraus, als ich mir die Augen lasern lassen wollte. Ich bin stark kurzsichtig – und Brillen habe ich immer gehasst. Wahrscheinlich, weil ich in der Schule deswegen immer gehänselt wurde. »Brillenschlange«, noch dazu eine mit Zahnspange. In meinem Kinderpass klebt ein fürchterliches Foto, auf dem beides zu sehen ist. Riesiges Brillengestell, verlegenes Grinsen mit Drahtverhau vor den Zähnen. Einfach nur schrecklich.

Mit den Kontaktlinsen, die ich seit Jahren trug, hatte ich zunehmend Schwierigkeiten. Meine Augen wurden schnell trocken und brannten, und wie ein Kaninchen wollte ich vor der Kamera nun nicht gerade aussehen. Ein Kollege hatte mir vorgeschwärmt, wie problemlos das Lasern bei ihm verlaufen sei und wie sensationell er seitdem ohne Hilfsmittel sehen könne. Genau das wollte ich auch.

Ich beriet mich mit einem befreundeten Arzt, der mir ebenfalls versicherte, dass Augenlasern heutzutage vergleichsweise ein Klacks sei. Der Laser würde weitgehend von einem Computer gesteuert, das Risiko für Fehler sei gering. Hinterher müsse man noch ein bisschen aufpassen, damit man sich keine Infektion einfange. Mit Salben oder Tropfen sei aber auch das leicht in den Griff zu bekommen.

Allerdings: Bevor ich mich ambulant in eine Augenklinik begab, sollte ich mir vorher noch den Kopf durchleuchten lassen. Eine reine Vorsichtsmaßnahme, um ganz auf der sicheren Seite zu stehen. Mit Hilfe einer Magnetresonanztomographie (MRT), einem speziellen bildgebenden Verfahren, würde ich nach einer halben Stunde in der Röhre sozusagen scheibchenweise Schnittbilder meines Kopfes erhalten.

Warum nicht?

Ich rechnete mit einer weiteren Bestätigung, dass da nichts sein würde. Und dass die Kopfschmerzen schlicht davon kämen, dass ich den Fuß einfach nicht vom Gas bekam.

Den Termin für das MRT hatte ich Anfang Dezember 2008. Als ich mich wieder anzog, bekam ich mit, dass etwas nicht stimmte. Durch die Glasscheibe des Kabuffs, in dem die Röntgenassistentin bis dahin alleine gesessen hatte, konnte ich sehen, dass sich inzwischen mehrere Personen über den Bildschirm beugten.

Bei der Nachbesprechung kurz darauf wurde nicht lange um den heißen Brei herumgeredet. Ich hatte eine Anomalie im Kopf, möglicherweise schon seit Kindertagen. Ein sogenanntes Angiom, eine Art Knäuel aus Gefäßen im Kleinhirn, das sich zwischen blutzuführenden Arterien und blutabführenden Venen gebildet hatte. Solche »verknoteten« Blutgefäße können an einigen Stellen stark verengt, an anderen sehr gedehnt und dadurch dünnwandig sein. Risse können zu inneren Blutungen führen.

»Frau Lierhaus, das Angiom an sich ist so weit gutartig, sollte aber in jedem Fall entfernt werden. Was Sie vorher noch abklären müssten: Bei solchen Anomalien können sich häufig Aneurysmen bilden. Das sind Aussackungen, die jederzeit platzen und zu einem ungehinderten Blutaustritt in den Gehirnraum führen können. Das *muss* nicht passieren, vielleicht liegt bei Ihnen diese Komplikation auch nicht vor, aber wenn so ein Aneurysma platzt ... Ich würde Ihnen dringend raten, sich dahingehend noch einmal untersuchen zu lassen. Und falls der Befund positiv sein sollte, einen präventiven Eingriff vornehmen zu lassen. Damit sollten Sie nicht zu lange warten, das ist wie eine tickende Zeitbombe.«

Ich saß wie betäubt im Besprechungszimmer, die Stimme des Arztes rauschte in meinen Ohren. Also doch. Und was jetzt? Am 29. Dezember würde die Vierschanzentournee beginnen.

»Ich werde Sie zu einem Kollegen überweisen, und dann sehen wir weiter.«

Nach der nächsten Untersuchung einige Tage später hatte ich es schwarz auf weiß. Ich hatte ein Angiom *und* ein Aneurysma im Kopf. Die Haltung des Arztes war eindeutig: Wenn ich den Eingriff *nicht* machen ließ, würde ich mich einem hohen Risiko aussetzen. Platzt ein Aneurysma, endet das in gut der Hälfte der Fälle tödlich. Von den Überlebenden sind über vierzig Prozent dauerhaft durch neurologische Ausfälle oder schwere Defizite in ihrer Lebensqualität beeinträchtigt. Wie lange das in meinem Fall noch gutgehen würde, konnte mir niemand sagen. Zwei Tage, zwei Monate, zwei Jahre. Die wenigsten Menschen wissen vorher, dass sie irgendwo im Körper ein Aneurysma haben. Sie fallen einfach um, und das war's.

Ich hatte wenigstens die Chance, rechtzeitig zu handeln. Dafür zu sorgen, dass mir das nicht passieren würde. Mich nicht operieren zu lassen wäre daher ein bisschen wie russisches Roulette gewesen. Fünfmal geht es noch gut, der sechste Schuss sitzt.

Auch das Angiom musste raus, da sich dort jederzeit neue Aneurysmen bilden konnten. Ein Angiom benötigt Sauerstoff und Blut, und weil die Adern im Kopf nicht für diesen Extratransport ausgelegt sind, geht man davon aus, dass sich deshalb diese Aussackungen bilden. Außerdem konnten Blutungen aus kleinen Rissen im Angiom das Hirn schädigen. Oder das Geschwür konnte weiterwachsen und so auf lange Sicht ebenfalls Schäden verursachen.

Ließ ich diese beiden Eingriffe machen, blieben die Risiken der Operation. Und die waren in meinem speziellen Fall nicht unerheblich. Weil Angiom und Aneurysma so dicht beieinanderlagen. Weil niemand wusste, wie porös die Gefäße waren. Weil sowieso immer etwas schiefgehen konnte.

Es war eine Entscheidung ein bisschen wie zwischen Pest und Cholera.

An das, was mir in den folgenden Tagen genau im Kopf herumgegangen ist, kann ich mich heute kaum noch erinnern. Sicher hatte ich Angst, wie jeder Mensch Angst hat vor einem so schweren Eingriff. Sicher habe ich sie ein Stück weit verdrängt. Mich damit beruhigt, dass schon alles gutgehen wird. Nur ein Routineeingriff, durchgeführt von Spezialisten auf ihrem Gebiet. Alles nur zur Vorsorge, damit das verdammte Ding nicht eines Tages platzte. Womöglich noch vor laufender Kamera oder irgendwo in der Walachei, ohne eine Klinik in erreichbarer Nähe.

Geredet über meine Gefühle habe ich kaum. Das fällt mir grundsätzlich nicht leicht. Ich bin niemand, der sein Herz auf der Zunge trägt und alles fünfmal ausdiskutieren muss. Ich mache solche Dinge lieber mit mir selbst aus. Und wenn ich für mich eine Entscheidung getroffen habe, dann steht sie auch. Dann laufe ich auf Autopilot, dann geht es nur noch darum, pragmatisch alles vorzubereiten, was für diesen bestimmten Schritt nötig ist.

Einige Tage nach dem MRT stand meine Entscheidung fest. Ich würde sowohl das Angiom als auch das Aneurysma operieren lassen. In einem Aufwasch und so bald wie möglich. Mein Lebensgefährte Rolf war der Erste, den ich darüber informierte.

Ich kam nach Hause und war überrascht, dass Monica in der Küche herumwerkelte. Sie kochte mein

Lieblingsessen, Rinderfilet mit Rosenkohl. Das gab es äußerst selten, weil sie Rosenkohl wirklich grauenvoll findet. Ich dachte im ersten Moment, hui, da gibt es was zu feiern. Und sei es nur, dass wir endlich mal wieder einen ruhigen Abend für uns haben. Wir hatten beide in dieser Phase sehr viel um die Ohren, standen unter Druck und gaben uns an manchen Tagen nur noch die Klinke in die Hand.

Nach dem Essen rückte sie dann mit der Hiobsbotschaft heraus. Ich hatte keine konkrete Vorstellung davon, was ein Aneurysma eigentlich ist, welche Gefahren damit verbunden sind.

In den nächsten Tagen haben wir uns zwar informiert, aber wir waren nicht auf die ganzen Graustufen vorbereitet. Nur auf die Varianten schwarz oder weiß. Weiß hieß: Alles geht gut; schwarz hieß: Sie kann sterben. Welche Dramen dazwischen möglich sind, hatte keiner von uns beiden auf dem Schirm. Auch die Ärzte, mit denen Monica im Zuge der OP-Vorbereitung sprach, haben uns darauf nicht wirklich vorbereitet. Vielleicht, weil sie diesen verheerenden Verlauf mit all den dramatischen Verkettungen auch nicht vorhersehen konnten.

Gemeinsam mit Rolf recherchierte ich nach Kliniken in Deutschland und im Ausland, die Erfahrungen mit solchen Eingriffen hatten. In Paris gab es ein Zentrum, in dem Aneurysmen nicht mehr von menschlichen Chirurgen, sondern von Computern operiert wurden. Sicher ein hochmodernes Verfahren, aber irgendwie eine seltsame Vorstellung. Außerdem war Paris nicht gerade um die Ecke. Am Ende entschied ich mich für das Universitätsklinikum Hamburg-Eppendorf. Nicht nur wegen der Nähe zu meiner Familie und zu Freunden, sondern auch, weil ich aufgrund der Vorgespräche absolutes Vertrauen in die Fähigkeiten der Ärzte hatte. Deshalb hatte ich mir auch keine zweite Meinung eingeholt.

Die Risiken waren hoch, allein die »Basisinformationen«, die mir in einem der verschiedenen Aufklärungsgespräche vorgelegt wurden, umfassten dreizehn Seiten. In diesem Fall ging es um eine Neuro-Angiographie: Vor dieser speziellen Röntgenuntersuchung bekommt man ein Kontrastmittel. Dadurch können die Blutgefäße im Gehirn exakt abgebildet und Veränderungen genau lokalisiert werden. Auf der vorletzten Seite notierte der Neuroradiologe handschriftlich:

1) Bei Angiomen des Kleinhirns muss man nach der Operation mit der Möglichkeit vorübergehender Bewegungsunsicherheit und verwaschener Sprache rechnen (Ataxie).
2) Es liegt ein flussindiziertes Aneurysma von > 6 mm Größe vor. An dieser Stelle mit dieser Vorgeschichte und den Begleitumständen ist dies ein separates beträchtliches Risiko, das eine noch höhere Dringlichkeit als die AVM [die arterio-venöse Malformation, also das Angiom] besitzt!
Bei der Behandlung kann es zur Blutung aus dem Aneurysma kommen, mit der nicht völlig auszuschließenden Möglichkeit, dass eine solche tödlich ausgeht.

Am 19. Dezember 2008 unterschrieb ich die Einwilligungserklärung. Der Termin für den Eingriff wurde für den 8. Januar 2009 festgesetzt.

Geplant waren zwei Schritte: Ein erstes Operationsteam sollte die Blutzufuhr in das Aneurysma stoppen. Dazu sollten winzige Platinspiralen, sogenannte Coils, mit einem Katheter von der Leistenarterie bis zur Aussackung nach oben in meinen Kopf geschoben werden. An der richtigen Stelle angelangt, sollten die Coils so »aufgeklappt« werden, dass sie sich wie die feinen Ästchen eines Vogelnests an die Innenwand des Aneurysmas legten. In den Spiralen würden sich dadurch Blutgerinnsel bilden, die das Aneurysma letztlich verschließen würden.

Dann sollte ein zweites Team übernehmen, meinen Schädel hinten über dem Nacken öffnen und das Angiom entfernen. Wenn alles gutging, würde ich am 31. Januar wieder die *Sportschau* moderieren – mit dem Eröffnungsspiel der Bundesliga HSV gegen Bayern München.

—

Ich bin durch die wenigen Wochen, die mir bis zum Eingriff noch blieben, durchmarschiert, wie sonst auch, wenn ich mir etwas vornehme. Damit, wie kritisch das alles werden könnte, wollte ich mich nicht auseinandersetzen. Ehrlich gesagt habe ich trotz Aufklärung vielleicht auch nicht alles erfasst. Man sitzt da, hört zu, irgendwie rauscht es an einem vorbei. Man willigt ein in sämtliche Komplikationen, zumindest in die, die statistisch am häufigsten auftreten.

Kommt all das wirklich mit letzter Konsequenz an? Und selbst wenn es das tut, was hat man denn für Alternativen? Es muss ja trotzdem gemacht werden. Der Plan war, das Zeug raus aus meinem Kopf zu bekommen, und dieser Plan war gesetzt.

Ich lenkte mich ab mit Arbeit, bereitete meine Moderation für die Vierschanzentournee vor, packte meine Taschen und erledigte letzte Weihnachtseinkäufe. Nur der Heilige Abend verlief etwas anders als sonst. Am Vormittag hatten Rolf und ich einen Termin beim Notar. Dort setzte ich mein Testament auf. Ein Schriftstück mit acht Punkten, notariell beglaubigt. Eine gegenseitige Patientenverfügung, mit der mein Lebensgefährte und ich uns die Entscheidungsbefugnis für den Ernstfall übertrugen, hatten wir bereits einige Jahre zuvor aufgesetzt.

Seit knapp zwölf Jahren waren wir inzwischen zusammen. Die »Rosenhochzeit« zum Zehnjährigen – wenn auch ohne Trauschein – hatten wir in unserem Garten mit einem großen Fest gefeiert. Zum ersten Mal begegnet waren wir uns in den neunziger Jahren, als ich in Dresden an einem Moderatoren-Casting für die Sendung *Brisant* teilnahm. Rolf war damals als stellvertretender Programmchef für das Familien- und Tagesprogramm des MDR zuständig. Als ich 1997 dann für ein kurzes Intermezzo als Moderatorin zu *blitz* kam, trafen wir uns wieder. Er hatte seine Stelle in Dresden aufgegeben und war nun stellvertretender Redaktionsleiter bei *blitz*. Die Sendung hatte eigentlich so etwas wie *Bild-TV* werden sollen. Exklusiv versorgt durch das Blatt aus dem Springerkonzern. Ein Jahr lang hatten sie am Aufbau der Redaktion gearbeitet, doch dann war der Deal geplatzt. SAT.1 hielt dennoch daran fest und schickte die Sendung mit einem veränderten Konzept ins Rennen gegen *Explosiv* und *Brisant*.

Ich war zu *blitz* gekommen, weil ich eine überregionale Sendung machen wollte. Auch wenn Boulevard nicht gerade mein Thema war. Nach einem halben Jahr sagte ich zum ersten Mal, ich höre auf. Ich musste Moderationstexte schreiben für Beiträge, auf die ich keinen Einfluss hatte. Ich mochte das Niveau nicht besonders, die immer heftigeren Beiträge, damit man sich von den anderen TV-Magazinen abhob. Das Fass zum Überlaufen brachte dann ein Beitrag, den ich auf keinen Fall anmoderieren wollte. Es ging um einen Nachtclub in Paris, bei dem »eine Frau einer Vielzahl von Männern gleichzeitig als sexuelles Objekt zur Verfügung stand«. So die nüchterne Beschreibung der Jugendschützer für Gruppensex im Vorabendprogramm. Unterlegt war das Ganze mit Musik von Rammstein. Nachdem ich mich geweigert hatte, wurde der Beitrag schließlich an einem Sonntag ausgestrahlt, da hatte ich frei. Es hagelte Beschwerden ohne Ende, der Sender bekam ein hohes Bußgeld aufgebrummt.

Rolf und ich waren, was unsere Arbeit anging, relativ schnell auf einer Wellenlänge. Privat blieb ich eher auf Abstand. Beziehungen im Job sind immer problematisch, sie verändern das Gefüge im Team. Außerdem war Rolf verheiratet und hatte Kinder. Auf so etwas wollte ich mich nicht einlassen.

So langsam geändert hat sich das erst, als wir nach einer Redaktionssitzung einmal in größerer Runde zum Essen gingen und Rolf mich am Ende einladen wollte.

»Danke, das mach ich schon selbst.«

Ein Kollege sagte lachend: »Rolf, denk dir nichts dabei, sie mag dich auch so.«

Und ich dachte mir in diesem Moment: Stimmt eigentlich.

In den nächsten Wochen und Monaten hat sich Rolf richtig ins Zeug gelegt. Immer wieder fand ich irgendwo Postkarten von ihm, unter dem Scheibenwischer an meinem Auto, im Büro, und über das interne Nachrichtensystem tauschten wir fleißig kleine Nachrichten aus, die mit einem lauten »pling!« im Postfach des Computers landeten. Es dauerte, ich habe gezögert, mich gesperrt, aber irgendwann ... Seiner Frau hatte er schon nach zwei Wochen gesagt, er habe sich verliebt. Da wusste ich noch gar nichts von meinem Glück.

Für meine Eltern war er von Anfang an wie ein zweiter Sohn, vor allem meine Mutter Siggi machte es ihm leicht, in die Familie hineinzufinden. Nur mit Eva gab es zunächst einige Eifersüchteleien, weil meine Schwester und ich so eng miteinander sind und ständig zusammenglucken. Nicht erst, seitdem wir wieder im gleichen Haus wohnen. Das war immer schon so. Für den Fall, dass es Rolf einmal zu viel werden sollte, schenkte sie ihm eine Postkarte. Mit der Aufschrift »schwesternfreie Zone«. Ein Spaß – aber mit ernstem Hintergrund. Er sollte die Karte an die Wohnungs- oder Küchentür hängen, wenn er uns einmal nicht im Doppelpack haben wollte. Soweit ich mich erinnere, hing sie aber immer nur an der schwarzen Schiefertafel in der Küche und kam nicht zum Einsatz.

Eva und ich sind aufgewachsen wie Zwillinge. Exakt ein Jahr und fünf Tage sind wir auseinander. Wir hatten die gleichen Frisuren und viele Jahre lang immer das Gleiche an. Nur die Farben waren unterschiedlich. Eva in Rot, ich in Blau. Eine hatte die blonde Puppe, die andere die dunkelhaarige. Die eine lag im roten Puppenwagen, die andere im blauen. Unsere Mutter fand das »niedlich«. Vor allem aber sehr praktisch, weil es weniger Zankereien darum gab, wer was anziehen wollte. Sie zog das tatsächlich konsequent durch, bis wir schon in der sechsten Klasse auf dem Gymnasium waren.

Eva hat sich nie daran gestört, sie hatte nicht das Gefühl, sich abgrenzen zu müssen. Während ich mit der Zeit nur noch genervt war. Den ganz offenen Aufstand habe ich trotzdem nicht gewagt. Sondern mir heimlich im Turnbeutel andere Klamotten mitgenommen, damit ich mich auf der Schultoilette umziehen konnte. Als meine Mutter das irgendwann mitbekam – schließlich steht nicht jeden Tag Sport auf dem Stundenplan –, war die Zeit der Lierhaus-Zwillinge vorbei. Aber wenn es nach meiner Schwester gegangen wäre, hätten wir wahrscheinlich noch das Abitur als doppelte Lottchen gemacht.

Mir kam das Leben damals manchmal vor wie eine nicht enden wollende Schleife aus Wiederholungen. Meine Schwester war mit allem einen Tick früher dran. Überraschungen waren Fehlanzeige. Sogar wenn wir Geburtstag hatten. Ich wusste schon fünf Tage vor meinem, was ich geschenkt bekommen würde. Auch da waren unsere Eltern konsequent gerecht. Wenigstens musste Eva fünf Tage warten, bis der große Kindergeburtstag gefeiert wurde, denn auch der fand natürlich gemeinsam statt. Für mich war das ein eher schwacher Trost.

Es gab uns lange nur im Doppelpack, lange haben wir zwei uns in gewisser Weise selbst genügt. Wir hatten die gleichen Interessen, gingen jahrelang in die gleiche Klasse und den gleichen Sportverein und teilten uns zu Hause lange Zeit ein Zimmer. Das Blöde daran war, dass Eva so wahnsinnig schlampig war! Superschlampig. Jeder von uns hatte einen Sessel im Zimmer; auf meinem konnte man sitzen, Evas war die Außenstelle vom Kleiderschrank. Unsere Eltern hatten schon die größten Befürchtungen, wie es aussehen würde, wenn sie mal eine eigene Wohnung hätte. Aber da war es wie geleckt, alles super aufgeräumt. Das war wohl Evas kleine Rebellion, weil ich so ordentlich war. Das Gute an unserem gemeinsamen Zimmer war, dass ich immer jemanden zum Reden hatte. Abends, wenn sie ihre Ruhe haben wollte, drehte ich erst richtig auf. Kam nur noch »Hmmhmm« aus ihrer Ecke, habe ich einfach irgendeinen Blödsinn erzählt, um sie zu testen. Und schon war sie aufgeflogen. Wenn wir uns heute auf Reisen ein Doppelzimmer teilen, geht dieses Spielchen weiter. Ich erzähle, Eva »hört zu«.

Die »beste Freundin« gab es bei uns nicht, wir hatten ja uns. Bis ich mit sechzehn oder siebzehn auch hier meinen eigenen Weg zu gehen begann. Mir einen eigenen Freundeskreis aufzubauen, darauf zu achten, dass es keine Überschneidungen gab, mich abzugrenzen, wo ich nur konnte. Das emotionale Band zwischen uns ist trotz meiner Abnabelungstendenzen selbst in dieser Zeit nie ganz abgerissen.

Ich brauchte diese Phase der Unabhängigkeit, des Allein-durch-die-Welt-Gehens. Das ist ein Schritt, der einem leichter fällt, wenn man weiß, dass man den Rückhalt anderer Menschen hat. Den hatte ich von Eva immer. Sie hat ein enormes Gespür für mich, sie weiß instinktiv, wie es mir geht. Manchmal noch bevor ich es weiß. Und auch wenn wir über größere Distanzen oder längere Zeit voneinander getrennt waren, hatte sie einen siebten Sinn. Anfang der neunziger Jahre zum Beispiel war Eva einmal in Venedig im Urlaub und konnte mich nicht wie gewohnt erreichen. Sie hatte geträumt, dass sie mir eine Niere gespendet hatte, und machte sich große Sorgen. Tatsächlich lag ich zu dem Zeitpunkt mit einer Nierenentzündung im Krankenhaus. Ihr Gespür für mich ist beinahe unheimlich, und heute ist es stärker denn je.

Es muss so nach etwa zweieinhalb Monaten in der Uni-Klinik gewesen sein. Wir waren inzwischen einigermaßen an die Situation gewöhnt und nicht mehr übermäßig ängstlich wie noch am Anfang. Jedenfalls waren meine Mutter und ich schon seit gut vier oder fünf Stunden in der Klinik. Es ging auf 19 Uhr zu, wir wussten, Rolf kommt jeden Augenblick, um uns abzulösen. Wir waren beide recht müde und kaputt und entschieden uns zu gehen. Wir haben uns von Monica verabschiedet und waren schon fast durch die Eingangshalle durch, kurz vor dem Klinikausgang.

Ich weiß bis heute nicht, was es war, ein komisches Gefühl. Auf jeden Fall sagte ich zu meiner Mutter: »Nein, komm, lass uns umdrehen und doch besser warten, bis Rolf da ist. Wir sollten sie jetzt nicht allein lassen.«

Wir waren kaum fünf Minuten zurück im Zimmer, als bei meiner Schwester plötzlich gar nichts mehr ging. Sie bekam keine Luft, röchelte wie verrückt und rang um Atem. Ich sprang auf und rannte auf den Flur, nirgendwo war jemand zu sehen, nirgendwo ein Arzt oder eine Schwester. Meine Mutter hat dauernd geklingelt, aber niemand hat reagiert. Monicas Oberkörper bäumte sich immer wieder auf im Bett, es war furchtbar. Ich hab nur noch gebrüllt. Hilfe! Wir brauchen sofort Hilfe!

Zum Glück kam in diesem Moment die Stationsärztin mit zwei Pflegern aus einem anderen Patientenzimmer; die wussten im ersten Augenblick gar nicht, was passiert war. Ein dicker Pfropfen hatte sich vor den Schlauch gesetzt, mit dem sie beatmet wurde. Das Ding war komplett zu.

Der Internist sagte mir am nächsten Tag, wenn wir nicht da gewesen wären und sofort reagiert hätten ... Sie wäre entweder erstickt, und wenn nicht, wäre die Sauerstoffzufuhr zum Gehirn so lange unterbrochen gewesen, dass sie einen irreparablen Schaden erlitten hätte. Und das bei all dem, was sie zu dieser Zeit schon hinter sich hatte. Ich hätte mir ohne Ende Vorwürfe gemacht, wenn wir nicht umgekehrt wären.

Die Phase unserer Abkapselung war sehr wichtig, für jede von uns. Für Eva war es sicher nicht immer leicht, die Verantwortung für »die Kleine« zu übernehmen, obwohl ich sie an Zentimetern schon nach gerade einmal vier Jahren überholt hatte. Und vor allem, weil ich nicht wollte, dass sie diese Verantwortung übernahm. Auf dem Schulweg habe ich sie einmal angeschnauzt, dass sie nicht dauernd neben mir laufen müsse. Ich könne das schon alleine. Augenrollend hielt sie von da an ein paar Meter Abstand. Für mich war es im Gegenzug einfach nervig, immer alles vorgelebt zu bekommen.

Heute passt zwischen uns kaum ein Blatt. Seit dem Unglück hat sich unsere Beziehung noch einmal intensiviert. Auch wenn sie vorher schon zu den wichtigsten und wertvollsten Menschen in meinem Leben gehört hat. Wenn ich mal wieder in einem ganz dunklen Loch sitze, schafft sie es, mich mit ihrem Humor da herauszuholen.

Meistens jedenfalls. Es gibt Tage, an denen mir das nicht gelingt. An denen auch bei mir einfach alles schiefläuft, ich emotional an meine Grenzen komme. Monica merkt das sofort und hat ein besonders schlechtes Gefühl, wenn sie mich dann auch noch beanspruchen muss, weil es nicht anders geht. Dieses auf andere angewiesen zu sein ist ja ohnehin das Härteste für sie. Meine Schwester war das erste von uns drei Kindern, das aus dem Elternhaus ausgezogen ist, auf eigenen Beinen stehen wollte. Obwohl sie die Jüngste war. Aber sie hatte schon als Kind einen atemberaubenden Unabhängigkeitsdrang und hat immer sehr auf eine gewisse Distanz geachtet. Manchmal denke ich, dass es mir in ihrer Situation leichter fallen würde, Hilfe anzunehmen. Für jemanden wie sie, der so viel Wert auf Eigenständigkeit legt, muss es sich vor allem in den ersten Jahren angefühlt haben, als würden Tausende Hände ständig an ihr herumfummeln, sie durchchecken, ihre Fortschritte bewerten. Jeden Tag sagt ihr jemand, wie tapfer sie ist und wie gut sie das alles macht. Am Ende des Tages bleibt sie aber mit sich und diesem neuen Leben allein. Mit den kleinen Erfolgen, vor allem aber mit den Rückschritten.

   Wenn sie dann noch mitbekommt, welchen Spagat ich manchmal vollführen muss zwischen den Bedürfnissen meiner eigenen Familie, und sie nun auch noch etwas braucht, dann kippt es total, und alles ist nur noch schwarz. Sie ist traurig, dass sie mich braucht, wütend, dass sie wieder mal etwas nicht alleine hinbekommt. Mit dieser Reaktion kann ich dann eher schlecht umgehen – und schon ist bei uns beiden die Stimmung im Keller.

—

Am zweiten Weihnachtsfeiertag fuhren wir zu meinen Eltern. Den ganzen Nachmittag über drückte ich mich nach Kräften davor, ihnen von der Diagnose und der anstehenden Operation zu erzählen. Erst als es nicht mehr länger ging, als wir fast schon im Aufbruch waren, rückte ich damit heraus.

Ich sehe sie noch vor mir sitzen, am Kaffeetisch, draußen wurde es schon langsam dunkel. Kurz bevor sie gehen wollten, sagte Monica ganz fröhlich: »Übrigens, ich lasse das und das machen, zur Vorsorge. Ach, Siggi, das wird gar nicht so schlimm. Ich bin in besten Händen dort, reine Routine, mach dir keine Sorgen. Ich gehe jetzt ein paar Tage in die Klinik, und Ende Januar moderiere ich dann das Bayern-Spiel.«

Als sie weg waren, saßen mein Mann und ich eine ganze Weile einfach nur schweigend da. Es war eine seltsame Stimmung, die Kerzen am Weihnachtsbaum brannten, auf dem Tisch standen noch das Kaffeegeschirr, ein Teller mit Plätzchen und die Reste der Schwarzwälder Kirschtorte. Wir waren so erstarrt, dass wir die Tragweite im ersten Moment gar nicht realisiert haben.

Was damals genau in mir vorging, kann ich nicht mehr sagen, man verdrängt das mit der Zeit ja auch. Sicher haben wir uns in den nächsten Tagen informiert, was das alles zu bedeuten hatte. Welche Risiken bestanden. Geändert hat sich dadurch nichts. Monica war so klar in dem, was sie wollte, so klar in dem, dass es keinen anderen Weg gab als diese Operation. Es gab letztlich ja auch keine

Alternative, außer der, abzuwarten, bis sie einen Schlaganfall hat oder tot umfällt.

Nach dem Besuch bei meinen Eltern fuhren wir nach Hause und packten. Wir wollten über Silvester an die Nordsee fahren, bevor ich am 6. Januar das Abschlussspringen der Vierschanzentournee im österreichischen Bischofshofen moderieren würde.

In den Tagen zwischen den Jahren telefonierte ich auch endlich mit meiner Schwester Eva, die mit ihrem Mann in Florida war. Auch das hatte ich bis zum letzten Moment hinausgeschoben, weil ich ihr Weihnachten nicht verderben wollte. Außerdem wusste ich genau, wie sie tickt. Kaum hatte ich ihr von der Operation erzählt, sagte sie tatsächlich, sie käme sofort nach Hamburg zurück. Auf keinen Fall werde sie mich in dieser Situation alleinlassen. Ich konnte das erfolgreich abbügeln: Das lass mal schön bleiben, das ist völliger Unfug. Nach dem Eingriff noch drei Tage Intensivstation, dann noch ein paar Tage auf der normalen. Und wenn ich dann nach Hause kann, kommst du gerade wieder zurück. Das passt doch perfekt.

Ich wollte den Ball möglichst flachhalten, vermutlich auch, um mich selbst zu beruhigen. Nur kein Wirbel, alles Routine. Ich wollte das Gefühl, dass schon alles gutgehen wird, nicht damit durchbrechen, dass irgendjemand seine Pläne ändert. Das wäre wie ein böses Omen gewesen.

Das Abschlussspringen der Vierschanzentournee habe ich mir von Amerika aus im Internet angesehen. Ich erinnere mich noch, dass Monica Martin Schmitt interviewte und dass sie mit dem Gewichtheber Matthias Steiner hoch oben auf dem Startbalken der Schanze saß und sich mit ihm unterhalten hat. Hinterher hat er sie in die Luft gestemmt, wie eine Hantel. Hängengeblieben ist mir auch noch, dass sie hinten auf einem fahrenden Schneemobil saß und von dort aus moderierte.

Sie hat so gestrahlt, sie war so unglaublich drauf, so vital – und das alles in dem Bewusstsein, in zwei Tagen liege ich auf dem OP-Tisch. Ich saß in Florida vor dem Bildschirm und heulte. Im Nachhinein habe ich mir natürlich Vorwürfe gemacht, dass ich nach dem Anruf nicht sofort umgebucht habe. Aber wenn Monica sich etwas in den Kopf gesetzt hat, kommt man kaum dagegen an. Wird schon alles, Evimaus, Siggi wird dich sofort anrufen, wenn alles überstanden ist.

Nach dem Springen flog ich von Salzburg nach Hamburg. Meine Tasche mit den dicken Winterklamotten und den Wärmekissen, die ich immer in den Jackentaschen hatte, weil ich ständig unter kalten Händen litt, schmiss ich in den Flur. Dann suchte ich meine Sachen für die Klinik zusammen. Etwas Wäsche, Schlafanzug, Waschzeug. Als Letztes legte ich ein kleines Fotobuch in die Reisetasche. Rolf hatte es mir extra für diesen Anlass gebastelt: »In guten wie in schlechten Zeiten«. Wir zwei im Central Park beim Schlittschuhlaufen, noch ganz am Anfang unserer Beziehung. Meine kleine Lucy, meine Dalmatinerhündin, auf einer quietschbunten Decke im Auto. Eva und ich auf einem Holzsteg. Unser Haus im

Winter mit dicken Schneehaufen im Garten. Zumindest für Hamburger Verhältnisse. Ein Sonnenuntergang an der Nordsee. Es waren sicher nicht die klassisch-schönsten Bilder, aber in jedem Fall welche, die ich im Herzen trug. »Wir sind alle in Gedanken bei dir und freuen uns tierisch auf deine Heimkehr!«

Als ich es durchblätterte, hätte ich heulen können. Es war vielleicht das erste Mal, dass ich wirklich Angst vor diesem Schritt hatte. Davor, dass ich diese Bilder nie wieder ansehen, solche unbeschwerten Situationen nie wieder erleben würde. Eigentlich bin ich ein eher angstfreier Mensch. Angst habe ich nur vor Spinnen, mächtig sogar. Das Schlimmste war wahrscheinlich das Gefühl des Ausgeliefertseins. Ein absoluter Kontrollverlust. Ich hatte nicht in der Hand, was passiert. Wenn man im Job hinschmeißt, wenn man auf dem Sportplatz eine Niederlage kassiert, weiß man in etwa, was auf einen zukommt, wie man damit umgehen kann. Bei dem, was für den nächsten Tag in meinem Kalender stand, ging es darum, sich in andere Hände zu begeben. Um Vertrauen. Und ein bisschen auch um Gottvertrauen.

Bevor ich den Reißverschluss zumachte, steckte ich noch einen kleinen grünen Buddha aus Jade in die Tasche. Etwas feist sah er aus, aber er lachte ganz herzlich. Ich hatte ihn einmal für meinen Vater gekauft, als Glücksbringer vor einer seiner Herzoperationen. Er hatte ihn mir zurückgegeben und dabei gemurmelt: »Hat ja schon einmal funktioniert, dass er auf uns aufpasst!«

Wenig später brachte Rolf mich in die Klinik. Wir redeten nicht viel, jeder hing seinen Gedanken nach. Im Fernsehen lief *Schattenkind*, eine Episode aus der Reihe »Bloch«. Es ging um einen Achtzehnjährigen, der an Leberkrebs erkrankt war.

Tag 0[1]
Was für ein emotionaler Film zum Abschied. So wahr und so ehrlich und mit so vielen dramatischen und auch schönen Facetten, die das Leben zu bieten hat.

Ich drücke dich und versuche, mir so wenig wie möglich anmerken zu lassen, wie schlecht es mir geht. So wie du es auch all die Tage zuvor gemacht hast.

Ich gehe zum Auto und fühle mich sehr schlecht dabei.

Unsere Wohnung wirkt riesengroß und leer. Ich zappe und zappe durch das Fernsehprogramm und bleibe nirgends hängen. Mir ist kalt, obwohl ich mir deine rote Lieblingsdecke bis an die Ohren gezogen habe.

Erst nach Stunden schlafe ich endlich ein.

Am Morgen des 8. Januar wurde ich für die Operation vorbereitet. Die langen Klinikflure, die Schleusen zum Operationsbereich, das grelle Licht, die Monitore, das erste Team, das bereitstand. Aufmunterungen, gleich geht es los. Nur noch die Kanüle für die Narkose, die letzten Verkabelungen – von da an weiß ich nichts mehr.

---

1 Dieser und die folgenden mit »Tag X« überschriebenen Auszüge stammen aus den »Kliniktagebüchern«, die Rolf vom 7. Januar 2009 bis zum 11. Dezember 2009 geführt hat.

2

Der große Knall

Heute denke ich mir oft: Mensch, Monica, es läuft so gut, privat und auch im Beruf, das ist doch fast ungerecht. Irgendwann kommt bestimmt der große Knall. Ich bin ein Mensch, der grundsätzlich eher pessimistisch eingestellt ist.

Aus einem Interview mit dem *Spiegel* (2006)[2]

Tag 1
Ich habe mir den ganzen Tag voll mit Terminen gelegt, in der Hoffnung, mich ein wenig ablenken zu können. Um 10 Uhr bin ich beim Friseur, habe mein Handy dabei, auf leise.

Nach dem Haarewaschen komme ich zu meinem

---

2 Schallenberg, Jörg: Interview mit Monica Lierhaus. In: *Spiegel online*, 27. April 2006.

Stuhl zurück und sehe zwei entgangene Anrufe auf dem Display. Eine Hamburger Nummer, die ich nicht kenne, mit einer 7 am Anfang. Ich schaue auf die Karte der Klinik und sehe, was ich eigentlich weiß: Die Nummer beginnt mit einer 4. Beruhigt lege ich das Handy zur Seite.

10.17 Uhr. Wieder klingelt das Telefon. Dieselbe Nummer. Ich gehe ran.

»Ich habe keine guten Nachrichten. Beim Versuch, das Aneurysma zu verschließen, ist es an einer Stelle aufgebrochen und nahezu geplatzt.«

Ich frage nach, was das konkret heißt.

»Ich bitte Sie zu kommen. Es sieht sehr, sehr schlecht aus. Wir haben derzeit keine Hoffnungen, dass Ihre Frau überlebt.«

Ich springe mit nassen Haaren vom Stuhl und fahre in die Klinik. Im Radio läuft »I'm Outta Time« von Oasis.

Out to sea
It's the only place I honestly
Can get myself some peace of mind
You know it's getting hard to fly.

If I'm to fall
Would you be there to applaud
Or would you hide behind them all?
'cause if I am to go
In my heart you'd grow
And that's where you belong.[3]

---

3 Aus dem Album *Dig Out Your Soul*, Big Brother (Indigo), veröffentlicht 2008.

Im UKE [Universitätsklinikum Hamburg-Eppendorf] erklären mir die Ärzte, dass das Aneurysma so brüchig gewesen sei, dass es mit an Sicherheit grenzender Wahrscheinlichkeit innerhalb der nächsten ein bis zwei Jahre von alleine geplatzt wäre. Keiner von ihnen habe in seiner beruflichen Laufbahn so etwas schon einmal erlebt. So wäre es wenigstens unter den maximal besten Bedingungen passiert, denn sie hätten sofort reagieren können.

Allerdings habe es trotzdem 25 Minuten gedauert, bis sie die Blutung zum Stillstand gebracht hätten. In dieser Zeit sei der Druck im Kopf und auf das Gehirn so stark gestiegen, dass man derzeit nur vom Schlimmsten ausgehen könne.

Im Augenblick würde ein zweites Ärzteteam im OP versuchen, durch das Bohren von zwei Löchern in den Schädel den Druck wieder herunterzubekommen. Niemand könne sagen, welchen Schaden das Gehirn bereits genommen hat. Die Pupillen seien für etwa 20 Minuten extrem geweitet gewesen und lichtstarr. Ein Zeichen für enormen Druck im Kopf.

Einige Zeit später überbringt uns ein Arzt die neuesten Nachrichten aus dem OP. Der Druck ist raus, die Pupillen sind wieder klein. Aber auch dieser Arzt sagt, nach all dem, was er gesehen habe, habe er eigentlich keine Hoffnung mehr. Zumal bei solchen dramatischen Situationen ein sehr großes Nachfolgerisiko bestehe.

Die Tränen schießen mir in die Augen.

Nach einer Weile frage ich, was ich den Eltern sagen soll. Ich möchte eine möglichst klare Ansage, ich will ihnen weder die Hoffnung nehmen noch eine geben, wenn keine mehr besteht. Die Antwort ist eindeutig: »Sie müssen den Eltern sagen, dass es sehr, sehr ernst steht und die Prognose sehr schlecht ist.« Es heißt, du wirst die Nacht vermutlich nicht überleben.

Mit dieser Information im Kopf steige ich ins Auto und fahre zu deinen Eltern.

Ich denke, es war so gegen 11.30 Uhr, als Rolf ankam. Ich war draußen im Garten und unterhielt mich über den Zaun mit Nachbarn.
Ich wusste natürlich, dass Monica an diesem Tag operiert wird, wie hätte ich das vergessen können! Aber der Eingriff sollte ja eine ganze Zeit dauern, bis in den Nachmittag hinein. Ich dachte im ersten Moment, Rolf kommt auf ein spätes Frühstück vorbei, damit wir uns gemeinsam etwas ablenken können. Ich hab mich gefreut, ihn zu sehen, und bin winkend auf ihn zugegangen. Aber er war so ernst, konnte mir kaum in die Augen sehen. Erst da hab ich realisiert, dass etwas nicht stimmt. Wir gingen hinein, und im Haus sagte er mir, dass Komplikationen aufgetreten seien. Die Ärzte wüssten nicht, ob Monica überlebt.
Ich bin völlig zusammengesackt, mein Mann hat mich dann irgendwie aufs Sofa gelenkt, es war furchtbar. Man ist so leer im Kopf. Man bekommt alles nur noch schemenhaft mit, wie durch einen Schleier, und denkt immer nur diesen einen Gedanken: Das kann doch nicht wahr sein, mein Kind! Mein Kind! In einem solchen Moment bricht die Welt zusammen. Ich war zu keiner vernünftigen Reaktion mehr fähig.

Nur am Rande habe ich mitbekommen, wie Rolf und mein Mann immer wieder mit der Klinik telefonierten und für 16 Uhr ein Treffen mit allen Ärzten vereinbarten. Inzwischen hatten sie Monica ins Koma versetzt und auf die Intensivstation verlegt. So gegen zwei rief mein Mann dann in Florida an.

Ich hob den Hörer ab und war überrascht, dass mein Vater am Apparat war. Zum einen war es viel zu früh für diesen Anruf, zum anderen hätte ja Siggi anrufen sollen. Als er mich mit Eva-Maria ansprach, wusste ich, es ist etwas passiert. Mein Vater sagt nie Eva-Maria zu mir! Als er dann noch, als zweiten Satz, hinterherschob: »… Sie hatte ein gutes Leben«, da hab ich nur noch geschrien. Von da an war ich wie weggetreten, konnte den Hörer nicht mehr halten. Mein Mann musste das Gespräch schließlich übernehmen, er ließ sich erklären, was passiert war.

Der Satz, der mir die ganze Zeit nicht mehr aus dem Kopf ging, war: Die Ärzte haben gesagt, dass Monica die Nacht wahrscheinlich nicht überleben wird. Ich dachte nur, das kann sie nicht tun. Sie muss es irgendwie schaffen durchzuhalten.

Und wir mussten es schaffen, so schnell wie möglich zu ihr zu kommen. Ich wusste, wenn ich bei ihr wäre, würde sie nicht gehen. Mein Mann hat alle Hebel in Bewegung gesetzt, dass wir irgendwie auf den nächsten Flieger nach Hamburg kamen. Ob wir noch rechtzeitig ankommen würden, stand in den Sternen. Ich habe den ganzen Flug über versucht, Monica positive Energien zu schicken: »Halte durch, ich komme, warte auf mich, und alles wird gut.«

—

Ich kam zur Überwachung auf die Neurochirurgische Intensivstation. Im OP hatten die Ärzte wie Löwen gekämpft, um die Blutung zu stillen und den Hirndruck abzusenken. Alle gingen davon aus, dass die Lebensfunktionen so geschädigt waren, dass ich es nicht schaffen würde. Es ging letztlich nur noch darum, mich so weit zu stabilisieren, dass alle Abschied nehmen konnten. Das war auch die Ansage für die Intensivpfleger. Ein Notfall kommt, Stabilisieren, Halten, so lange es geht.

Am späten Nachmittag kamen meine Familie und die Ärzte in einer großen Runde zusammen. Noch einmal wurde erläutert, was genau passiert war und wie es – aller Voraussicht nach – weitergehen würde.

Ich habe noch nie einen Arzt weinen sehen. Als mein Mann, Rolf und ich in der Runde mit den drei Professoren saßen und sie uns mitteilten, dass unsere Tochter die Nacht nicht überleben würde, liefen einem von ihnen permanent die Tränen herunter. Er musste immer wieder sein Taschentuch hervorholen. Er kannte Monica von früher, die beiden hatten bei der Initiative »Nichtrauchen ist cool« zusammengearbeitet. Er war es auch gewesen, der vor dem Augenlasern darauf bestanden hatte, dass sie sich den Kopf durchleuchten lässt. Ich habe von dieser Besprechung sehr wenig mitbekommen, nur seine Tränen, die werde ich mein Leben lang nicht vergessen.

Nachdem alles gesagt war, fragten uns die Ärzte, ob wir uns jetzt von Monica verabschieden wollen. Rolf zögerte und entschied sich schließlich dagegen. Er wollte Monica so in Erinnerung behalten, wie sie war; aber ich musste meine Tochter einfach sehen. Ich bin dann zu ihr gegangen, in ihr Zimmer auf der Intensivstation. Die Situation war so unwirklich. Monica sah wie ein vierzehnjähriges Mädchen aus, so zart und so friedlich. Wie ein Engel.

Tag 1, am Abend nach der OP
Mir ist hundeelend, und ich laufe verstört durchs Haus. Vorbei an den nicht ausgepackten Taschen vom Skispringen, den dunklen Fenstern, durch die leere Küche. Gott sei Dank kommt Eva morgen, dann wird sich alles wieder etwas beleben.

Um 22.30 Uhr rufe ich noch einmal auf der Intensivstation an. Du liegst im künstlichen Koma, der Hirndruck und die Werte sind so weit stabil, sagt der Arzt. Trotzdem habe ich eine Höllenangst, dass in der Nacht das Telefon klingelt.

Das Telefon klingelte nicht. Das künstliche Koma war auch zwei Tage nach dem großen Knall stabil, die Werte so weit unter Kontrolle. Wenngleich eine Computertomographie (CT) ergab, dass sich noch ein Infarkt im Kleinhirn ereignet hatte. Genau in dem Bereich, wo der Druck zwischen Aneurysma und Angiom bei der Blutung am größten gewesen war. Was das zu bedeuten hatte, konnte keiner genau sagen.

Zu Hause rangen alle um größtmögliche Ruhe. Es muss eine furchtbare emotionale Achterbahnfahrt gewesen sein. Jeder hatte seine eigene Art, damit umzugehen. Schweigen, Heulen, die bohrende Frage nach dem Warum, die Flucht in Aktionismus. Als Rolfs Eltern ein paar Tage später dazukamen, änderte sich das Gefüge noch einmal. Menschen, die sich nicht besonders gut kannten, sich immer noch siezten und nun in einer totalen Ausnahmesituation nicht nur mit sich klarkommen mussten. Ein brüchiges Gebilde. Und über allem Sorge und Angst. Vor allem davor, eine Entscheidung treffen zu müssen.

Ich hatte mit den Ärzten vor der Operation offen darüber geredet, welcher Zustand im Fall der Fälle für mich akzeptabel sein würde. Ein Leben, nur von Maschinen gesteuert oder mit allerschwersten Beeinträchtigungen, wäre es nicht. Noch konnte dazu niemand etwas sagen. Noch änderte sich alles ständig. Alle mussten lernen, im Stunden-Rhythmus zu denken. Es gab kein vorausschauendes Handeln mehr, nur noch ein Reagieren. In einem Moment schien alles verloren, im nächsten gab es wieder einen Silberstreif am Horizont. Der mit Schwarzwälder Kirschtorte und einem Glas Sekt gefeiert wurde. Der hellste Silberstreif war, dass ich überlebt hatte und Tag um Tag durchhielt. Immer noch im Koma, aber ich war noch einmal von der Schippe gesprungen.

—

Zu dem ganz normalen Wahnsinn, den alle Angehörigen in so einer Situation durchstehen müssen, kamen in meinem Fall spezielle Probleme hinzu. Noch am Tag der Operation war ein Codename vereinbart worden für alles, was mit mir zu tun hatte: »Römer«. Alle wussten, dass es nicht lange dauern würde, bis in der Klinik rum war, wer da oben auf der Intensivstation lag. Und was passiert war. Schnell würden dann erste Gerüchte auch außerhalb der Klinikmauern die Runde machen. Wie sollte man damit umgehen? Wann und vor allem wie sollte die Öffentlichkeit informiert werden? Dass man sich in so einer Lage überhaupt Gedanken über so etwas machen musste, war absurd genug. Aber so war es nun einmal.

Gemeinsam mit meinem Vater ging Rolf eine Liste mit Pros und Contras zu verschiedenen Vorgehensweisen durch. Agierten sie passiv, würde es vielleicht etwas länger ruhig bleiben. Gleichzeitig hätte man ständig Angst, dass etwas nach draußen sickert. Und dann hätte man keine Kontrolle mehr. Agierten sie aktiv, mussten sie sich entscheiden, welche Form sie wählten. Da gibt es einige Fallstricke, die man beachten muss. In dem Moment zum Beispiel, in dem sich die Familie des Betroffenen direkt äußert, geht der Persönlichkeitsschutz komplett verloren. Zumindest bei einer »Person des öffentlichen Interesses«, wie ich das bin. Damit wäre die Paparazzi-Jagd auf mich und meine Familie eröffnet gewesen ...

Tag 3
Möglichkeit 1 = abwarten und nix sagen
  Möglichkeit 2 = offizielle Pressemitteilung und damit die Familie maximal schützen
  Wenn ich meinen Bauch frage, will ich überhaupt nicht handeln. Aber mein Kopf sagt, dass ich auch nicht will, dass über alle möglichen schrecklichen

Dinge gemutmaßt wird. Und wenn die erst einmal in der Welt sind, werden sie von allen abgeschrieben und sind nur schwer zurückzuholen.

Gemutmaßt wurde offenbar schon wenige Tage nach dem Eingriff. Ein Journalist hatte Wind davon bekommen, dass ich mich in eine Klinik begeben hatte, und bei Günter Netzer angerufen. Ob er wisse, was mit Monica Lierhaus sei.

Netzer war aus allen Wolken gefallen, er wusste von nichts und hakte seinerseits bei der ARD nach. Die Verantwortlichen hielten sich bedeckt, obwohl sie als mein Arbeitgeber natürlich über die Operation informiert waren; inzwischen auch darüber, dass nicht alles nach Plan verlaufen war. Wie bei einem Dominoeffekt landete die Information, dass die Presse die Fährte aufgenommen hatte, wieder bei Rolf.

Der Zeitpunkt für eine Reaktion war gekommen, wenn auch früher als gedacht. Mit der ARD und der Klinikleitung war vereinbart worden, dass eine Pressemitteilung veröffentlicht werden sollte, da klar war, dass ich nicht wie geplant den Bundesliga-Auftakt moderieren konnte. Um den Persönlichkeitsschutz zu wahren, würde die Mitteilung nicht von unserer Familie kommen, sondern von »offizieller« Stelle.

Am 14. Januar um 16 Uhr teilte Volker Herres, Programmdirektor der ARD mit: »Monica Lierhaus ist ernsthaft erkrankt. Sie musste sich Anfang des Jahres einer Operation unterziehen und liegt zurzeit im künstlichen Koma. Die Nachricht von Monica Lierhaus' Erkrankung geht uns sehr nahe. Die Zuschauer ihrer Sendungen müssen nun eine Zeitlang ohne sie auskommen, aber das ist im Moment nachrangig. Zuallererst geht es jetzt um die Gesundheit von Monica Lierhaus. Ich wünsche ihr eine rasche und vollständige Genesung. Was sie im Moment am dringendsten braucht, ist Ruhe. Ich appelliere daher an alle Medien, ihre Privatsphäre zu respektieren und von journalistischen Nachfragen bei Freunden, Verwandten und in ihrem Umfeld abzusehen.«

Tag 7
Wenig später bricht der Sturm los. Die Agenturen überschlagen sich, zig E-Mails und SMS treffen ein.
Kurz vor 5 ein Anruf aus der Klinik, man sagt mir, dass ein neues CT bis auf den Infarkt keine neuen Problemzonen im Gehirn gezeigt hat. Eine gute Nachricht. Jetzt musst du nur noch beim Aufwachprozess in den nächsten Tagen zeigen, was in dir steckt. Ich bin mir sicher, du wirst die Ärzte und uns positiv überraschen.
Gegen 18 Uhr ein neuer Anruf, dass man wegen der Presselage und der vielen Anfragen nun doch Sicherheitspersonal in der Neurochirurgie postiert hat. Wir vereinbaren ein neues Codewort. Es lautet »Winnetou«.

Tag 8
Das Thema ist auf allen Titelseiten. Ich habe noch nie erlebt, dass mit einem öffentlichen Menschen so wertschätzend und respektvoll umgegangen wurde. In der Bild-Zeitung schreibt Franz-Josef Wagner: »Meine Schnittlauch-Cousine, mein Männer-Mädchen, mein Vierschanzen-Mädchen, mein

Bundesliga-Mädchen. Wach auf. Wir Jungs sind ohne dich verloren.«

Aus der Redaktion der Sportschau heißt es, du seist nie die klassische Mutter der Kompanie gewesen. Doch so emotional und warm, wie alle reagiert hätten, würde man nur reagieren, wenn jemand wirklich fehlt. Aber das wird ja nicht für lange sein, davon bin ich überzeugt.

Eva und ich fahren um 8 Uhr in die Klinik. Auf der Station erzählt uns der Oberarzt, dass sie anfangen, die ersten Narkotika zu reduzieren. Es kann ein Prozess über mehrere Tage werden, bis du langsam aufwachst und erste Reaktionen zeigst. Geduld ist die Mutter der Porzellankiste.

Eine der Schwestern setzt immer den kleinen Buddha, den du mitgenommen hast, direkt neben dich auf das Bett. Dieses Mal hat sie ihn dir in die Hand gelegt. Er wird dich beschützen. Ich bin mir sicher, in den nächsten Tagen wirst du es uns allen zeigen.

Am Abend ein Anruf von der Klinikleitung. Ich erfahre, dass einige Mitarbeiter über ihre Berechtigung hinaus per Computer Einsicht in deine Akten genommen haben. Was, wenn die Infos an die Presse gelangen? Ich kann das alles nicht glauben. Aber es ist leider wahr.

Tag 9
Die Schwestern erzählen mir, dass du beim Umlagern zum ersten Mal geblinzelt hast. Die erste klitzekleine Reaktion.

Mittags fahre ich kurz ins Büro. Eine Kollegin drückt mir einen Zettel in die Hand. Ein Zitat von

Beppo Straßenkehrer aus Michael Endes Buch Momo. Ich lese:

»Manchmal hat man eine sehr lange Straße vor sich. Man denkt, die ist so schrecklich lang; das kann man niemals schaffen, denkt man. [...] Und dann fängt man an, sich zu eilen. Und man eilt sich immer mehr.

Jedes Mal, wenn man aufblickt, sieht man, dass es gar nicht weniger wird, was noch vor einem liegt. Und man strengt sich noch mehr an, man kriegt es mit der Angst, und zum Schluss ist man ganz außer Puste und kann nicht mehr. Und die Straße liegt immer noch vor einem. So darf man es nicht machen. [...]

Man darf nie an die ganze Straße auf einmal denken, verstehst du? Man muss nur an den nächsten Schritt denken, an den nächsten Atemzug, an den nächsten Besenstrich.

Und immer wieder nur an den nächsten.«[4]

—

Nach zwölf Tagen war der nächste Schritt gemacht: Die starke Sedierung ging langsam aus meinem Körper heraus. Ich hatte bis dahin in meinem Leben noch nicht einmal eine Schlaftablette geschluckt. Kein Wunder, dass es etwas dauerte, bis die Wirkung komplett raus war. Die Ärzte sagten später, die Wahrscheinlichkeit, dass ich diesen Schritt erleben würde, habe bei 0,1 Prozent gelegen. Aber nun bestehe Grund zur Hoffnung. Kleiner

---

4 Michael Ende, *Momo*. Thienemann-Verlag, Stuttgart 2005, S. 38.

Schritt, aber große Hoffnung. Mein Atem wurde noch über einen Tubus reguliert, ansonsten schien sich alles positiv zu entwickeln.

Doch nur einen Tag später kam der nächste Dämpfer. In großer Runde teilten die Ärzte Rolf und meinem Vater mit, dass sie sich Sorgen machen würden. Darüber, dass mein Bewusstseinszustand möglicherweise nicht über den jetzigen Grad hinausgehen könnte. Hin und wieder ein Blinzeln, ein Zucken, mehr nicht. Eine Art Wachkoma, in dem ich auf nicht absehbare Zeit verharren könnte. Ein Pflegefall, an Monitore und Maschinen angeschlossen, nicht mehr als ein Stück Gemüse. Wieder einen Tag später folgte die nächste Kurve nach unten.

Tag 14
Um halb 7 in der Früh werde ich in der Klinik von einer Schwester mit dem Satz empfangen, ob ich schon mit einem Arzt gesprochen habe. Ich sage: NEIN.

Da kommt schon der Chef der Intensivstation. In der Nacht seien Komplikationen aufgetreten, ein Fieberschub. Und beim Austausch der Medikamentenzuflüsse sei Luft in den Körper geraten, wo sie nicht hinsolle.

Siggi bricht total ein, obwohl ich versuche, die Nachrichten zurückhaltend zu formulieren.

Nach 14 Tagen sind wir alle zum ersten Mal mit unserer Kraft am Ende. Die Aussagen der Ärzte wechseln, niemand wagt eine genaue Prognose. Es fällt schwer, neue Hoffnung zu schöpfen, Ruhe und Geduld aufzubringen. Wenn es wirklich nicht mehr weitergehen sollte, wärst du genau in der Situation, die du unbedingt vermeiden wolltest.

Fünfzehn Tage nach der Operation hatte ich den nächsten Eingriff, wenn auch nur einen vergleichsweise kleinen. Der Tubus, über den ich seit dem 8. Januar beatmet wurde, sollte ersetzt werden. Durch eine spezielle Kanüle, die über einen Luftröhrenschnitt direkt in meinen Hals »hineingelegt« wurde.

Tag 19
Du atmest inzwischen jeden Tag für ein paar Stunden ohne Maschine. Die Bewegungen mit Armen und Beinen werden mehr, aber dein Blick scheint immer noch ohne jedes rationale Bewusstsein.
 Eva hat die Theorie, dass sich dein Bewusstsein erst dazuschalten wird, wenn dein Körper schon wieder mehr kann, damit du nicht zu bewusst die schweren ersten Schritte erleben musst. Eine schöne Theorie.
 Ich frage mich, wie es werden wird, wenn du eines Tages deine Situation bewusster wahrnimmst. Wirst du dich ärgern, zornig sein, hadern? Wirst du kämpfen?
 Ich weiß es nicht.
 Ich hoffe, dass du kämpfen wirst, wenn du spürst, dass es mit viel Kampf und Energie möglich ist, in dein Leben zurückzukehren. Vielleicht hast du dein altes Leben aber auch vergessen.

Nicht nur für meine Familie, auch für die Ärzte müssen diese Tage sehr schlimm gewesen sein. Das Koma war »offiziell« beendet worden, die Sedierung inzwischen ganz aus meinem Körper heraus. Ich hatte die Augen zwischendurch immer mal wieder auf halbmast, es gab leichte Bewegungen mit den Armen und Beinen. Aber kein klares Zeichen, ob ich irgendetwas von dem mitbekam, was sich um mich herum abspielte.

Meine Eltern, meine Schwester und Rolf wechselten sich im Stundentakt an meinem Bett ab. Sie legten mir den iPod ans Ohr, ließen meine Lieblingsmusik laufen, lasen mir aus Büchern vor. Hielten meine Hand, waren einfach nur da. Eva spielte mir manchmal auch klassische Musik vor. Aus ihrer Sicht vielleicht der ultimative Test, ob ich etwas mitbekam. Unser Vater hat uns früher immer damit beschallt, sonntags, beim Familienfrühstück. Gerne mit Bach. Mich hat das tierisch genervt. Siggi brachte ihn über die Jahre schließlich zu Mozart, »weg von der Kirchenmusik«, wie sie sagte. Mozart ging schon etwas besser.

Ganz schlimm war es zu Weihnachten. Da lief tagelang klassische Musik. Und es gab immer Theater, wenn wir unsere neuen Platten abspielen wollten. Seitdem kann ich Klassik nur schwer ertragen, weil ich diese Musik immer mit diesem Zwang zum Zuhören verbinde. Eva hat das Sonntagsritual eins zu eins übernommen, sie findet das ganz wunderbar. Sie beschallt nun ihre Familie damit. Oder eben mich, zumindest wenn ich mich nicht wehren kann.

Die Ärzte probierten neue Medikamente aus, um mein Bewusstsein »hervorzulocken«. Zunächst ohne größeren Erfolg. Für Angehörige muss der Anblick eines geliebten Menschen, der nur durch einen hindurchstarrt, entsetzlich sein. Ein leerer Blick und immer die Angst, dass es so bleibt. Dass der Geist sich vom Körper abgespaltet hat. Oder in ihm gefangen ist, ohne Möglichkeit, sich mitzuteilen. Locked-in-Syndrom. Es muss der Horror sein, wenn innendrin alles funktioniert, man nach außen aber nichts zeigen kann.

Jede körperliche Regung, jedes Zeichen des Aufwachens wurde interpretiert. Das könnte endlich der Durchbruch sein! Und dann stellte man fest – da war nichts, da kommt nichts, da ist nichts. Nur eine vollkommene Leere. Außerdem konnte niemand sagen, ob diese wenigen Bewegungen, die ich machte, auf eine positive Entwicklung hindeuteten. Oder ob sie nicht doch Anzeichen eines noch schwereren Verlaufs sein könnten.

Vor allem meine Mutter klammerte sich an jeden Strohhalm. Sie schwankte zwischen euphorisch und am Boden zerstört. Wenn sie zu mir kamen, rissen sich alle zusammen. Sie wollten mir zeigen, dass sie da waren, an mich glaubten. Sie wollten auf keinen Fall, dass ich irgendetwas von ihrer Verzweiflung mitbekam. Immer positiv sein, weil man nicht sicher wusste, wie weggetreten ich tatsächlich war. Ob ich nicht doch etwas von der schwankenden Stimmungslage um mich herum mitbekam.

Tatsächlich war diese Phase für uns als Familie eine der schlimmsten. Wir haben um Haltung gekämpft, auch wenn wir völlig verzweifelt waren. Wir haben täglich wie ein Mantra wiederholt, dass sich meine Schwester momentan »nur ausruht«, bis sich neue Verbindungen in ihrem Gehirn gebildet haben und sie zu uns zurückkommen würde. Ich habe immer wieder zu ihr gesagt: »Ruh dich aus, ich weiß, dass du da bist, dass du uns wahrnehmen kannst, auch wenn du uns das nicht zeigen kannst. Wir sind bei dir, du bist nicht allein, und irgendwann wird dieser dunkle Vorhang wieder aufgezogen werden, und alles wird gut.« An dieses Mantra haben wir uns geklammert, auch weil wir die niederschmetternden Prognosen nicht ertragen konnten.

—

Bei vielem, was sich in diesen Tagen in meinem Krankenzimmer abspielte, ging es um Ansprache und das Setzen von Reizen.

Es ist unendlich wichtig, dass das Umfeld Impulse gibt. Bloß nicht als Angehöriger einfach nur in die Klinik gehen und dann stumm und erschüttert da sitzen bleiben. Man sollte versuchen, so viel wie möglich aktiv zu machen, und den Kranken mit einbeziehen. Immer weitermachen, machen, machen, auch wenn es manchmal schwerfällt. Es entwickelt sich vieles wieder, wenn auch nur sehr langsam. Und eben nur, wenn das Gehirn diese ständigen Impulse und Reize bekommt.

Das ist etwas, das den meisten Leuten gar nicht so klar ist, wir wussten das am Anfang auch nicht. Einmal ganz abgesehen davon, dass wir anfangs darüber nicht weiter nachgedacht haben. Wir waren alle so verzweifelt, alles war so dunkel und manchmal ohne Hoffnung, dass wir an manchen

Tagen wirklich nur traurig bei ihr gesessen sind. Wenn man diese Phase für sich überwunden hat, ist es unendlich wichtig, aktiv zu werden. Ein Stück weit fehlt hier vielleicht die gezielte Aufklärung durch die Kliniken, wie entscheidend diese Form der Begleitung ist. Und auch darüber, dass bei den Patienten mitunter viel mehr ankommt, als man selbst oder die Ärzte denken. Es ist ja nach wie vor nicht ganz klar, was das Bewusstsein eines Komapatienten aufnimmt und was nicht.

Mit meiner Schwester hatte ich, was das angeht, ein absolut faszinierendes Erlebnis. Ich habe ein Buch mit Kurzgeschichten von Rebecca Miller, aus dem ich ihr während ihrer zweiten Zeit im Koma vorgelesen habe. In einer dieser Geschichten steht der Satz: »Als sie seine Schuhe sah, wusste sie, dass sie ihren Mann verlassen würde.«

Sehr viel später, in der Reha, habe ich ihr diese Geschichte wieder vorgelesen. Plötzlich unterbricht sie mich und sagt: »Das kenne ich schon.« Ich sage, nein, du kannst diese Geschichte gar nicht kennen, das Buch hab ich gekauft, als du im Koma lagst. »Doch, das kenne ich. Gleich wird sie seine Schuhe sehen und sagen, dass sie ihn verlässt.«

Ich fand das einfach unglaublich. In solchen Momenten sieht man, wie viel man auch als Angehöriger tun kann. Der Hörsinn ist der letzte, der sich verabschiedet. Wenn man nicht hundertprozentig weiß, dass vor einem im Bett nicht nur noch eine leere Hülle liegt, darf man nicht lockerlassen. Irgendwo im Unterbewusstsein ist etwas auf Empfang geschaltet, ein bisschen was kommt an und setzt Impulse.

Wenn ein Patient nach einem Schlaganfall oder einem künstlichen Koma in einer völlig unbekannten Umgebung aufwacht, ist die Wahrnehmung der Realität oft gestört. Eine vertraute Stimme oder ein Musikstück aus der Vergangenheit kann da Sicherheit und Orientierung geben. Außerdem kann man die Ärzte unterstützen, wenn man längere Zeit am Stück da ist. Wir haben zwischendurch immer mal wieder auch Mails geschrieben, wie wir Monica an einem bestimmten Tag erlebt haben, was positiv war, wo es Rückschritte gegeben hat.

Das Wichtigste war, dass wir nicht lockergelassen haben, dass es kaum einen Tag gegeben hat, an dem wir »Ruhe« gegeben haben. Man darf sich da auch nicht beirren lassen; wir haben später, in der Reha, schon manchmal Sachen gemacht, von denen wir glaubten oder fühlten, dass sie Monica guttun. Auch wenn das gegen Prognosen oder ärztliche Empfehlungen war. Ein Mensch, der so lange auf der Intensivstation liegt wie sie, ist irgendwann allen Pflegern und Ärzten bekannt. Aber eben nur, was einen bestimmten Ausschnitt, eine bestimmte Zeit angeht. Die Diagnostik und die Therapiemöglichkeiten. Das ganze Bild haben nun einmal nur die nächsten Angehörigen.

Zum Bundesliga-Start Ende Januar zum Beispiel sollten die Pfleger den Fernseher für mich anschalten. Die Atmosphäre im Stadion, bekannte Stimmen, die Sportart, in der ich mich am meisten zu Hause fühlte. Auch wenn eine meiner allerersten Liveschaltungen bei *ran* nicht ganz nach Plan gelaufen war.

Ich sollte Otto Rehagel interviewen. Dabei ging es auch um das Gerücht, er würde als Trainer nach Dortmund gehen. Vor allem seine ersten Worte werde ich mein Leben lang nicht vergessen: »Meine liebe junge Frau, wenn ich mich zu allen Gerüchten äußern würde, müsste ich bald dazu Stellung nehmen, ob ich der Kaiser von China werde.« Da hat er mich voll auflaufen lassen. Hätte ich ihn nicht zu den Gerüchten befragt, hätten alle gesagt: Was ist das denn für eine? Die hat ja keine Ahnung!

Am 31. Januar 2009 jedenfalls schlug der HSV den FC Bayern mit 1:0. Mein Kollege Reinhold Beckmann schickte Grüße: »Eigentlich sollte Sie hier heute Abend Monica Lierhaus begrüßen. Wir wünschen ihr von der gesamten *Sportschau*-Redaktion eine schnelle Genesung. Auf dass sie uns bald wieder mit ihrer Arbeit hier bei uns im Team bereichert.«

Nichts davon habe ich bewusst mitbekommen. Auch nicht, dass mir Eva zum Ligastart meine Brille mitbrachte. Sehr aufmerksam. Die Brille wurde mir von da an tagsüber immer mal wieder auf die Nase gesetzt. Trotzdem gab es keine Anzeichen für einen bewusst fixierenden Blick. Und auch davon, dass am Tag zuvor meine Ernährung »umgestellt« worden war, habe ich nichts mitbekommen. Wobei das vielleicht auch besser so war. Nun wurde die Flüssignahrung – Wasser, Proteine, Fette, Vitamine, Spurenelemente – nicht mehr länger durch einen Schlauch von der Nase in den Magen transportiert, sondern durch die Bauchdecke, mit einer PEG-Sonde.

—

Nach 26 Tagen kamen endlich die letzten Schläuche aus meinem Kopf heraus, die Fäden wurden gezogen. Meine langen Haare waren durch das Liegen hoffnungslos verfilzt. Jetzt, wo man wieder an den Kopf herankam, ohne eine Drainage herauszureißen, konnten sie endlich gewaschen und entwirrt werden. Nach der großen Wäsche hat mir Schwester Jacqueline Zöpfe geflochten, wie Pippi Langstrumpf. Es gibt ein Bild aus jenen Tagen, auf dem ich aussehe, als würde ich ganz friedlich schlafen. Das Gesicht entspannt, die Zöpfe rechts und links auf dem Kissen, nur die Arme und Beine heillos verkrampft.

Die Physiotherapeuten versuchten regelmäßig, diese Spastiken auszustreichen. Weil die Muskulatur sich schon nach wenigen Tagen abbaut, wurde ich auch regelmäßig »durchbewegt« und alle paar Stunden umgelagert. Dieses Ausstreichen ist für die Pfleger sehr kraft- und zeitraubend – und es muss für sie auch frustrierend sein. Denn selbst wenn man eine kurze Lockerung der Muskulatur erreicht hat, geht der Körper wenig später sofort wieder in die Spastik zurück. Eine der Schwestern hat mir später erzählt, dass sich selbst dieser kurzzeitige Erfolg nur einstellt, wenn der Patient Vertrauen zu den Therapeuten hat. Ohne dieses Vertrauen würde sich überhaupt nichts lockern, eher noch mehr verkrampfen. Ich denke, man muss viel Erfahrung haben, um bei einem solchen »Haufen Elend im Bett«, wie ich es war, minimale Reaktionen als Zustimmung oder Ablehnung deuten zu können. Nicht umsonst heißen Patienten wie ich »Deckengucker«. Weil sie nicht viel mehr tun, als an die Decke zu starren. Nicht nett, aber ganz treffend. Außerdem braucht man auf der Intensivstation wohl einen speziellen Humor, um den Alltag hier irgendwie klar zu bekommen.

Die Fortschritte waren in dieser Phase minimal, mein Bewusstsein nach wie vor nicht greifbar. Meine Familie hoffte auf das »Wunder von Eppendorf«, die Ärzte setzten auf Fakten. Ein neues MRT zeigte endlich den möglichen Grund dafür, dass der Aufwachprozess so lange dauerte. Blutergüsse in der Nähe des Stammhirns, die immer wieder den Hirndruck ansteigen ließen. Auch hatte sich Gehirnwasser angesammelt, das nicht ausreichend absorbiert wurde. Das vergrößerte vor allem den Druck auf jenen Teil des Gehirns, der für das Bewusstsein zuständig war. Wenn sich das in absehbarer Zeit nicht von alleine regelte – und danach sah es nicht aus –, sollte ein weiterer Eingriff durchgeführt werden. Die Flüssigkeit sollte vom Gehirn durch die Schädeldecke über einen Schlauch in den Bauchraum abgeleitet werden. In der Hoffnung, dass der Druck gesenkt und dauerhaft stabil gehalten werden konnte und mein Bewusstsein dann klarer zum Vorschein kommen würde.

Das Abwägen war für meine Familie ein schwieriger Prozess. Das Hauptargument *dafür* war, dass mein Zustand sich deutlich verbessern könnte. Dass man dann vielleicht endlich klarere Aussagen treffen könnte, ob ich wirklich zurückkommen würde. Oder ob ich irgendwo »dazwischen hängenbleiben« würde. Mit diesen Worten hatte ich meinen ganz persönlichen Alptraum im Dezember Rolf gegenüber formuliert.

Das Hauptargument *dagegen* war: Jede weitere Operation, auch wenn es eine vergleichsweise kleine war, bedeutete ein weiteres Risiko. Und ob sich wirklich etwas ändern würde, konnte niemand sagen. Es könnte alles für die Katz gewesen sein. Die Ärzte sagten, die meisten Patienten würden nach einem solchen Eingriff große Sprünge machen. Die Chance, dass das auch bei mir so sein könnte, sei da. Außerdem sei der gegenwärtige wachkomaartige Zustand für alle auf Dauer unerträglich.

Am Ende erteilte Rolf, der alle Vollmachten hatte, die Zustimmung zum Eingriff. In einer Woche sollte eine dauerhafte Ableitung gelegt werden, damit sich der Hirndruck stabilisierte.

—

Das Einsetzen der Ableitung – des sogenannten Shunts – 42 Tage nach dem Unglück verlief problemlos. Ich bekam einen Schlauch mit einem Ventil eingesetzt, über den überschüssige Flüssigkeit aus den Gehirnkammern abgeleitet wurde. Je nach Flüssigkeitsmenge und Hirndruck konnte das Ventil anders eingestellt werden.

Tag 44
Ich mache den iPod an und sage zu dir: Gleich kommt Father and Son, und dann singen wir zusammen. Als der Text losgeht, singe ich laut mit, und plötzlich machst du bei den ersten vier Worten Lippenbewegungen, die genau zum Text passen.
 Mir läuft es kalt den Rücken runter, weil das wie eine Reaktion wirkt, tief aus dem, was du gespeichert hast. Den Text kannst du ja eigentlich im Schlaf.
 Es muss also noch da sein, das alte Leben.

Das alte Leben. Irgendwo, tief drinnen. Tatsächlich ging es nach dem Einsetzen des Shunts an manchen Tagen voran. Ich war länger wach, reagierte stärker, zeigte wohl auch schon einige für mich typische Reaktionen. Bei manchen »Übungen« mit den Therapeuten soll ich zwischen einem warmen Lächeln und starker Ungnädigkeit mit der Situation geschwankt haben. Aber wie schon zuvor ging die Achterbahn weiter. An einem Tag zeigte die Kurve nach oben, am nächsten ging sie nach unten.

»Draußen« verbreiteten die Internetmedien: »Große Hoffnung! Lierhaus-Comeback schon im Sommer?« Die Printmedien zogen nach. Der NDR-Programmdirektor hatte verkündet, man plane mich für die neuen Ausgaben des *Sportclubs* ein, in denen vom Sommer an über die Sonntagsspiele der Bundesliga berichtet werden sollte. »Drinnen« kam tagelang wieder gar nichts von mir. Nur das Starren an die Decke.

Tag 48
Eva ist im Moment trotzdem sehr optimistisch, sie fängt die Stimmung bei uns anderen etwas auf. Die letzten Tage waren besonders frustrierend für uns. Weil wieder so gar nichts ging.
  Dir erzählt sie immer wieder, dass du durchhalten musst und dass alles gut wird.
  Keine wahrnehmbare Reaktion von dir.
  Dann sagt Eva auf einmal mit ganz ruhiger Stimme: »Ich weiß, Monica, es ist alles Scheiße!«
  Auf einmal lachst du richtig! Wir können es im ersten Moment gar nicht fassen. Eva freut sich so, dass sie gleich versucht, dir das nächste Lachen zu entlocken. Sie kommt – warum auch immer – auf Schimpfwörter beim Autofahren. »Dumpfbacken-Arschlochsau« sei das Schlimmste gewesen, was sie einmal jemandem hinterhergerufen habe.
  Unglaublich: Du lachst dich richtig kringelig darüber. Sie muss es immer wieder sagen, weil du es

so lustig findest. »Dumpfbacken-Arschlochsau«. Wir gehen endlich mal wieder mit einem einigermaßen positiven Gefühl nach Hause.

Von da an sei ich »regelrecht explodiert«, so steht es zumindest im »Krankentagebuch«. Ich sei länger »präsent« gewesen, meine Konzentrationsfähigkeit habe zugenommen. Ich selbst habe nach wie vor keine Erinnerungen daran. Nicht an Bob Segers *Against the Wind*, das ich mitgebrummt haben soll. Nicht an all die anderen Songs aus »Monica's Favorites«, die mir vorgespielt wurden. Nicht an ein Lächeln, nicht an ein »Hallo«, nicht an eine erwiderte Berührung. Nicht an die Nächte voller Alpträume und die Versuche der Pfleger, mich irgendwie zu beruhigen. Nicht an die Physiotherapie, die Ergotherapie, auf die ich offenbar schon damals eher ungnädig reagiert haben muss. Mit heftigem Kopfschütteln. Nicht an die täglichen Visiten, die ich auch nicht mochte, weil dann alle um mich herumstanden, mich begutachteten und über mich hinwegdiskutierten; weshalb Eva mir einmal ganz trocken empfahl, das nächste Mal einfach »den Effenberg« zu machen. Ich muss gelacht haben, ohne dass sonst im Raum jemand lachte. Vorher hatte ich eher mitgelacht, wenn andere lachten. Weshalb niemand genau wusste, ob ich nur eine Reaktion spiegelte. Oder ob ich sie bewusst steuern konnte.

Die erste Erinnerung aus dieser Zeit, die ich klar vor Augen habe, ist Lucy. Meine kleine Lucy. Rolf hatte ein Foto meiner Dalmatiner-Hündin riesengroß aufziehen lassen und an die Wand gegenüber von meinem Bett gehängt. Ich hatte Lucy 1999 bekommen, als Welpe, während ich noch in Berlin lebte. Ein traumschöner Hund. Weißes Gesicht, schwarz umrandete Augen.

Wann ich dieses Bild an der Wand zum ersten Mal gesehen habe, weiß ich nicht mehr. Aber ich weiß, dass »Lucy« das erste Wort war, das ich seit dem 8. Januar laut ausgesprochen habe. Seit dem Luftröhrenschnitt hatte ich eine Atemkanüle, an der auch ein Sprechaufsatz angebracht werden konnte. Durch den Schnitt kam ja keine Luft mehr an den Stimmbändern vorbei. Ohne diesen Aufsatz hätte ich keinen vernünftigen Ton herausgebracht. Wenn ich allein im Zimmer war, habe ich das manchmal ausprobiert. Und mich erschrocken, weil meine Stimme so komisch klang. Vor anderen wollte ich auf keinen Fall reden. Außerdem machte das Gerät laute Klickgeräusche, die mich nervten.

Weil ich das Sprechen bis dahin ziemlich konsequent verweigert hatte, wusste niemand, ob ich mich überhaupt noch ausdrücken konnte. Mehr als »mmh« für ja oder »mmhmmh« für nein war bis dahin nicht gekommen.

Einer der Ärzte probierte es schließlich mit einem Trick. Er stand mit einer Kollegin und Rolf bei mir im Zimmer, die drei unterhielten sich über irgendetwas. Plötzlich wandte er sich zu mir und fragte: »Sagen Sie mal, Frau Lierhaus, wie heißt noch gleich Ihr Hund?« Wie aus der Pistole geschossen habe ich »Lucy« gesagt.

Nach 46 Tagen das erste Wort. Die erste gezielte Reaktion auf eine gezielte Frage. Für meine Familie und die Ärzte muss es wie ein Befreiungsschlag gewesen sein. Ein Zeichen, dass sich nun endlich alles zum Besseren wenden würde. Von da an wurde jedes einzelne Wort registriert, jeder noch so kleine Fortschritt den Ärzten begeistert mitgeteilt. Eva mailte einmal: »Liebe Herren, ich habe heute Mittag einen sehr positiven Eindruck bekommen. Deutliches Fixieren mit den Augen, volles, anhaltendes Bewusstsein, und nach 15 Minuten bekam ich den ersten Satz zu hören. ›Ich will, dass das Geklicke aufhört!‹ Nun, ein ›Hallo, Schwesterherz‹ oder etwas ähnlich Nettes wäre mir sicherlich lieber gewesen. Aber es war trotzdem toll.

Wenig später noch einmal: ›Ich will, dass das doofe Geklicke aufhört!‹ Wir haben ihr dann den Wunsch erfüllt und den Sprechaufsatz ausgetauscht, und sie war zufrieden. Ich würde sagen, sie ist schon wieder fast die Alte.«

3
Alles auf Anfang

Wir haben natürlich gedacht, wir haben das Schlimmste überstanden. Erstens ist sie nicht gestorben, zweitens ist sie überhaupt wieder aufgewacht. Das waren gleich zwei Wunder, da ist man so dankbar, dass man über die weiteren Schritte erst mal nicht nachdenkt.

Eva Lierhaus

Davon, wieder »ganz die Alte« zu sein, war ich noch sehr, sehr weit entfernt. An guten Tagen wurde ich nun nicht mehr länger nur »durchbewegt«, sondern auch so weit mobilisiert, dass man mich in einen speziellen Rollstuhl mit Kopfstütze heben konnte. Wie ein Sack Kartoffeln muss ich da dringehangen haben. Aufrecht sitzen oder auch nur den Kopf von alleine halten konnte ich nicht. Einmal habe ich mich »mit Hilfe« meiner Spastiken aus diesem Stuhl herausgearbeitet. Die Physiotherapeutin, die die tägliche Bewegungseinheit mit mir absolvieren wollte, hatte mich für einen Moment alleine gelassen. Siggi und Eva fanden mich auf dem Boden liegend vor, als sie ins Zimmer kamen. Kein Drama, mir war nichts weiter passiert, aber einen ziemlichen Schrecken haben die beiden doch bekommen. Und in der Zeitung konnte man später auch etwas über diesen Zwischenfall lesen. »UKE-Leaks«, die Zweite.

Ich war inzwischen in der Lage, mich einigermaßen zu verständigen, ich konnte ein wenig sprechen, und das Beste war, dass ich alle erkannte. Darüber war ich sehr froh. Es wäre schrecklich gewesen, wenn ich zu meiner Familie gesagt hätte: »Schön, dass Sie da sind. Aber wer bitte sind Sie?«

Das Langzeitgedächtnis funktionierte in manchen Bereichen ganz gut. Im Kurzzeitgedächtnis blieben eher Dinge hängen, die mich emotional berührten. Alles andere war wenig später wieder weg. Immer wieder gab es helle und wache Momente, in denen ich alle überraschte. Einmal lief ein Fußballspiel nebenher im Fernseher, und ich hörte, wie Eva in die Runde fragte, wer denn der Glatzkopf im Team des HSV sei. Als ich mit »Das ist Mladen Petric« herausplatzte, sahen mich alle an wie ein Auto. Und am Nachmittag, als sich mein Vater mit dem Satz »Mach's gut, Monica« verabschiedete, hatte ich entgegnet: »Mach's besser!« Insgesamt ein sehr guter Tag. Aber es gab enorme Schwankungen, was die Bewusstseinsebenen anging, und alles spielte sich auf einem sehr, sehr niedrigen Niveau ab. Ich war nicht in der Lage, meine Situation wirklich beurteilen oder etwas entscheiden zu können. Das mussten nach wie vor andere für mich übernehmen.

Noch am Tag des Unglücks war Rolf beim ersten Arztgespräch darüber informiert worden, dass man das Angiom bisher noch nicht entfernt hatte. Und dass das in dieser Notfallsituation auch nicht mehr passieren würde. Niemand hat an diesem Tag weitergedacht. Es ging nur darum, dass ich die Nacht überlebte. Und danach ging es darum, dass ich die folgenden Tage überstand.

Doch mittlerweile gab es die ersten Diskussionen, was mit dem Angiom passieren sollte. Es hieß, dass es die Ursache für das Aneurysma gewesen sei. Solange es nicht herausoperiert war, konnte sich jederzeit ein neues bilden und irgendwann platzen. Außerdem war nicht klar, ob und wie rasch das Angiom wachsen und damit ebenfalls Schäden am Gehirn verursachen würde. Mit anderen Worten, es musste raus. Die Frage war nur, wann und wie.

Meine Eltern setzten eher auf Zeit. Auf die Möglichkeit, es vielleicht durch Bestrahlung von außen irgendwie von der Blutzufuhr abzukapseln. Bei mittelgroßen Angiomen wie in meinem Fall war das nicht wirklich eine Option. Es dauert oft mehrere Jahre, bis sich die Gefäße durch Bestrahlung verschließen lassen. Und auch das gelingt nicht immer. Während dieser langen Zeit bleibt das Risiko einer plötzlichen Blutung bestehen. Als Alternative blieb noch die Operation, so wie sie schon für den 8. Januar geplant gewesen war.

Mein Vater fragte einen der Ärzte, wie er als Vater entscheiden würde. Oder als Ehemann. Jedenfalls nicht in seiner Funktion als Mediziner. Die Antwort »als Vater« war eindeutig. Die als Arzt allerdings auch.

> Mein Mann und ich haben nach dem allerersten Schock genau wie alle anderen begonnen, wieder

zu funktionieren. Es kommt der Moment, an dem nichts interessiert außer der Gesundung des Kindes. Wir haben uns ausschließlich darauf konzentriert, Monica zu begleiten. Faktisch, indem wir in der Klinik bei ihr waren, theoretisch, indem wir uns informiert haben, was man alles machen kann.

Wir haben in der Familie über größere Schritte schon gemeinsam diskutiert. Aber wir wollten uns auch nicht hineindrängen und uns auf Teufel komm raus durchsetzen. Es war ja klar, dass wir nur eine Empfehlung abgeben konnten. Die war natürlich von Angst geprägt, wie auch nicht. Unsere Bedenken haben wir auch ganz vorsichtig angebracht. Ob sie wirklich berechtigt waren, konnte niemand wissen. Und schlussendlich gab es wohl keine Alternative zur Operation.

Eva und Rolf sprachen immer wieder darüber, wie ich in dieser Situation entscheiden würde. Beide unternahmen Versuche, mir die Lage zu erklären. Warum ich in der Klinik war, was passiert war, was noch passieren musste. Es war nicht eindeutig, ob ich ihnen folgen konnte oder nicht. So, wie sie mich kannten, wussten sie aber auch: Ich würde diese tickende Zeitbombe nicht in meinem Kopf haben wollen. Auch jetzt nicht, in dieser völlig anderen Ausgangssituation.

Die Vorstellung, mit meiner Schwester vielleicht ein Jahr in die Reha zu gehen, um ihr dann zu sagen, so, jetzt muss dein Kopf leider noch mal aufgemacht werden – das kann man keinem Menschen zumuten. Das geht nicht. Trotzdem ist es unglaublich schwer gewesen, eine Entscheidung zu fällen. Alle waren so froh, dass sie die Kurve bekommen hatte und wieder einigermaßen wach war. Ein paar Tage zuvor waren einige Freunde zu Besuch, da war ein einziges Geschnatter im Zimmer. Keine anspruchsvolle Unterhaltung, das ging ja auch noch nicht, aber alles sehr lebhaft und insgesamt sehr positiv.

Man erlebt das mit und weiß, dass man diese verdammte Entscheidung treffen muss, weil sie es nicht selbst kann. Und dass man sie damit vielleicht noch einmal derselben Gefahr aussetzen muss.

Wir redeten immer wieder mit den Ärzten, wollten wissen, welchen Eindruck sie von ihr hatten. Immer wieder kamen wir dabei auf die vielen Gespräche vor der ersten Operation zurück. Immer wieder ging es um Monicas Motto »Ganz oder gar nicht«. Alle bestätigten, sie sei ohne Einschränkung lebensbejahend und voller positiver Energie gewesen. Und alle bestätigten, sie hätte der Lebensgefahr als Risiko weniger Bedeutung zugemessen als der Gefahr möglicher neurologischer Einschränkungen. Die schlimmstenfalls so weit gehen könnten, dass sie kein selbständiges Leben mehr würde führen können. Am Ende blieb die Aussage, dass eine vollständige Abhängigkeit, ein vollständiger Kontrollverlust über Funktionen von Körper und Geist für sie weniger akzeptabel sei als der Tod.

Wie geht man mit diesen Informationen um? Wie fällt man eine Entscheidung, wenn die Ärzte einem den Satz mit auf den Weg geben, dass man sich als gesunder

Mensch häufig so äußert. Dass man lieber auf dem Tisch bleiben würde, als im Zweifelsfall nur noch dahinzuvegetieren. Dass diese Einschätzung aber meist in sich zusammenfällt, wenn der Ernstfall tatsächlich eingetreten ist. Auch das könnten sie aus ihrer Erfahrung klar sagen.

Aus medizinischer Sicht – von den Organen, vom Kreislauf her – war sie wieder da; sie wurde auch nicht mehr künstlich beatmet. Es war eher die Frage, ob man sie diesem erneuten Risiko aussetzt oder nicht und wann der richtige Zeitpunkt dafür ist.
 Rolf und ich haben uns immer wieder die Frage gestellt, wie Monica wohl reagieren würde, wenn sie ihre Situation erfassen könnte. Wenn sie realisieren würde, dass das blöde Ding, das alles ausgelöst hat, immer noch in ihrem Kopf ist. Was das mit ihr machen würde, mit ihrer Psyche, mit allem. Hätte sie das irgendwann während der Reha erfahren, hätte sie das wahrscheinlich meilenweit zurückgeworfen.
 Zu dem Zeitpunkt, als wir die Entscheidung treffen mussten, war ja auch nicht klar, welche Schäden sie bis dahin davongetragen hatte. Ob sie die Kurve wirklich gekratzt hatte. Mit schweren Schäden und dem Angiom im Kopf, hätten wir wahrscheinlich gedacht, dass alles umsonst gewesen ist. Dann wenigstens noch das Angiom herausnehmen lassen.
 Bei Rolf und mir war die Tendenz ziemlich eindeutig, dass sie auch diesen nächsten Schritt noch gehen musste. Mein Vater war eher gespalten. Auf

der einen Seite die Aussage des Arztes »als Vater«, auf der anderen Seite der Impuls »weg mit Schaden«. Meine Mutter hatte nur noch Angst.

—

Tag 52
Es bleibt dabei. Du hattest entschieden, dass das Angiom raussoll, und es gibt keine klare medizinische Alternative zu dieser Operation. Ich sage dir, dass wir morgen das zu Ende bringen werden, was du im Dezember entschieden hast. Und dass wir dann endlich wissen werden, wann du von der Intensivstation wegkannst. Das freut dich offensichtlich, und Narkose und Schlafen findest du auch gut.
Es ist mit Sicherheit die schwerste Entscheidung unseres Lebens. Eva und ich gehen und lassen die Ärzte ihren Job machen. Draußen weint sie bitterlich.
In der Bild am Sonntag ist passenderweise die Rede vom »Lierhaus-Wunder«. Die Zeitung berichtet, dass du aus dem Koma erwacht bist. Immer mehr Mails treffen ein, mit der Freude über deinen guten, neuen Zustand. Wenn dir nicht morgen diese zweite große OP bevorstehen würde, wären wir alle glücklich.
Draußen weiß niemand, welchen riesigen Berg, welche Tortur du noch vor dir hast.

Tag 53
Um 12 Uhr rufe ich auf der Intensivstation an. Du bist noch im OP.

Eine Stunde später klingelt das Telefon. Der Professor ist extrem zufrieden, wie die Operation verlaufen ist. Sie wollen dich noch zwei Tage schlafen lassen, um die Gefahr von Nachblutungen zu verringern.

Wir sind alle sehr erleichtert. Das Warten geht zwar weiter, aber so weit hätte es nicht besser laufen können.

Ich bin so froh über diese Nachricht, dass ich schon anfange, Abschiedsbriefe für die Station und die Pfleger zu formulieren. Bald werden wir endlich »Danke« und »Tschüss« sagen können!

Zwei Tage später begannen die Ärzte am Vormittag wie geplant damit, die Sedierung langsam herunterzufahren. Alle glaubten, dass es mit dem Aufwachen diesmal schneller gehen würde, da ich ein Mittel bekommen hatte, das sich normalerweise ziemlich rasch abbaut.

Rolf und Eva verbrachten acht Stunden an meinem Bett, ohne dass ich zu mir gekommen wäre. Dann kam meine Mutter, um sie abzulösen. Wenig später würden die DFB-Pokalspiele HSV gegen SV Wehen Wiesbaden (der Heimatverein von Rolf) und Bayer 04 Leverkusen gegen den FC Bayern im Fernsehen laufen.

Ich war kaum zu Hause angekommen, als meine Mutter völlig aufgelöst anrief. Monica, immer noch ohne Bewusstsein, muss die ganze Zeit über völlig unruhig gewesen sein. Als sie sich dann mit einem Mal erbrach, war klar, dass etwas nicht stimmte, aber meine Mutter hatte das Gefühl, dass keiner so recht wusste, was zu tun war. Ich sprang sofort ins Auto und fuhr zur Klinik zurück, um massiv Alarm zu schlagen. Ich ließ den betreuenden Chefarzt anrufen, der längst im verdienten Feierabend war, weil ich dachte, er würde informiert werden wollen. Er kam umgehend ins Krankenhaus zurück.

Tag 55
Die Wehener liegen schon 0:2 zurück, als das Telefon klingelt. Eva. Sie sagt, du hättest einen kompletten Kollaps erlitten. Ich fahre sofort in die Klinik.
Dort ist der Chefarzt inzwischen angekommen, er ordnet an, dass ein CT gemacht werden soll. Nach der Auswertung wird entschieden, dich sofort wieder ins künstliche Koma zu versetzen, für mindestens zehn Tage. Was genau passiert ist, weiß ich noch nicht. Sicher ist nur, dass alles wieder von vorne losgeht.
Immerhin, wenn alle Parameter stabil bleiben, besteht diesmal wenigstens keine akute Lebensgefahr.

Es hatte trotz der Sedierung massive Nachblutungen gegeben, der Operationsbereich war stark angeschwollen. Wasser hatte sich eingelagert. Dadurch, dass das Angiom schon so lange in meinem Kopf gewesen war, hatte es sich ein eigenes, ganz verzweigtes Netzwerk angelegt. Das reagierte nun offenbar hochsensibel. Auch mein Blutdruck spielte nach dem Kollaps verrückt.
An Tag 7 des zweiten künstlichen Komas ergab ein weiteres CT ein neues, massives Problem.

Der Professor nahm Rolf und mich zur Seite. Er erklärte uns, dass die Schädigungen durch die Nachblutung nach der Angiom-Operation sehr groß seien. Alles war so angeschwollen, dass die einzelnen Übergänge und Leitungen zwischen den Hirnregionen zu waren. Das Stammhirn war betroffen, auch der Zugang zum Zwischenhirn war blockiert; genau da sitzt der Thalamus, das Tor zum Bewusstsein. Sie haben zu uns gesagt, dass Monica nach aktuellem Stand der Dinge nie wieder das Bewusstsein erlangen wird.

Und das nach diesen ganzen Kämpfen! Dieser langen Zeit, bis sie nach der ersten Operation endlich wieder bei uns war, wenigstens ein bisschen!

Ich war so schockiert wie paralysiert. Es war das erste Mal, dass ich zu Rolf gesagt habe: Das ist eine Information, die wir meinen Eltern nicht in dieser Deutlichkeit sagen werden. Nach dem Motto: Was wir nicht aussprechen, das passiert auch nicht. Das wird nicht passieren, das ist nicht wahr, wir negieren diese Nachricht, wir machen weiter wie bisher. Es wird alles gut werden, Monica wird wieder.

Ich denke, ich wollte mir in diesem Moment einfach nur Mut machen. Ich wollte die Vorstellung, dass es das gewesen ist, nicht akzeptieren. Was nicht sein darf, das nicht sein kann. Auch wenn ich damit die Augen vor der Realität zugemacht habe. Denn die Realität war: Sie wird nicht mehr.

Das Schlimmste war die Hilflosigkeit, dieses Wieder-nichts-tun-Können. Wir waren nur noch Beifahrer in dieser Achterbahn. Und hatten sie letztlich selbst in Bewegung gesetzt. An manchen Tagen hätte ich die Wand hochgehen können, weil ich immer nur um die Frage kreiste, ob es richtig war. Ob wir uns richtig entschieden hatten.

Alles war wie in einem Nebel, wir mussten uns von Minute zu Minute, von Tag zu Tag weiterhangeln und abwarten. Nach jedem neuen CT gab es etwas Hoffnung, dass sich alles doch noch stabilisieren würde. Und wenig später kam jedes Mal das dicke Ende.

Es war für alle eine nervliche Zerreißprobe. Wir hatten uns eigentlich ein »Heulverbot« in Monicas Zimmer auferlegt, aber in dieser Phase hatten wir alle unsere Zusammenbrüche. Siggi war einmal so verzweifelt, dass sie sagte: Jetzt glaube ich nicht mehr an Gott.

—

Die zehn Tage, die für das zweite künstliche Koma eigentlich vorgesehen waren, waren längst überschritten. Zweimal wurde ich nach weiteren Komplikationen noch tiefer sediert als ohnehin schon. Einmal waren die Pupillen viel zu stark geweitet, das andere Mal war die Herzfrequenz viel zu niedrig.

Erst nach zwei Wochen wurde die Langzeitnarkose langsam heruntergefahren. Um je einen Milliliter. Mäuseschritte, bei den 28 Millilitern, die bis dahin Stunde für Stunde in meinen Körper gepumpt wurden. Es sollte eine »softe Landung« werden, wie einer der Ärzte sagte. Ein Ausschleichen. Für meine Familie hieß das einmal mehr: warten und Geduld haben.

In den nächsten Tagen stabilisierten sich die Werte; die Ärzte erklärten, sie seien den Umständen entsprechend zufrieden. Eine von ihnen sagte, man könne immer anhand der Arztdichte im Krankenzimmer sehen, wie der Zustand eines Patienten sei. Und die sei zumindest für den Moment vergleichsweise niedrig.

Draußen ging das Leben inzwischen weiter. Am 30. März 2009 fand im Hamburger Grand Elysée Hotel die alljährliche Verleihung des HERBERT-Award statt. Benannt nach der Reporter-Legende Herbert Zimmermann: »Aus dem Hintergrund müsste Rahn schießen ... Rahn schießt. Tor, Tor, Tor, Tor! Aus, aus, aus. Das Spiel ist aus!«

Seit 2005 stimmten alle zwei Jahre rund 20 000 Spitzenathleten über die besten Sportsendungen, -publikationen und -journalisten des vorangegangenen Jahres ab. Zweimal hatte ich den »Bronze-Herbert« bereits gewonnen, für 2008 war ich zur besten Sportmoderatorin gewählt worden und sollte den »Gold-Herbert« erhalten. Olympiasieger Matthias Steiner, der ja mein Gesprächspartner bei meiner letzten Sendung gewesen war, hielt die Laudatio. NDR-Sportchef Axel Balkausky nahm die Auszeichnung stellvertretend für mich entgegen. Er bedankte sich bei all denjenigen, die mir und meiner Familie Genesungswünsche übermittelt haben. »Wir hoffen, dass diese Ehrung ihr Kraft gibt.« Nach der Veranstaltung unterschrieben viele der prominenten Gäste auf einer riesigen, fast ein Meter auf einen Meter großen weiß-goldenen Karte.

Auch wenn ich rote Teppiche nicht besonders mag und mich gerne vor solchen Veranstaltungen drücke – diesen Preis hätte ich sehr gerne entgegengenommen. Weil er von denjenigen kommt, über die wir Sportjournalisten täglich berichten. Von den Kollegen war ich schon 2004 und 2005 ausgezeichnet worden, nun auch noch von den Sportlern selbst. Das war eine große Ehre.

Dass ich diese Preise eines Tages einmal erhalten würde, war am Anfang meiner Karriere so nicht abzusehen. Noch nicht einmal, dass ich eines Tages beim Fernsehen landen würde. Ich studierte in Hamburg Germanistik und Anglistik auf Lehramt und machte zwischendurch ein Praktikum bei Radio Hamburg, bei dem ich mich offenbar ganz gut geschlagen habe. Zwei Jahre lang moderierte ich eine Sendung dort, *Nachtflug*. Das passte für eine alte Nachteule wie mich. Ich mochte die Arbeit, das An- und Abmoderieren, das Musikeinspielen, alleine im Studio mit den ganzen Knöpfen und Reglern. Eigentlich finde ich Radio auch viel charmanter und spannender, weil man nur die Stimme zur Verfügung hat und über den Inhalt kommen muss. Im Fernsehen gibt es tausend Möglichkeiten, davon abzulenken.

Ich habe dem Fernsehen auch nie so recht getraut und immer das Gefühl gehabt, es schwebt eine Art Damoklesschwert über mir. Irgendwann reißt der Faden. Weil Neid und Eitelkeiten auf diesem Parkett viel ausgeprägter sind. Außerdem wollte ich mein Studium beenden, und da passte der Nebenjob beim Radio perfekt.

Dass es ganz anders kam, habe ich einer Freundin zu verdanken, die damals im Regionalbereich Nord bei SAT.1 gearbeitet hat. Sie wollte sich ein zweites Standbein beim Radio aufbauen und hat mich gefragt, ob ich mit ihr ein Demo-Tape aufnehmen würde. Mit dem hat sie sich dann erfolgreich beworben und mir als kleines Dankeschön einen Praktikumsplatz bei ihrem Sender besorgt. Ich habe spontan gesagt: »Lad mich doch lieber zu einem guten Essen ein!«

Ich mochte die Vorstellung, die unbekannte Stimme

in der Nacht zu sein. Ich wollte diese Anonymität nicht aufgeben, sie war mir wichtig. Ich war nie jemand, der in die erste Reihe wollte. Schon als Kind nicht. Hinter dem Rockzipfel meiner Mutter versteckt, habe ich alles erst einmal genau beobachtet, während Eva schon nach vorne schoss. Sie hatte immer überall die Nase vorn, ist offen auf die Leute zugegangen, während ich sehr schüchtern war und gerne meine Ruhe hatte.

Auf gar keinen Fall wollte ich zum Fernsehen. Meine Freundin war total entsetzt. »Das kannst du nicht machen, wie steh ich denn jetzt da! Ich hab mich so für dich eingesetzt. Weißt du eigentlich, wie viele Leute für so eine Chance Schlange stehen?« Drei Wochen hat sie mich bearbeitet, bis ich gesagt habe: »Gut, ich mach's. Ist ja nur für einen Monat.«

Gleich am ersten Tag sollte ich einen Aufsager für die Wettervorhersage machen. Wir gingen in den Tierpark Hagenbeck, holten ein Kamel vor die Kamera, gaben ihm etwas Brot und hielten ihm ein Mikro unter die Nase. Im Studio habe ich das Ganze nachsynchronisiert: »Wie guuuut, dass ich so ein dickes Fell habe, denn es wird seeehr kalt werden, und Regen wird es auch geben.« Der nächste Aufsager war dann schon live. Die neuen 20-Mark-Scheine waren gerade herausgekommen, ich stand vor einem Sonnenstudio und sagte, dass man sich damit in Zukunft ein Stück Sonne kaufen könnte.

Nach dem Praktikum bekam ich das Angebot, ein Volontariat bei SAT.1 zu machen; eine gerade frei gewordene Redaktionsstelle sollte »umgewandelt« werden. Eine Riesenchance, trotzdem zögerte ich. Mein Vater hat letztlich dafür gesorgt, dass ich sie ergriffen habe. Für einen konservativen Mann wie ihn war das ein Riesenschritt: »Schmeiß das Studium und pack die Gelegenheit beim Schopf. Wenn am Ende nichts dabei herauskommt, kannst du immer noch zurück an die Uni.« Anfang der neunziger Jahre war ein geradliniger Lebenslauf vielleicht noch etwas wichtiger als heute. Unsere Eltern haben uns schulisch nicht besonders gepusht. Es war ihnen schon ein Anliegen, dass es einigermaßen lief, es wurden aber nicht die absoluten Glanzleistungen erwartet. Aber seine Reaktion hat mich dann doch überrascht. »Mach es. Und wenn du es machst, lass dich bloß nicht verbiegen!«

Nach der Zwischenprüfung ging ich von der Uni ab. Nun konnte ich offiziell den Weg zum Journalismus einschlagen. Weil ich noch keine entsprechende Ausbildung hatte, drückte ich während meines Volontariats die Schulbank. Bei der Axel-Springer-Journalistenschule. Ich wollte erst richtig vor die Kamera, wenn ich verstanden hatte, was dahinter passiert. Parallel dazu durchlief ich beim Sender verschiedene Stationen: Meine »Stammstation« war das Regionalprogramm, die Außenstationen waren unter anderem die Nachrichten und *ran*.

Nach dem Volontariat bekam ich die Möglichkeit weiterzumachen. Der Regionalreport wollte mich als Anchorwoman für den *Regionalreport Hamburg*, die *News* als Live-Reporterin. Ich wollte am liebsten beides machen. Zwei Wochen den Regionalreport, zwei Wochen aus aller Welt berichten. So kam es dann auch. Ich war bei der Eurotunnel-Eröffnung, berichtete aus der Schweiz vom Massenselbstmord der Sonnentempler, aus Belfast über den Nordirland-Konflikt und aus Brüssel über den Tod Manfred Wörners. Mein Bruder hat mich damals für total bescheuert erklärt, dass ich mir für einen Nachruf von vielleicht anderthalb Minuten die ganze Nacht um die Ohren geschlagen habe, um einen Berg an Akten über Wörner zu wälzen. Ich wollte einfach alles über ihn wissen, weil ich dachte, nur so könnte ich ihm gerecht werden und einen guten Beitrag machen. Außerdem gab und gibt es mir Sicherheit, wenn ich weiß, dass ich gut vorbereitet bin.

Als SAT.1 schließlich von Hamburg nach Berlin wechselte, gab es einen mittleren Aufstand, weil ich nicht mitwollte. »Das geht nicht, Sie können doch jetzt nicht, Sie müssen …!« Ich weiß noch, dass ich zu meinem Chef sagte: »Ich muss irgendwann sterben, aber sonst muss ich gar nichts.« Alle haben sich an den Kopf gefasst, wie ich so blöd sein konnte, die überregional ausgestrahlten Nachrichten aufzugeben. Wie ich mir meine Karriere damit ruinieren würde, dass ich beim Regionalreport blieb.

Vielleicht war es ein Vorteil, dass ich nicht verbissen um meine Eintrittskarte für das Fernsehen gekämpft hatte, sondern eher durch Zufall da hineingerutscht war. Und dass ich keine Angst hatte davor, dass mich andere als »sperrig« empfinden könnten. Ich habe mich tatsächlich nicht verbogen. Wenn ich mir über eine Sache klar bin, kann ich nur schwer Kompromisse machen. Zumindest für mich nicht. Obwohl – eine Weltmeisterin in Sachen Diplomatie war ich früher generell nicht gerade … Jedenfalls wusste ich, dass ich zu diesem Zeitpunkt auf keinen Fall nach Berlin wollte. Mit den Konsequenzen würde ich schon irgendwie klarkommen.

Ich blieb beim *Regionalreport* und übernahm parallel dazu noch die Ausgabe für Nordrhein-Westfalen. Von da an pendelte ich zwischen Hamburg und Dortmund. Während mein Vater sich noch die Haare gerauft hatte, als ich mit achtzehn in eine kleine Wohnung nach Altona – ausgerechnet in Kieznähe – gezogen war, packte er nun Farbe und Pinsel ins Auto, und wir renovierten gemeinsam mein neues Zuhause auf Zeit. In meine Hamburger Behausung gleich um die Ecke von der »Neuen Flora« war er nicht ganz so gerne gekommen, das Viertel war ihm viel zu wild. Meine kleine Rebellion, die zweite nach der Sache mit dem Turnbeutel. Wenn ich doch mal damit anfing, ob er mich nicht endlich mal wieder besuchen wollte, erinnerte er mich jedes Mal daran, dass meinem Bruder einmal das Auto aufgebrochen worden war, während er bei mir war. Ich mochte die Ecke, endlich mal nicht ganz so beschaulich und geordnet wie das Viertel, in dem ich aufgewachsen war.

Wie eigentlich ziemlich oft in meinem Leben ging relativ schnell eine neue Tür auf, nachdem eine andere zugegangen war. Es folgte die Sendung *blitz* und dann die nächste radikale Wende. 1999, mit dem Wechsel zu *ran*. Das Team stellte sich gerade neu auf. Der Sportchef kannte mich noch von meinem Volontariat und fragte mich, ob ich mir das vorstellen könnte. Im ersten Moment konnte ich nicht. *Ran* hatte Maßstäbe für den Fernsehfußball gesetzt, für mich war das wie eine heilige Kuh. Ich dachte, wenn ich einen Fehler mache, wenn ich das verpatze, bin ich erst einmal verbrannt. Seit Carmen Thomas' legendärem Versprecher »FC Schalke 05 gegen – jetzt hab ich's vergessen – Standard Lüttich« hatten Frauen im Fußball sowieso keinen leichten Stand. Alle haben damals auf sie eingeprügelt, 1973, beim ZDF-*Sportstudio*.

Meine Disziplin war außerdem eher Tennis, das ich selbst ja auch als Leistungssport betrieben habe. Beim Tennis kann man mich nachts um drei wecken, und ich kann das Spiel sofort lesen. Zwei, drei Ballwechsel, und ich weiß, wo die Stärken und Schwächen eines Spielers liegen. Fußball musste ich mir erst erarbeiten.

Der damalige SAT.1-Sportchef Michael Lion redete so lange mit Engelszungen auf mich ein, bis ich schließlich einer Probesendung zustimmte. Mit Paul Breitner. Ernst Huberty, auch so eine *Sportschau*-Legende, sollte mir dabei auf die Finger sehen. Und anschließend ein »Moderationstraining« mit mir machen. Von ihm habe ich unglaublich viel gelernt. Vor allem, auf platte Redewendungen zu verzichten. »Es brennt lichterloh im Strafraum« oder »die roten Teufel spielen besser als die Königsblauen« – solche Sachen standen bei ihm auf der schwarzen Liste. Hinterher sagte er: »Wenn ihr die nicht nehmt, ist euch nicht zu helfen!«

Trotzdem haben sich wieder alle an den Kopf gefasst, diesmal aus anderen Gründen. Eine Frau! Vom Boulevard! Macht jetzt Fußball! Soll die Erstverwertung der Bundesliga präsentieren, im Wechsel mit Oliver Welke und Reinhold Beckmann. Michael Lion blieb dabei. »Die kann Sport, die ist Sport, die macht Sport bei uns!« Trotzdem war es ein Risiko für ihn. Hätte ich nach der ersten Sendung einen Verriss kassiert, wäre das auch auf ihn zurückgefallen.

Einen Verriss habe ich nicht kassiert, aber im ersten Moment wäre ich am liebsten weggelaufen, als die Titelmelodie zur Sendung erklang. Ich hatte eine Riesenangst, dass mir ein Schnitzer durchrutschen und dann alle wieder tönen würden: Siehste, Frauen und Fußball geht eben doch nicht. Ich hab mich, denke ich, ganz gut geschlagen, dennoch habe ich mich bei *ran* lange nicht getraut, einen Rock anzuziehen. Ich wollte mich auf keinen Fall in ein Klischee pressen lassen wie: Die sieht ganz gut aus, die kann gar nichts von Fußball verstehen. Ich war durchaus vorgewarnt, weil ich bei den ersten Interviews nach meinem Bundesligastart den Klassiker unter den Fragen an Frauen beantworten musste: »Können Sie bitte mal kurz Abseits erklären?«

Nach drei Jahren *ran* und *live-ran* kamen knapp vier bei Premiere, wo wir als Team den Deutschen Fernsehpreis bekamen. Das war der krönende Abschluss vor meinem Wechsel zur ARD. Fußball-Bundesliga, Tour de France, Olympische Spiele, Skispringen. Die *Sportschau* war so etwas wie der Ritterschlag.

Es ist mir sehr schwergefallen, im Februar 2011 per Videobotschaft dem ganzen Team mitzuteilen, dass auf absehbare Zeit keine Rückkehr möglich sein wird. Ich wollte mich bedanken, dass sie meinen Platz so lange freigehalten haben, und ihnen sagen, dass ich mit aller Kraft daran arbeiten werde, irgendwann vielleicht doch wieder zurückzukommen.

81 Tage nach der ersten Operation und nach 26 Tagen des zweiten künstlichen Komas deutete nichts darauf hin. Es war alles nur Stillstand.

4

Einmal Hölle und zurück

Jede Körperfunktion wird über verschiedene Hirnbereiche gesteuert. Stirbt ein Bereich, muss ein anderes Areal die Funktion übernehmen. Das geht nur mit viel und vor allem konsequentem Üben.
Zunächst werden einfach Reflexe stimuliert und trainiert. Dann werden die Patienten aufgerichtet. Viele, wie Frau Lierhaus, haben den Gleichgewichtssinn verloren und müssen erst wieder lernen, den Körper auszubalancieren und die richtigen Muskeln anzuspannen.

Dr. med. Günter Manzl, Neurologe
im Klinikum Allensbach (2015 bei einem
Lawinenunglück ums Leben gekommen)

Einen Tag und zwei Nächte hatte ich auf der Intensivstation verbringen sollen. Am Ende wurden unvorstellbare vier Monate daraus. In den Medien wurde hinterher viel spekuliert, ob die Ärzte alles richtig gemacht hatten. Experten meldeten sich zu Wort, stellten alle möglichen Ferndiagnosen und wagten sich zum Teil recht weit hervor. Niemand dieser Damen und Herren war im Operationssaal dabei. Niemand kann sagen, wie er oder sie in dieser kritischen Situation reagiert hätte. Jeder hätte als Ausgangspunkt nur die Aufnahmen von meinem Kopf gehabt. Wie porös das Aneurysma war, konnte niemand wissen.

Sicher, man könnte darüber diskutieren, ob es richtig war, das Aneurysma minimalinvasiv zu operieren. Ob es besser gewesen wäre, ihm die Blutzufuhr abzuklemmen, statt es mit Coils zu verschließen. Ob man, weil beide Problemherde so dicht beieinanderlagen, diese OP gleich mit der des Angioms hätte verbinden können. Bei offenem Schädel hätte der Druck beim Platzen des Aneurysmas leichter und schneller entweichen, das Blut besser abfließen können.

Hätte, hätte, Fahrradkette.

Fragt man zehn Experten, bekommt man zwanzig verschiedene Meinungen. Recherchiert man im Internet, liest vielleicht noch Blogs von Betroffenen, wird man zu jeder Variante zig verschiedene Horrorszenarien finden. Es gibt keine richtige oder falsche Entscheidung. Es gibt nur den Punkt, an dem man sich entscheiden muss. Ich habe mich entschieden, ich hatte vollstes Vertrauen in meine Ärzte, ich habe es noch heute. Dass der Verlauf anders war, als ich mir, als sie sich das vorgestellt haben, kann ich ihnen nicht vorwerfen. Ich weiß nur, dass sie hundertprozentig da waren, als es um alles ging.

Außerdem: Was bringt es nachzukarten? Nach Fehlern oder Schuld zu suchen? Kann man leichter damit leben, dass Variante xy vielleicht die bessere gewesen wäre? Sicher nicht. Man würde daran kaputtgehen.

Meine Familie tauchte in dieser Zeit in eine Welt ein, von der sie dachte, sie hätte sie längst hinter sich gelassen. Ich war zehn Jahre alt, als mein Vater einen Herzinfarkt hatte. Er war 43, führte ein Leben am Anschlag, mit zu viel Stress und viel zu vielen Zigaretten.

Im Krankenhaus kam ein zweiter, sehr schwerer Infarkt dazu. Er war klinisch tot, musste reanimiert werden und lag anschließend im Koma. Die Ärzte machten uns wenig Hoffnung. Selbst wenn er wieder aufwachen würde, sei es wahrscheinlich, dass er massive Schäden davongetragen haben könnte. Für unsere Mutter ein Alptraum, mit drei Kindern, die noch längst nicht aus dem Gröbsten raus waren. Wir wechselten uns ab an seinem Bett, machten unsere Hausaufgaben im Krankenhaus, Hauptsache, jemand würde da sein, wenn er wieder aufwachte. Den Tod im Nacken zu haben war ein Gefühl, mit dem wir von da an aufgewachsen sind. Nur vier Jahre danach hatte er eine Bypass-Operation, ein Eingriff, der damals in Deutschland noch nicht vorgenommen wurde. Nur Genf, Chicago oder London kamen in Frage. Es wurde London, und unser Bruder Tommy begleitete ihn, damit Siggi für uns sorgen konnte. Später kamen ein Schrittmacher und auch noch ein Defibrillator dazu, da er immer wieder Vorhofflimmern oder Herzrhythmusstörungen hatte. Zwischendurch wurden immer wieder Stents eingesetzt und Ablationen durchgeführt. Jedes Mal war die Frage: Schafft er es, oder war es das?

Mein Vater war ein Stehaufmännchen, unglaublich. Ein Mann mit sehr viel Energie, ein Perfektionist, der Schwäche nicht durchgehen ließ, dominant, jemand, der auch ungnädig sein und schnell aus der Haut fahren konnte. Aber jemand, der ein sehr großes Herz hatte und sich für seine Familie zerrissen hat.

Wir beide hatten nicht immer die besten Zeiten miteinander. Zwei Dickschädel, die sich aneinander abarbeiteten. Aneinandergeraten sind wir früher vor allem auf dem Tennisplatz. Wir Kinder spielten alle drei, ich hatte gleichzeitig mit Eva begonnen, ich war fünf, sie sechs. Wir hatten Gruppentraining im Verein, das Einzelcoaching und die Intensiveinheiten übernahm unser Vater. Mit Eva ging das super, mit mir überhaupt nicht. Aber sie war auch viel talentierter als ich, mit einem enormen Ballgefühl ausgestattet. Ich musste mich immer eher quälen, damit ich zu ihr aufschließen konnte. Als Doppel waren wir ein perfektes Team, im Einzel hatte sie meist die Nase vorn, wenn auch knapp. Ansporn genug für unseren Vater, mich anzutreiben. Ich weiß noch, dass er mich einmal endlose Runden um den Platz schickte, ohne mir zu erklären, warum. Ich fand das sinnlos, eine blöde Strafe für was auch immer. Vielleicht hätte ich es eingesehen, wenn er mir erklärt hätte, ich sei zu langsam. Aber einfach nur im Kreis herumrennen? Oder endlos Kniebeugen machen? Für mich hatte das alles keinen Sinn. Ich war damals so sauer, dass ich meine Tasche gepackt habe und zu Fuß nach Hause gelaufen bin. Eine Stunde, mit zwölf Jahren. Zu Hause gab es deswegen natürlich gleich den nächsten Krach. Ein anderes Mal habe ich eine Fußverletzung vorgetäuscht und bin dramatisch vom Platz gehumpelt, nur damit ich diesem »Familienhorrortraining« entgehen konnte.

In der Pubertät nahmen unsere Auseinandersetzungen dann weiter zu. Ich mochte es nicht, wenn er seine endlosen Monologe hielt, wie etwas zu sein hatte, wie wir zu sein hatten. Und es hat mich wahnsinnig gemacht, wenn er Diskussionen mit einer Handbewegung und dem Wort »Unfug!« einfach so beendet hat. Er war nun einmal kein Achtundsechziger ...

Ich wollte aus diesem autoritären System heraus, das mir viel zu eng war. Überhaupt fand ich uns viel zu angepasst und brav. Schrecklich. Meine Mutter würde sagen, wir waren einfach nur wohlerzogen. Eva würde sagen, wogegen hätten wir denn rebellieren sollen? Es war doch alles wunderbar! Warum wolltest du unbedingt ein bockiges Kind sein? Dabei wollte ich gar nicht bockig sein, sondern nur ein bisschen individueller. Wenn dieses Thema aufkommt, dauert es nicht lange, und wir landen bei der Sache mit den Klamotten.

»Angepasst wäre gewesen, wenn du das weiter mitgemacht hättest. Aber du hast ja damit aufgehört. Also was willst du eigentlich?«

»Nicht angepasst wäre gewesen, wenn ich die Klamotten gleich zu Hause gewechselt hätte und sie nicht heimlich im Turnbeutel versteckt hätte!«

So geht das hin und her, da kommen wir nicht auf einen Nenner.

Diesen »Anpassungsdruck« habe ich oft mit meinem Vater verbunden. Er war sieben Jahre älter als meine Mutter, stammte aus einer Generation, in der gute Erziehung und Benehmen noch einen höheren Stellenwert hatten als heute. Ich konnte damals auch nicht sehen, dass wir trotz mancher Meinungsverschiedenheit und Auseinandersetzung mit unserem Vater froh sein konnten, dass wir so behütet aufgewachsen sind. Dass wir diesen »Kümmerer« in der Familie hatten, der alles für uns getan hat. Und mit Siggi eine Mutter, die mit sehr viel Liebe für uns da war und sich immer um

Ausgleich bemüht hat. Einfach war das für sie sicher nicht immer.

Schon gar nicht, als ich den Aufstand zu proben begann. Verglichen mit anderen Jugendlichen eher ein kleiner, aber für mich war es trotzdem ein großer Schritt, mich abzunabeln. Ich wollte ausbrechen aus dieser heilen und wohlgeordneten Welt. Vor allem wollte ich unabhängig sein.

Mit fünfzehn nahm ich einen Job in einem Jeansladen an, damit ich nicht länger auf das Taschengeld angewiesen war. Später, nachdem ich die Trainerlizenz gemacht hatte, gab ich Tennisstunden. Ich denke, mein Vater war stolz auf mich, aber zeigen konnte er das nicht immer. Oft fand er wieder noch einen Knopf, den er drücken konnte, um mich aus seiner Sicht weiter anzuspornen, und oft genug ließ ich mich provozieren. Das ging so weit, dass ich eine Zeitlang nicht mehr mit ihm geredet habe.

Für einen Macher wie ihn war die Zeit meiner Krankheit ein Wendepunkt in vielerlei Hinsicht. Neben der ganzen Sorge und Angst musste er lernen abzugeben. Flexibel zu reagieren, wenn nicht alles nach Plan läuft. Und es lief nichts nach Plan.

Ich hatte Rolf die Vollmacht erteilt, im Ernstfall zu entscheiden. Für meinen Vater war das ein schwerer Brocken. Es ging nicht darum, dass er kein Vertrauen in ihn gehabt hätte, im Gegenteil. Es ging einfach darum, loszulassen, das Heft aus der Hand zu geben.

> Ich habe zu ihm gesagt, Horst, am Ende muss ich als Partner entscheiden, aber ich werde das nicht ohne euch tun, nicht, ohne euch um Rat zu fragen.

Ich nehme dich zu jedem Termin mit. Drei, vier Wochen haben wir tatsächlich alles zusammen gemacht, zumindest die Hauptfragen gemeinsam erläutert. Dann hat er irgendwann zu mir gesagt, ich muss da nicht immer mit. Wenn etwas Großes ansteht, gehen wir das ja ohnehin zusammen durch. Ich vertraue dir voll und ganz.

Was ich wirklich bemerkenswert fand: Er ist eine Zeitlang vom Besuchsrecht zurückgetreten, als Monica absolute Ruhe brauchte. Unser Verhältnis hat sich in dieser Phase sehr intensiviert und kam noch einmal auf eine ganz andere Ebene. Während der Frühreha war es faszinierend, zu sehen, wie er Monica »lesen« konnte. Da kam ein anderer Mensch zum Vorschein. Ein großes Herz hatte er schon immer. Aber jetzt fiel das Autoritäre, hinter dem das manchmal versteckt war, einfach ab.

Es war wirklich interessant, wie unterschiedlich wir mit dieser Situation umgegangen sind. Siggi und ich sind sehr fürsorgliche Typen, uns fällt es besonders schwer, nicht automatisch loszuspringen und Monica etwas abzunehmen. Siggi war sofort zurück in dem Rollenverhältnis Mutter-Kind. Auch durch die Pflegefallsituation. Unser Vater war in dieser Hinsicht besser. Er hat Monica von Anfang an immer wie eine Erwachsene behandelt, die einfach eine Zeitlang gerade nicht in der Lage ist, für sich selbst zu sorgen. Er hat seine Sprache auch nicht verändert, wir beide schon eher. Zu tüdelig. Zu Monica passt das gar nicht vom Typus her, sie wollte nie betüdelt werden. Sie ist der Typ Nesthäkchen, der immer unabhängig sein, immer seinen eigenen

Weg gehen will. Dass es damit erst einmal vorbei war und dass einem das alle auch zeigten, indem sie sofort sprangen, muss für sie unerträglich gewesen sein. Das hat unser Vater instinktiv gewusst.

Tatsächlich hat sich das Verhältnis zu meinem Vater mit meiner Erkrankung total verändert. Gefühle füreinander waren immer da, aber wir haben uns mit unseren Dickschädeln auch immer etwas im Weg gestanden. Mag sein, dass wir uns auch ähnlicher waren, als mir das bewusst war. Es ist sicher einer der wenigen positiven Aspekte, die dieses Unglück mit sich gebracht hat. Wir haben aufgehört, uns aneinander abzuarbeiten – mit mir ging das ja auch nicht mehr so gut. Wir haben den anderen so akzeptiert, wie er ist. Mit all seinen Stärken und Schwächen, die man nicht länger »beheben« wollte. Wäre das alles nicht passiert, hätten wir diese Gespräche nicht geführt, diese Nähe nicht erlebt, hätte ich nach seinem Tod 2011 sicher große Mühe gehabt. Nichts oder nur wenig wäre zwischen uns geklärt gewesen. Und dann ist es irgendwann zu spät, und man schleppt das auf ewig mit sich herum. Ich bin sehr froh, dass ich diese Zeit mit ihm hatte, auch wenn sie viel zu kurz war.

—

Nach den langen Wochen auf der Intensivstation entschied meine Familie, dass es so auf Dauer nicht weitergehen konnte. Auch wenn ich nach der zweiten großen Operation, dem zweiten künstlichen Koma eben erst wieder angefangen hatte, weitgehend selbständig und stabil zu atmen. Nach wie vor wurde ich rund um die

Uhr über Monitore überwacht. Nach wie vor zeigte ich kaum eine Regung, alles an mir war wie tot.

Ich hatte ein zweites Mal überlebt, das stand fest. Mehr aber auch nicht. Ein zweites Mal waren die Prognosen düster. Viel düsterer als nach der ersten Operation. Vor allem was mein Bewusstsein anging. Aber da die lebenswichtigen Funktionen so weit stabil waren, stellte sich meine Familie die Frage, ob ich wirklich noch länger auf der Intensivstation bleiben sollte.

Die Ärzte waren anfangs nicht gerade begeistert, sie wollten mich weiter beobachten, meine Entwicklung überwachen. Aus ihrer Sicht und nach dem ganzen Verlauf mit all den Komplikationen verständlich. Gleichzeitig wussten sie am besten, dass die Intensivstation nicht der richtige Ort sein würde, wenn ich das Bewusstsein noch einmal wiedererlangen würde.

Rolf hatte bereits nach der ersten Operation begonnen, sich nach geeigneten Zentren umzusehen, die auf neurologische Rehabilitation spezialisiert sind. Nun nahm er seine Recherchen wieder auf. Obwohl Deutschland auf diesem Gebiet führend ist, war die Suche nicht einfach. Nur wenige Kliniken nehmen Patienten auf, die an schlechten Tagen noch beatmet werden müssen. Und die an guten Tagen nicht viel mehr können, als zu atmen.

Zu Hause gab es einige Diskussionen darüber, nach welchen Kriterien man entscheiden sollte. Würde es mich motivieren, in der eigenen Stadt zu sein? Die Familie vor Ort zu haben, auch die Freunde? Wäre es nicht für alle leichter, die endlosen Stunden, die sie an meinem Bett noch verbringen sollten, von Hamburg aus zu organisieren? Oder sollte es ausschließlich darum gehen, mir die therapeutisch maximale Versorgung zu ermöglichen, egal wie weit man dafür fahren musste?

Am Ende war klar, dass es nur darum gehen konnte. Alles Weitere würde sich irgendwie finden. Rolf und Eva hatten sich bei den Recherchen auch von den Spezialisten im UKE beraten lassen und sich verschiedene Einrichtungen in ganz Deutschland angesehen. In Hamburg, Bad Segeberg, Bad Aibling … Schließlich fiel die Entscheidung für eine Klinik, die von Hamburg aus so weit entfernt war wie nur gerade möglich – am Bodensee. Auf Empfehlung des Chefarztes der Neurologie hatte Rolf die Einrichtung am 1. April besichtigt.

> Als ich dort ankam, war das Erste, was ich sah, die wunderbare Umgebung. Die Klinik liegt leicht erhöht am Wald, mit Blick auf den Bodensee. Verschiedene Gebäude, auf einem parkähnlichen Grundstück verstreut. Mit Blumenwiesen, Obstbäumen, kleinen Teichen drum herum, einfach schön.
> Auch im Innern der Gebäude hatte man keine Sekunde das Gefühl, sich in einem Therapiezentrum zu befinden, alles wirkte sehr ruhig, sehr licht, man konnte spüren, dass in diesem Haus ein ganz besonderer Spirit herrscht. In den Gesprächen mit den Ärzten hatte ich auch das Gefühl, dass sie genau wussten, worauf sie sich einlassen. Und dass sie langfristig tatsächlich die Chance für einen Behandlungserfolg sahen.
> Diese Zuversicht wurde mir nicht in allen Rehazentren vermittelt; in einigen war nicht nur das Umfeld für die Patienten sehr deprimierend, auch manche Therapeuten wirkten, als wären sie mit einem so schweren Krankheitsverlauf überfordert. Für die Angehörigen ist das schwierig. Man fragt

sich, ob man die Situation überhaupt noch realistisch einschätzen kann oder sich nur verzweifelt daran klammert, dass irgendwie schon ein Wunder geschehen wird.

Eva und ich waren emotional oft zwischen Baum und Borke, wenn es darum ging, ob wir das Richtige taten. Unsere Entscheidung wurde uns schließlich ein Stück weit auch dadurch abgenommen, dass ein Rehazentrum, das bis dahin unser Favorit gewesen war, im letzten Moment einen Rückzieher machte. Man sei diesem schweren Fall nicht wirklich gewachsen.

Bevor die Verlegung in die Frühreha ernsthaft und im Detail geplant werden konnte, wurde ich wieder und wieder durch die Röhre geschoben. Die Schwellungen waren inzwischen zurückgegangen, die Zugänge zu den einzelnen Hirnregionen nicht mehr so blockiert wie am Anfang. Eva schickte eine SMS an alle: »MRT ist sehr gut. Ostern ist Auferstehung. Da bin ich mir ganz sicher. Alles wird gut!«

Wenn ich diese SMS heute lese ... da war natürlich eine Portion Galgenhumor dabei, aber ohne den würde man ja nur noch am Rad drehen. Tatsächlich hatten wir gerade in dieser Phase alle große Angst. Nachdem die Sedierung nach Wochen endlich aus dem Körper herausgespült war, fiel Monica noch einmal in eine Wachkomaphase, von der niemand wusste, ob sie da nicht für immer steckenbleibt.

So eine Wachkomaphase ist das brutalste überhaupt. Wenn vermeintlich die ersten Zeichen des Aufwachens da sind, wenn ein Finger zuckt, die Augen offen sind – und wenn man dann feststellen muss, das sind nur Reflexe, sie ist nicht da. Die Augen sind starr, da ist nichts, gar nichts. Das mit anzusehen, das aushalten zu müssen war einfach grauenvoll.

Ich denke, es war ein großes Glück, dass wir das nicht jeder für sich bewältigen mussten, sondern als Familie näher zusammengerückt sind. Es war immer einer da, der in einem kritischen Moment etwas stabiler war, emotional nicht im absoluten Tief und die anderen wieder hochziehen konnte. Im tiefsten Inneren haben wir alle daran geglaubt, dass sie es schafft. Diesen Glauben im Alltag nicht zu verlieren, das hat enorm viel Kraft gekostet. Wir waren alle mit den Nerven runter, ich selbst wog nur noch 49 Kilo. An manchen Tagen wachte ich morgens mit völlig verkrampften, an den Oberkörper gepressten Armen auf, die Hände zu Fäusten geballt. Offenbar habe ich nachts unbewusst Monicas Spastiken nachgeahmt, es war unheimlich.

Kurz vor Ostern dann fühlte ich, dass etwas passieren würde. Ich kann das nicht rational erklären, es war einfach diese starke Verbundenheit, dieses enorme Band zwischen mir und meiner Schwester.

Ostermontag geschah tatsächlich das Wunder – Monica wachte langsam auf. Sie öffnete die Augen, die nicht mehr nur ins Leere starrten, und gab zarte Laute von sich. Siggi und ich waren dabei und konnten es nicht fassen! Ich lief auf den Flur und rief den Schwestern und dem Assistenzarzt zu: »Sie wacht auf, sie kommt zu sich.« Und sie reagierte auf unsere Ansprache mit Augenblinzeln. Wir waren selig, es ging voran! In den nächsten vierzehn Tagen stabilisierte sich alles so weit, dass nach 104 Tagen auf der Intensivstation endlich »Entlassung« auf dem Überwachungsmonitor an Monicas Bett stand. Wir waren immer ganz neidisch gewesen, wenn in den Zimmern um uns herum Patienten auf die normale Station verlegt oder entlassen worden waren. Nur wir waren immer noch da. Jetzt flimmerten auch in Monicas Zimmer diese Buchstaben über den Bildschirm. Es war einfach großartig.

Meine Taschen wurden gepackt, dann steckte Jacqueline – eine »meiner« Intensivschwestern – mich in einen neuen Schlafanzug und präparierte mich mit Haube und Mundschutz. Ein großes Tuch wurde zur Sicherheit auf mein Transport-Krankenbett gelegt. Alle hatten Angst, dass die Presse doch irgendwie Wind bekommen haben und mich ein Fotograf abschießen könnte.

Im Rettungswagen dämmerte ich sofort weg. Das Einzige, an was ich mich von der Fahrt zum Flughafen Fuhlsbüttel noch erinnere, ist komischerweise einer der Sanitäter. Der hatte einen Bart. Aber sonst weiß ich nichts mehr. Vom Flug in der Maschine der Deutschen Luftrettung habe ich rein gar nichts mitbekommen. Auch nicht, dass Rolf an Bord mit dabei war. Er hat mir sehr viel später erzählt, was für eine absurde Situation das für ihn war. Dieser hypermoderne Flieger, die ganzen Geräte, alles steril und nüchtern und dazwischen die eigene Frau, festgeschnallt und gefühlt im Jenseits. Zumindest nicht weit davon entfernt.

Eine Stunde und 45 Minuten später landeten wir in

Friedrichshafen. Der Rettungswagen, der mich zu meiner neuen Heimat bringen sollte, wartete schon. Eva, Siggi und Lucy waren bereits am Bodensee. Die drei hatten Hamburg in aller Herrgottsfrühe mit einem vollbeladenen Auto Richtung Süddeutschland verlassen.

Einen Tag bevor meine Tochter vom UKE in die Reha nach Allensbach geflogen werden sollte, hat sich der Oberarzt von mir verabschiedet. Er nahm meine beiden Hände in seine, drückte sie ganz fest und sah mich lange an. Dann sagte er: »Frau Lierhaus, jetzt haben Sie noch einmal einen schweren Weg vor sich. Einen sehr, sehr langen, schweren, schweren Weg.«
   Wissen Sie, was ich da gedacht habe?
   Ein Jahr! Ich hab wirklich gedacht, ein paar intensive Monate Reha, und nach einem Jahr hat sie es, haben wir es geschafft! Wenn man mir gesagt hätte, dass das so lange dauert, dass es letztlich heute noch andauert – ich glaube, ich wäre meines Lebens nicht mehr froh geworden.
   Ich habe ohnehin oft mit dem Gedanken gehadert, warum passiert das meinem Kind? Warum nicht mir? Was würde ich dafür geben, mit ihr tauschen zu können. Die Hälfte ihres Lebens ist doch kaputt. Ich selbst hatte die schönste Zeit von Mitte dreißig bis Mitte vierzig. Man hatte einen Grundstock geschaffen, man wusste, wo es hingeht, die Kinder waren aus dem Gröbsten raus … Und genau in diesem Alter passiert ihr so was. Aber solche Gedanken bringen ja auch nichts, es hilft nichts, sie muss weitermachen, eine Alternative gibt es nicht.

Im Nachhinein war es gut, dass niemand eine genaue Prognose abgegeben hat. Dass niemand ahnen konnte, wie entsetzlich quälend das alles sein wird. Ich denke, dann wäre man von Anfang an verzweifelt. So sind wir immer mit neuem Mut und enthusiastisch vorangegangen, haben Monica bei ihren zahllosen Therapien unterstützt, immer überzeugt davon, dass es ja bald besser werden wird.

Rolf, meine Mutter und Eva hatten zwei kleine Gästeappartements in einem eigenen Komplex gemietet, in dem neben Angehörigen auch einige Klinikmitarbeiter wohnten. Auch für meine Familie würde Allensbach zu einer zweiten Heimat werden.

Die Reha war zunächst nur für einige Monate bewilligt worden; danach sollten die verschiedenen Abteilungen Protokolle über meinen »Status« verfassen, die dann an die Krankenkasse geschickt werden mussten. Wir wussten also am Anfang nicht, wie lange wir am Bodensee bleiben würden.

Ich kam ins Haus Sentis, das für Patienten in der absoluten Frühphase der Reha vorgesehen war. Ein nüchternes Krankenzimmer mit einem Bett, allerlei technischem Gerät, zwei Stühlen, einem Tischchen, einem Bad und einem großen Fenster hinaus ins Grüne. Noch am Ankunftstag dekorierten Eva und Rolf den »Himmel« über meinem Bett mit einem bunten Tuch, gelb, mit Blumen drauf, weil ich Blumen doch so gerne mag. Und sie hängten das große Poster von Lucy an die Wand. Von alldem bekam ich nichts mit.

Ein paar Tage später, als alles so weit geregelt war, fuhren sie gemeinsam nach Konstanz und erkundeten die Umgebung.

Blauer Himmel, strahlende Sonne, das kleine Städtchen – wir wussten, das ist der richtige Ort. Wir standen auf einem kleinen Platz, haben uns umarmt und zum ersten Mal unbeschwert gelacht. Was in diesen Tagen sonst nur bedingt passierte. Meine Mutter hat uns noch zu einem großen Eisbecher eingeladen. Da waren wir mit unseren Gedanken natürlich sofort wieder bei Monica. Für ein gutes Eis lässt meine Schwester wirklich alles stehen.

—

In den Akten wurde ich als »Valeska Meyer« geführt, auch an meiner Tür hing ein Schild mit diesem Namen. Valeska Meyer war meine Urgroßmutter. Eine Frau mit einer unglaublichen Disziplin, preußisch durch und durch. Wie so viele damals war sie 1945 vor der heranrückenden Front geflohen, von Danzig aus und mit ihren beiden Töchtern und ihrer Enkelin Siggi im Schlepptau. Sie hatten Fahrkarten für die *Wilhelm Gustloff* und haben das Schiff zum Glück verpasst. Über Bad Segeberg kamen sie schließlich nach Hamburg. Als meine Eltern heirateten, wurde das Haus meiner Urgroßmutter erweitert, wir wuchsen also in einer richtigen Großfamilie auf. Die Kriegserfahrung hat sie nie ganz losgelassen, auch wenn sie nicht darüber gesprochen hat. Aber in ihrem

Keller hortete sie so viele Lebensmittel, dass sie einige Wochen oder sogar Monate mit »Eingekochtem« hätte überleben können, falls »die Russen« wiederkommen würden. Ein Trauma, das eine ganze Generation in den fünfziger Jahren weggedrückt hat. Es musste weitergehen, immer weiter, lamentieren gilt nicht.

Wenn ich mich an sie erinnere, fällt mir als Erstes ein, wie sie im Garten steht und Rosen schneidet. Das ist ein Bild, das ich immer mit ihr verbinden werde. Ich war dreizehn, als sie starb, mit 96 Jahren. Sehr faltig, sehr katholisch, sehr aufrecht, stark und sehr diszipliniert. Wenn ich mich in ihren Augen danebenbenommen oder nicht die richtigen Umgangsformen gezeigt hatte, gab es gleich eine Ermahnung: »Haltung, Prinzessin, Haltung!« Auch diesen Satz werde ich immer mit ihr verbinden.

Von »Haltung« war ich jetzt meilenweit entfernt. Als ich nach Allensbach kam, war ich kaum mehr als eine lebende Leiche. Meine Muskulatur hatte sich komplett zurückgebildet, ich war nur noch Haut und Knochen. Ich hing nach wie vor an allerlei Maschinen, die Monitorüberwachung lief rund um die Uhr. In einem Arztbericht aus dem ersten Monat heißt es:»Wachphasen maximal 6 Stunden, dabei selektive Aufmerksamkeit von maximal 10 Minuten, Daueraufmerksamkeit von 30 Minuten. Spricht inzwischen einzelne Sätze und Worte, Antworten stark verlangsamt, inhaltlich weitgehend korrekt. Die Fähigkeit, Informationen abzuspeichern, ist hochgradig eingeschränkt. Nach vielen Wiederholungen Merkfähigkeit von höchstens 30 Minuten, nur weniges kann über Nacht gespeichert werden. Altgedächtnis und mögliche Fortschritte bei der Merkfähigkeit für neue Informationen noch nicht sicher beurteilbar.«

Ich dämmerte immer wieder weg, konnte das Bewusstsein nicht halten. Es war so, als würde das Gehirn zwischendrin auf einen Knopf drücken und einfach abschalten, wenn es genügend Impulse bekommen hat. Dazu kam ein schweres Durchgangssyndrom.

»Durchgang« heißt: war tot, kam wieder. Auch Leute, die sehr lange narkotisiert oder im Koma gewesen sind, haben das mitunter. Dann kommen heftige Alpträume und Halluzinationen. Es ist ja irgendwie auch logisch. Die ganzen Ängste, die Todesangst, der man ja unbewusst ausgesetzt ist, wenn ein solcher Absturz des Systems wie bei Monica erfolgt – das muss irgendwo auf der Festplatte abgespeichert sein. Und sucht sich dann durch Träume oder Panikattacken einen Weg nach draußen.

In dieser Phase klingelte regelmäßig zwischen 2 und 4 Uhr nachts das Telefon. Die Nachtschwester war am Apparat, ob einer von uns schnell rüberkommen könne. Das Interessante war, dass sie offenbar keine Angst um sich hatte, eher um andere. Oft konnte sie gar nicht formulieren, was eigentlich los war, was sie so in Panik versetzt hatte. Aber immer wieder erzählte die Nachtschwester, meine Schwester würde glauben, ich sei entführt worden oder mir sei etwas Schreckliches passiert.

Das Schlimmste war, sie so zu sehen. Sie konnte ja nicht aufstehen, gar nicht reagieren in ihrer Panik. Sie lag da wie ein Sack Kartoffeln, und wenn man sich in so einer Situation nicht rühren kann, muss das ganz furchtbar sein. Rolf hat dann eine Zeitlang deswegen bei ihr im Zimmer geschlafen, damit sie etwas ruhiger war und nicht noch zusätzlich zu den ganzen anderen Medikamenten Beruhigungsmittel nehmen musste.

Das hat nicht immer funktioniert, zumal die Attacken auch tagsüber kamen. In Rolfs Tagebuch steht bei Tag 114:

> Kaum eine Minute vergeht, und du verfällst wieder in dieses Durchgangssyndrom. Du bist aufgeregt, fängst an zu schwitzen, rufst immer wieder nach Hilfe. Du nimmst zwar irgendwie wahr, dass ich da bin, aber das beruhigt dich nicht. Du kannst einfach nicht raus aus dem Teufelskreis. Die Hilfe-Hilfe-Phase dauert heute über zwei Stunden.

Zwei Tage später fast der gleiche Text. Nur dass ich da für einen Moment offenbar mit einer realen Situation kämpfte und die auch formulieren konnte:

> Um 23.30 klingelt mein Handy, die Station ist dran. Sie sagen, du wärst sehr unruhig. Ich springe in die Jogginghose und renne los.
>   Als ich in dein Zimmer komme, sagst du als Erstes: »Es tut mir leid. Es tut mir so leid.«
>   »Du brauchst dich nicht zu entschuldigen. Ich bin hier, alles ist gut.«
>   Du sprichst zum ersten Mal seit Tagen ganz deutlich: »Rolf. Ich verstehe meine Situation nicht.«
>   Ich erkläre dir alles in Ruhe. Die OP, die lange Zeit

im UKE, warum wir hier am Bodensee sind, was sie hier machen und dass mit dem Training alles viel, viel besser werden wird.

Du sagst: »Ich weiß gar nicht, womit ich das verdient habe.«

Bevor ich reagieren kann, kommt im nächsten Moment wieder ganz plötzlich: »Hilfe! Hilfe! So helft mir doch endlich. Ich muss ... ich will ...«

Es war wie ein Fenster, das kurz aufgegangen ist. Ein Moment, in dem die Reaktionen, die Sätze ganz klar waren. Bis das Fenster dann urplötzlich wieder zu war.

Ich tue mich bis heute damit schwer, solche Sätze zu lesen. Und noch schwerer damit, mir Filmaufnahmen aus dieser Zeit anzusehen. Immer wieder einmal ließen die Therapeuten eine Kamera laufen, um Fortschritte oder Rückschritte zu dokumentieren. Ich habe mehrmals Anläufe unternommen, mir die DVDs anzusehen, aber jedes Mal wieder abgebrochen. Ich kann das, was ich dort sehe, nicht aushalten. Nicht nur, weil ich mich auf den Bildern sehe, sondern weil es einfach grauenvoll ist, einen Menschen in so einer Situation zu sehen.

Mit dem Tagebuch, das Rolf von der »Stunde null« an bis zum Ende der Reha in Allensbach geführt hat, geht es mir ähnlich. Es war vor allem für mich gedacht. Als Erinnerung an eine Zeit, an die ich keine oder nur sehr wenig Erinnerungen habe. Es sollte mir helfen, eines Tages meinen Weg nachvollziehen zu können. Für ihn war es sicher auch eine Möglichkeit, um das ganze Chaos, in das meine Familie und mein Partner gestürzt worden waren, irgendwie zu bewältigen. Eine Struktur zu schaffen, ein Raster, eine Aufgabe zu haben, die man Tag für Tag angehen konnte.

Darin zu blättern, einzelne Passagen zu lesen, zieht mich jedes Mal auf den Boden. Nach ein paar Sätzen heule ich Rotz und Wasser. Es reißt mich manchmal schon, wenn ich an dem Regal im Arbeitszimmer vorbeigehe, in dem der dicke beige Ordner steht. »Monicas Diary« steht in Rot auf dem Aufkleber, darunter ein Foto: Rolf und ich, beide mit Sonnenbrillen, im Auto. Spätsommer am Bodensee. Der erste gemeinsame Ausflug, mit Kissen auf dem Sitz und Kissen im Nacken. Lucy auf dem Rücksitz. Meine Mutter hat damals gefilmt, es war ein Ereignis, die ersten Schritte im Freien, gestützt von meinen Physiotherapeuten Tino und Tina. Die beiden waren ein tolles Gespann, wie Pat & Patachon. Die Aufnahme geht über eine halbe Stunde. So lange hat es gedauert von meinem Zimmer über den Flur, hinaus ins Freie, an den Blumenbeeten entlang und weiter bis zum Auto. Als ich das geschafft hatte, war ich selig. Aber dieses Gefühl festhalten, das konnte ich nicht. Das kann ich bis heute nicht. Es sind Momentaufnahmen, kleine Schnappschüsse, Wegmarken.

Bei mir war das Glas leider schon immer eher halb leer als halb voll. Die Fortschritte, die die Ärzte, Therapeuten oder meine Familie mir jeweils vor Augen geführt haben, konnte und kann ich oft nicht sehen. Ich weiß, dass sie da sind. Aber ich sehe meist nur das, was noch nicht da ist. Wenn mir jemand sagt, Mensch, toll, dass du inzwischen stehen kannst, vor ein paar Wochen konntest du noch nicht einmal die Beine bewegen – dann denke ich: Ich konnte schon mal stehen, das ist selbstverständlich. Und übrigens, Laufen kann ich immer noch nicht. Ich schiebe die Messlatte sofort das nächste Stück höher, mache mir sofort wieder Druck. Das mag unnötig sein, aber da kann ich einfach nicht aus meiner Haut. Das ist auch eine negative Energie, die mich an manchen Tagen herunterzieht, an anderen jedoch antreibt.

Mit »akzeptieren« hat das nicht viel zu tun. Es heißt, man könne besser loslassen, wenn man eine Krankheit annimmt. Das würde weniger Kraft kosten, als sie zu bekämpfen. Ich weiß es nicht. Ich glaube aber, wenn ich aufgehört hätte zu kämpfen, wenn ich gesagt hätte: Blöd gelaufen, kann man nichts machen, wäre ich nie so weit gekommen. Auch wenn ich mich über das Erreichte viel zu selten freuen kann.

Ich bin gefangen in einem Körper, der mir oft fremd ist und den ich nicht immer beherrschen kann. Ich sehe in den Spiegel und blicke in ein Gesicht, das nicht das gewohnte ist. Starr, ohne Mimik, wie eine Puppe. Grauenvoll. In solchen Momenten sehe ich nur die Defizite. Mit manchen Einschränkungen werde ich wohl auf Dauer leben müssen; trotzdem werde ich sie nicht als gegeben hinnehmen. Ob mir das guttut?

Eva hat mich vor einigen Jahren zu einer Psychologin geschickt, weil sie meinte, ich würde an meiner Situation immer mehr verzweifeln. Weil ich wie früher kaum jemanden in meine Gedanken und Gefühle einbezogen habe, dachte sie, das sei eine gute Möglichkeit für mich, zu reden, auch mal zu weinen. Vor jemandem, zu dem ich sonst keine Bindung habe. Ich konnte die Situation nicht leiden, mich hinzusetzen und auf Knopfdruck über mich zu sprechen. Das bin ich nicht. Nach drei Sitzungen habe ich die Sache beendet. Thema war auch, dass ich die Erkrankung nicht in einer Weise angenommen hätte, die eine »Verarbeitung« begünstigen würde. Für mein Seelenheil sei es besser, wenn ich das könnte. Weil ich meine

Kraft dann positiver einsetzen könnte. Ich habe immer dagegengehalten, dass ich nicht so weit gekommen wäre, hätte ich mich meinem »Schicksal« ergeben.

Auch die Psychologin hat mir mit auf den Weg gegeben, den Druck rauszunehmen. Fordern ja, aber nicht ständig überfordern. Das sagt sich so leicht. Ich konnte das früher nicht, ich kann es auch jetzt nicht. Wie auch? Selbst wenn sich sehr viel verändert hat, ist man zumindest in Teilen immer noch derselbe Mensch. Und auch wenn nicht alle Gefühle und Erinnerungen mehr abrufbar sind, sind sie nicht einfach ausgelöscht. Ich war 38, als das alles passiert ist. Als die Messlatte sozusagen unter null lag, es ein Wunder war, dass ich überhaupt überlebt hatte.

Wie ein Kleinkind musste ich alles wieder neu erlernen. Als Kind ist alles neu und spannend, und jeder kleine Schritt führt einen etwas mehr in die Selbständigkeit, hinein ins Leben. Jemandem, der von einer Krankheit, einem Unfall oder einem anderen Ereignis so schlimm getroffen ist, dass der Stecker gezogen wurde, dem fehlt diese kindliche Begeisterung für diese vielen kleinen Schritte. Vielleicht ist es aber auch Typsache, ich kann nur für mich sprechen.

Wenn ich diese Bilder aus der Frühreha oder die Zeilen aus dem Tagebuch vor mir sehe, kann ich sie nicht mit mir zusammenbringen. Ich spalte sie ein Stück weit ab, als würden sie nicht zu mir gehören. Natürlich gehören sie zu mir. Natürlich bin ich das. Und natürlich will ich nicht fünfzig Prozent, sondern hundert. Auch wenn diese hundert nicht mehr die gleichen sein werden, die ich früher hatte. Das habe ich inzwischen angenommen. Aber wie diese Prozent aussehen werden, das ist in gewisser Weise »Verhandlungssache«.

Die Prognose der Therapeuten und Ärzte während der Reha war, dass ich mich auf ein Leben im Rollstuhl einstellen müsse. Als ich klarer im Kopf war, mehr Kontrolle über meinen Körper hatte, dachte ich: Da habt ihr euch aber geschnitten. Ich habe alles darangesetzt, auf meinen eigenen zwei Beinen aus der Klinik zu gehen. Sehr wackelig, eher ein Torkeln von rechts nach links, ich habe auch die gesamte Flurbreite dafür gebraucht, aber ich hab's geschafft. Der Weg bis dorthin dauerte acht Monate.

—

Auf einer der ersten Filmaufnahmen liege ich völlig apathisch im Bett, die Augen starr nach oben gerichtet. Ein »Deckengucker« eben. Die Arme extrem angewinkelt und über der Brust verschränkt, die Hände total verkrampft, »Pfötchenstellung«. Im Hals steckt die Trachealkanüle, zwei Pfleger sind im Zimmer, sie erklären mir jeden einzelnen Schritt. »Wir heben jetzt Ihre Hand kurz an.« – »Geht das so?« Keine Reaktion. Aus den Lautsprechern des iPod erklingt *Imagine* von John Lennon. Eine absurde Situation.

Trotz meines desolaten Zustands wurde ich vom ersten Tag an mobilisiert. »Gehen« wurde im Liegen geübt, mit einem speziellen Fahrrad. Einem kranartigen Gestell, das hinten am Bett angebracht war, mit einem Ausleger, an dem gepolsterte Schlaufen für die Unterschenkel und große Schluppen für die Füße angebracht waren. Unterstützt von einem langsam eingestellten Motor sollte ich treten. Wenn ich das Bein für einen Moment durchstreckte, änderte sich die Richtung. Als ich mit dem Training anfing, dauerte eine einzige Umdrehung mit den Pedalen zehn Sekunden. Wenn man das bewusst runterzählt, ist das verdammt lang. Nach einer Woche hielt ich schon 45 Minuten mit dem Bettfahrrad durch; der Monitor zeichnete immerhin 210 selbstgetretene Meter auf. Nach zwei Wochen schaffte ich 480 Meter. Wobei es mit dem »Ich« nicht so weit her war. Ich »wurde geradelt«; dazu, ob mir das gefiel oder nicht, konnte ich anfangs nichts sagen.

Noch länger dauerte es, bis ich vom Liegen in eine Sitzposition an der Bettkante gebracht werden konnte. Mit zwei Therapeuten, die mich zentimeterweise nach vorne ruckelten, waren es ganze drei Minuten. Von dort in einen hohen Rollstuhl mit Kopfstütze gehievt zu werden dauerte noch mal so lang. Und dann hing ich da, ohne jede Körperspannung, den Kopf auf der Brust. Wenigstens kam auf den Satz »Wir machen uns noch richtig unbeliebt mit dieser Weckdienstgeschichte« mal ein Brummen von mir. Auch wenn sich sonst einiges geändert hatte – ein Morgenmuffel war ich definitiv geblieben. Und auf die Frage, ob ich Angst hätte, dass sie mich fallen lassen, kam ein klares »Nein«.

Für das Training mit dem Bettfahrrad vereinbarten die Therapeuten mit mir ein Ampelsystem, das auch später bei anderen Therapiemaßnahmen zum Einsatz kam. Rot für »Jetzt geht gar nichts mehr«, gelb für »Schon okay«, grün für »Geht noch ein bisschen«. Meistens stand meine Ampel auf Grün, auch wenn mich die Bewegungen wahnsinnig anstrengten.

In der ersten Phase der Frühreha hatte ich zwei bis drei Stunden täglich Therapien. Zwei Einheiten vormittags, eine Stunde Mittagspause, drei Einheiten nachmittags. Ergo, Physio, Logo, Musik, Neuro. Manchmal war ich so kaputt und antriebslos, dass ich gar nichts wollte, gar nichts konnte. Einer der Therapeuten motivierte mich dann immer damit, dass ich mir etwas wünschen durfte. Ein bestimmtes Lied, eine Massage oder später, als ich wieder feste Nahrung zu mir nehmen konnte, etwas Süßes.

Als ich ankam, wurde ich noch künstlich ernährt. Schlucken musste ich erst wieder lernen. Kann man Schlucken verlernen? Niemand macht sich Gedanken darüber, wie Schlucken geht. Es passiert einfach, ein Reflex, der nicht bewusst gesteuert wird. Speiseröhre und Luftröhre liegen dicht beieinander. Wenn man schluckt, wird eine Klappe ausgelöst und verschließt die Luftröhre, damit nichts hineinrutscht, was dort nicht hingehört. Wenn dieser Reflex nicht da ist, landet Speichel oder Essen in der Lunge, und das ist lebensgefährlich. Wie soll man lernen, das zu steuern?

Die Logopäden übten jeden Tag mit mir: Erst mit großen feuchten Wattestäbchen, die angeblich nach Zitrone schmecken sollten. Mit denen fuhren sie mir im Mund herum, um den Reflex in Gang zu setzen. Dann mit winzigen Stückchen Wassereis, die sie mir auf die Zunge legten. Calippo-Eis oder welches mit Colageschmack. Ich fand es in erster Linie zu kalt, aber immer noch besser als Bananeneis.

Im nächsten Schritt gab es ein Stück Apfel, das in ein quadratisches Stück Mullbinde gewickelt wurde. Dieses Säckchen bekam ich in den Mund geschoben und musste langsam darauf herumkauen, bis sich etwas Speichel gebildet hatte, den ich dann hinunterschlucken sollte. Ich weiß nicht mehr, wie oft wir das wiederholt haben, wie oft ich mich dabei elendig verschluckt habe.

Als es immer besser ging, unterzogen mich die Ärzte speziellen Schlucktests. Dazu wurde durch meine Nase eine winzige Kamera in den Rachen geschoben; dann bekam ich eine blaue Flüssigkeit, die mich an Pril erinnerte, auf die Zunge geträufelt und musste sie hinunterschlucken. Die Kamera zeichnete auf, ob der Weg nach unten der richtige war. Das war er nicht immer.

Ich hatte nach wie vor die Atemkanüle im Hals, durch die die Luft von der Luftröhre direkt in die Lunge gelangte. Durch den Fremdkörper verschleimte alles sehr stark, immer wieder musste abgesaugt werden. Weshalb der Sprechaufsatz manchmal gar nicht erst eingesetzt werden konnte.

Tag 113
Gegen 5.30 merke ich, dass du sprechen willst. Du formst immer wieder ein Wort, das mit Sp anfängt. Spaß? Kopfschütteln. Sport? Kopfschütteln. Ich versuche es mit Buchstabieren, aber das klappt nicht. Du wirst ganz verzweifelt. Ich rufe die Schwester und bitte sie, dir für einen Moment den Sprechaufsatz in die Trachealkanüle zu setzen. Endlich ist es geschafft. Du sagst: Specht! Da ist ein Specht draußen. Den hatte ich in meiner Aufregung gar nicht gehört. Wahnsinn!

Mit den Ärzten bespreche ich das weitere Vorgehen: Wenn es gelingt, den Sprechaufsatz länger einzusetzen, wäre das ein großer Schritt Richtung Verschluss des Halsröhrenschnitts. Am Dienstag sollen ein neues MRT und elektronische Impuls-Reiz-Tests der Muskelbahnen im Körper gemacht werden. Am Donnerstag ist dann der nächste Schlucktest geplant, mit der Hoffnung auf ein positives Ergebnis. Dann würde tatsächlich die Kanüle aus deinem Hals kommen, und der Halsröhrenschnitt könnte verschlossen werden.

Dieser Schlucktest lag endlich bei »hundert Prozent«, die Ärzte gaben grünes Licht für eine andere Form der Ernährung. Vanillepudding mit Sahne und Wackelpudding mit Waldmeistergeschmack, Hipp-Gläschen, Joghurt, später Schonkost, dampfgegart und kaum gewürzt. Vor allem aber püriert. An manchen Tagen habe ich das Zeug kaum heruntergebracht. Was dazu führte, dass die Therapeuten meinten, es sei für diesen Schritt vielleicht doch zu früh gewesen.

> Für die Ärzte und Therapeuten war die Abgrenzung zwischen »Kann sie nicht?« und »Will sie nicht?« manchmal nicht leicht. Es hatte im UKF schon die – seltenen – Momente gegeben, dass uns die Pfleger erzählt haben, dass meine Schwester während einer Wachphase diese oder jene Reaktion gezeigt hat; sie waren ganz euphorisch deswegen. Und wenn dann die gesamte Ärztebatterie kam, um den Fortschritt zu begutachten, passierte – nichts. Frei nach dem Motto: Wir sind doch hier nicht im Zoo! Nur weil ihr wollt, dass ich das jetzt mache? Könnt ihr vergessen!
> Das Spielchen mit dem Essen haben wir jeden Tag mitbekommen. Irgendwann waren wir sicher, sie kann es, aber es schmeckt ihr einfach nicht. Sie braucht einen Impuls, einen Geruch, der sie an etwas erinnert. Also sind wir an einem Wochenende zu McDonald's gefahren und haben einen

Cheeseburger mit Pommes geholt. Als wir mit der Tüte ins Zimmer kamen, hat sie von einem Ohr zum anderen gestrahlt. Man hat richtig gesehen, wie ihr das Wasser im Mund zusammenlief, sie konnte es kaum erwarten, bis wir alles in kleine Häppchen geschnitten hatten. Siggi sagte gefühlt alle paar Sekunden: »Langsam, langsam, nicht so schlingen, sorgfältig kauen.«

Unser Experiment war ja nicht ganz ohne, aber es ist zum Glück alles gutgegangen. Trotzdem wurden wir ordentlich auf den Pott gesetzt, als wir den Ärzten am Montag darauf davon erzählten. Wenig später kam dann tatsächlich auch die Kanüle endlich aus dem Hals.

Von da an wurde ich nicht nur aus der Klinikküche versorgt, sondern von meinem ganz speziellen »Lieferservice«. Mein Vater kochte für mich, wenn er in Allensbach war. »Menüchen unter Alufolie«, wie er das nannte, weil er sie sorgsam verpackt aus seinem Appartement zu mir brachte. In den ersten Wochen war er häufig da, auch über längere Zeiträume, aber im Hochsommer setzte ihm als Herzpatient das Klima am Bodensee ziemlich zu. Dann musste ich wohl oder übel auf seine Spezialkost verzichten und hatte jeden Tag einen Horror davor, dass es Brokkoli geben könnte. Ich hatte einmal unvorsichtigerweise gesagt, dass ich Brokkoli ganz gerne essen würde. Der Küchenchef war ein wirklicher Schatz und dachte, er würde mir etwas Gutes tun, wenn mein Lieblingsgemüse so oft wie möglich auf den Tisch kam. Bis heute mache ich einen Riesenbogen um alles, was grün ist und nur im Entferntesten an Brokkoli erinnert.

Knapp vier Wochen nachdem ich in Allensbach angekommen war, machte die *Bild-Zeitung* mit der Schlagzeile auf, ich sei aus der Klinik in Hamburg entlassen worden. Und dass die ARD mich für Olympia nominieren würde. Wo ich mich in der Reha aufhielt, schrieben sie nicht. Ich weiß nicht, ob sie es einfach nicht wussten oder ob sie nur nicht darüber berichteten.

Dass es zu diesem frühen Zeitpunkt nicht an die Öffentlichkeit kam, war jedenfalls sehr wichtig. Denn seit einer Woche war ich immer mal wieder kurz draußen. Mit dem großen Rollstuhl, der mich durch seine hohe Lehne und die Armstützen aufrecht hielt, eine getönte Brille mit einem abgeklebten Glas auf der Nase. Sehr schick. Ich hatte Probleme mit dem Sehen, konnte kaum etwas erkennen, und wenn, dann waren die Bilder doppelt. Auf der Station fiel das nicht weiter auf; ich konnte die Menschen anhand ihrer Stimmen auseinanderhalten. Und ein »Lesetest« mit selbstgemalten Schildern hatte auch ganz gut funktioniert. »Lucy« und »Eva« waren mir fehlerfrei über die Lippen gegangen, nur bei »Siggi« hatte ich mich etwas verheddert. Die Freude, dass ich geistig ganz offensichtlich dazu in der Lage war, Buchstaben zu Wörtern zusammenzusetzen und auszusprechen, war riesengroß gewesen. Weiß der Geier, warum das gegangen war, wenn ich an anderen Tagen kaum die Erbsen auf meinem Teller erkennen konnte.

Anfangs habe ich mir darüber ehrlich gesagt keine Gedanken gemacht, dass ich nichts oder nur sehr punktuell etwas sehen konnte. Als ich nach dem zweiten Koma langsam wieder bei Sinnen war, dachte ich eine Zeitlang wirklich, das gehört eben so. Wie es sich anfühlt zu sehen, daran hatte ich keine bewusste Erinnerung mehr. Monica der Maulwurf.

An manchen Tagen war es, als wäre nur ein winzig kleines Fenster auf, durch das ich noch etwas sah. An anderen war alles total verschwommen, die Bilder waren mehrfach übereinandergelegt, oder alles sah fast schwarz aus. Es gehört wohl zum klassischen Verlauf, dass Sehstörungen nach so massiven Einblutungen auftreten, wie ich sie schon nach der ersten Operation gehabt hatte. Und nach der zweiten gleich noch mal. Trotzdem dauerte es, bis das den Ärzten auffiel. Durch einen Zufall: Eigentlich war es darum gegangen, ob ich noch ein Gespür für Zahlen habe. Einer der Therapeuten fragte mich, wie viele Finger er an seiner Hand »ausgeklappt« habe. Als ich konsequent die falsche Zahl sagte, hätte er daraus schließen können, dass ich das mit den Zahlen einfach nicht auf die Reihe bekam. Stattdessen fragte er mich, was auf dem Tisch hinter meinem Bett stehen würde. Ich hatte keine Ahnung.

Meine Schwester hat das sehr geschickt kaschiert. Wenn wir draußen waren und sie mit dem Rollstuhl herumschoben, dachten wir, sie sitzt im Vergleich zu uns vielleicht zu tief unten und kann deshalb eine Wiese in der Ferne, den See oder eine besondere Blume nicht sehen. Sie hat auch nicht klar gesagt: »Ich sehe nichts.« Sondern: »Ich kann das dahinten nicht so gut erkennen.«
  Sie war nicht eindeutig. Konnte sie vielleicht gar nicht sein, weil sich diese Fenster ja ständig verschoben haben. Wir haben es lange nicht gemerkt und uns diese unpräzisen Aussagen damit erklärt, dass das Gehirn noch nicht alle Reize gleichzeitig verarbeiten kann, weil es sich erst regenerieren

muss. Wir dachten, es muss nach diesem Super-GAU so enorm viel leisten, also läuft eben alles eine Stufe langsamer und ungenauer ab. Die Schärfe oder Schnelligkeit wird schon wieder zurückkommen, irgendwann wird sie sagen: »Ja, klar sehe ich den Bodensee! Haltet ihr mich eigentlich für bekloppt?«

Mit Augenklappe oder dem abgeklebten Brillenglas war es etwas besser – zumindest wenn das »Fenster« überhaupt offen war. Dass es manchmal offen war, lag daran, dass die Einblutungen im Glaskörper wanderten. Und sich dabei auch vor den Sehnerv schoben und ihn nach einer gewissen Zeit wieder freigaben.

Als die Diagnose endlich feststand, musste ich die nächsten Eingriffe über mich ergehen lassen. Die ersten drei von insgesamt sechs Augenoperationen fanden noch am Bodensee statt; Ende August wurde ich mit dem Krankenwagen zum ersten Mal nach Konstanz in die Augenklinik gebracht. Wieder eine Klinik, wieder der ganze Zirkus mit Voruntersuchung, Blutabnehmen, Spritzen ... Inzwischen reicht mir schon dieser typische Krankenhausgeruch aus Desinfektionsmitteln, Mittagessen und eben Krankheit, dass ich am liebsten davonrennen würde.

Die ersten beiden Augenoperationen brachten leider nicht den gewünschten Erfolg. Ein Riss in der Netzhaut führte dazu, dass bei der dritten ein anderes Verfahren angewandt werden musste – immerhin mit einem guten Ergebnis. Später folgten noch eine Augenmuskelkorrektur in Freiburg und zwei weitere Operationen in Hamburg, bei denen auch der Riss in der Netzhaut repariert wurde. Immer wieder warfen mich diese Eingriffe zurück. Von neuem Schmerzen, weitere Komplikationen, all das verlangsamte den ganzen Genesungsprozess. Auch weil ich mich fragte, ob das denn eigentlich nie aufhören würde.

Seit den Augen-OPs habe ich künstliche Linsen. Ich sehe wieder, sogar sehr gut, und das Beste ist, dass ich dadurch auch die Brille wieder losgeworden bin. Ich kann zum Glück jetzt wieder Kontaktlinsen tragen, auch wenn es ein Akt war, bis ich sie mir selbst einsetzen konnte – mit speziellen Saugnäpfen, aber das ist auch verdammt fummelig, wenn man die Finger nicht richtig bewegen kann. Nur zum Lesen brauche ich inzwischen eine Brille, das sei aber altersbedingt und insofern ganz normal ...

—

Der Mai, der erste komplette Monat in Allensbach, war ein einziges Auf und Ab. Gemeinsam mit den Therapeuten übte ich umdrehen. Vom Rücken auf die Seite und wieder zurück. Es kostete mich unglaubliche Kraft und Konzentration. Ich wusste einfach nicht mehr, wie das geht. Und selbst auf Anweisung – jetzt langsam das rechte Bein anwinkeln – wusste ich nicht, was ich tun sollte. Abends war ich fix und foxi. Wenn mich dann noch einer der Ärzte dazu befragte, wie es mir gehe oder wie mein Tag war, konnte ich mich an kaum etwas erinnern. Nur wenn es um Fußball ging, war es etwas besser.

»Wie geht es Ihnen?«
»Ganz gut.«
»Können wir noch etwas machen? Ein bisschen üben?«
»Nein.«

»Können Sie sich an das Stehen gestern noch erinnern?«

»Nein ... Doch.«

»Wenn Sie wollen, können wir das jetzt noch einmal machen.«

»Nein.«

»Für die Beinmuskeln wäre das aber ganz gut.«

»Hmm.«

»Haben Sie gestern eigentlich Fußball geschaut? Das Spiel vom HSV?«

»Ja. 1:1. Ein Drama. Ja.«

So auf dieser Ebene liefen die Gespräche ab. Alles mit einer Stimme, die kaum zu vernehmen war. Sehr leise, sehr monoton, sehr gepresst, dazwischen immer wieder abrupte Beschleunigungen. Meine Atmung war verkürzt, nach jedem zweiten Wort musste ich Luft holen. Und das, was ich von mir gab, war überhaupt eher einsilbig. Damit das besser wurde, hatte ich jeden Tag Logopädie. Die Therapeutin und ich hielten dabei zum Beispiel je ein Ende eines Therabandes in den Händen, damit ich eine gewisse Spannung aufbaute.

Dann ging es los: »Mmmmh. Mmmmh.«

»Jetzt kommen die Vokale dazu.«

»Mommm, mummm, mammm.«

»Und jetzt die Worte. Dabei immer gut das Band festhalten.«

»Mond. Mund. Mehl. Mühe. Mit Mühe. Mit Mehl. Mit Mutter. Max und Moritz. Mit Mühe. Mit Mann und Maus.«

Damit das Sprechen deutlicher wurde, sollte ich mehrmals am Tag selbständig »Trockenübungen« machen. Dreimal hintereinander die Zunge gerade herausstrecken. Dann dreimal die Zungenspitze an die Oberlippe bringen. Mehrmals mit der Zungenspitze von rechts nach links tippen, dann die Zahnreihen vor und zurück »abfahren«. Dreimal die Zunge an den Gaumen bringen, dreimal schnalzen, zum Abschluss zweimal »trocken« schlucken.

Auch wenn es manchmal total dämlich klang, fünf Minuten nur »kalla kalla kalla«, »püh, päh, poh« oder »pataka pataka pataka« zu sagen (das war dann schon für Fortgeschrittene!), hat mir die Logopädie von Anfang an am meisten Spaß gemacht. Die Sprache verloren zu haben, war ein furchtbares Gefühl. Ich hatte immer mit Sprache zu tun, im Studium, beim Radio, beim Fernsehen. Sie Stück für Stück wiederzufinden war für mich vielleicht sogar wichtiger, als mich wieder voll bewegen zu können.

Selbst die Musiktherapie war mit einem Mal schön, als die Sprache dazukam. Anfangs, das muss noch in der Klinik in Hamburg gewesen sein, kam manchmal eine Therapeutin mit einer kleinen Harfe. Jacqueline hat mir später erzählt, in diesen Momenten habe ich deutlich sichtbar die Augen verdreht oder nach Kräften versucht, mich abzuwenden. Nur »Plingpling« war mir offenbar zu wenig.

Die Musiktherapie in Allensbach hatte mehr Drive. Es gab ein Klavier im Musikzimmer, Trommeln, Rasseln und ein Tamburin. Das war mein Instrument. Im Rollstuhl sitzend, das Tamburin auf den Knien, patschte ich mehr oder weniger im Rhythmus mit. Zum Abschluss der Therapiestunden sangen wir »unser« Lied. Über Wochen war das *Liebe ohne Leiden* von Udo und Jenny Jürgens. Wie es ausgerechnet dazu kam, weiß ich nicht mehr, vielleicht weil der Refrain im Wesentlichen aus »düdüdüdü, düdü, düdüdüdü« besteht. Das kam mir entgegen, denn Singen kann ich eigentlich überhaupt nicht. Wir hatten in der Grundschule einen Musiklehrer, der jedes Mal durch die Reihen lief, wenn wir ein Lied sangen. Es dauerte nicht lange, bis er stehen blieb, sich umsah und dann fragte: »Hmm, wer brummt denn da so?« Das war immer ich.

Das Nachsingen einer einfachen Melodie fiel mir anfangs auch leichter als das Sprechen. Weil dafür komischerweise die andere Hirnhälfte zuständig ist. Außerdem hatte ich mit der Therapeutin immer viel Spaß. Wegen meiner »sonderbaren« Musikwünsche, alles eher olle Kamellen, wegen der Bundesligatabelle, die sie mit mir üben musste und hinterher wahrscheinlich auswendig konnte. Weil es so elend langsam ging. Sprüche klopfen ging schneller, da hatte ich mir komischerweise eine ganze Menge gemerkt: Eines Mannes Rede ist keines Mannes Rede, man soll sie billig hören beede. Ein typischer Spruch meines Vaters. Oder: Was man nicht im Kopf hat, hat man in den Beinen. Der Neuropsychologe, mit dem ich auch an Texten arbeitete, kam mir recht schnell auf die Schliche, dass ich immer wieder bestimmte Sätze verwendete, die mir leichtfielen. Hinter denen ich mich ein Stück weit versteckte, so dass wirkliche Fortschritte nicht gut zu erkennen waren. In solchen Augenblicken bekam ich den Satz zu hören: »Es lebe das Phrasenschwein!« Genau wie bei der Sendung *Doppelpass* musste ich eine symbolische Strafe leisten, wenn ich es mit den Phrasen übertrieben hatte. Die schlimmste war, wenn er sagte: »Formulieren Sie doch mal, was Sie wirklich fühlen!«

Bei den anderen Therapien waren die Fortschritte deutlich mühsamer. Nach zwei Monaten konnte ich mich zum ersten Mal ohne Hilfe vom Rücken auf die Seite drehen. Das Bettfahrrad war nach wie vor im Einsatz, dazu kam nun noch das Laufband. Mit dem Rollstuhl wurde ich auf das Band gefahren, herausgehoben und dann in eine gepolsterte Hängevorrichtung gesteckt. Ich war angeseilt wie ein Bergsteiger, selbst der Kopf wurde gestützt. Gehen konnte ich aus eigener Kraft nicht. Das Laufband wurde auf Schneckentempo eingestellt, dadurch wurden meine Füße automatisch nach hinten transportiert. Nach vorne bekam ich sie nur, wenn die Therapeuten mich an den Knöcheln fassten, Fuß für Fuß richtig ausrichteten und sie dann aufs Band drückten.

Das Laufband fand ich furchtbar. Monoton, einfach doof. Vielleicht habe ich dem Laufband deshalb auch keinen Namen gegeben. Obwohl ich das bei fast allen Geräten machte. Mit der Bettpfanne hatte es in der Klinik in Hamburg angefangen, das war die »Kalte Sophie« gewesen, nach den Eisheiligen. Alles in der Klinik und der Reha war so steril und unpersönlich, ich dachte, wenn ich den Dingen Namen gebe, wird es ein bisschen netter, und ich kann sie besser in mein Leben hineinlassen. Es war eine Art Brücke und eine Möglichkeit, auch mal über etwas zu lachen. Es war lustiger zu sagen: »Hol mal Frau Meyer!«, als zu sagen: »Hol mal den Rollstuhl!« Den Rollstuhl hatte ich nach meiner Urgroßmutter benannt, im Juli kam dann noch »Hugo« dazu, ein Spezialrollator mit vier Rädern und höhenverstellbaren Stützen, die man sich unter die Achseln schieben konnte. Er wurde später abgelöst von »Usain«, einem ganz normalen Rollator. Am Ende meiner Rehazeit in Allensbach schaffte ich damit mickrige 20 Meter. Selbst für einen Sprinter wie Mister Bolt eine traurige Distanz.

Sehr viel besser ging es mit »Lance«, meinem Liegefahrrad. Eigentlich ein Dreirad mit einem richtigen Sitz zwischen den beiden Hinterrädern. Sogar einen Gurt zum Anschnallen gab es, außerdem herrschte Helmpflicht. Rechts und links waren Hebel angebracht, mit denen ich lenken und bremsen sollte. Anfangs ein bisschen viel auf einmal, es gab kaum einen Bordstein, den ich nicht mitgenommen hatte. Die Therapeuten notierten dazu im August: »Liegefahrrad bisher dreimal getestet. Sehr motivierend. Bremsen und Lenken allerdings noch nicht zuverlässig.« Vorsichtig und sehr nett ausgedrückt ...

»Lance« löste mit der Zeit auch »Frau Meyer« ab, wenn ich an schönen Tagen aus dem Krankenzimmer rausdurfte. Anfangs musste mich meine Familie noch schieben, wenn wir eine »Spazierfahrt« über die Felder machten. Das war nicht ohne, weil es ziemlich bergauf ging. Unsere Lieblingsrunde führte am Waldrand entlang, einen Hügel hoch zu einem Bauernhof, wo man wunderbare Blumen kaufen konnte. Und von dort weiter zur Meisterklause, einem Lokal mit schöner Terrasse und deftiger Hausmannskost. Weltklasse Zwiebel-Speck-Pfannkuchen und jede Menge Schnitzel. Zum »Bergfest«, meiner Halbzeit in Allensbach, waren wir zum ersten Mal dort gewesen. Für uns alle ein großer Moment, auch wenn ich da noch mit »Frau Meyer« unterwegs war. Ich hatte mich sogar an Felchen »Müllerin Art« herangetraut, aber erst nachdem mir alle versichert hatten, sie würden alles kleinfieseln und nach Gräten durchsuchen. Zur Feier des Tages gab es noch einen Eisbecher hinterher. Sogar mit Sahne.

Mit »Lance« unterwegs zu sein, war für mich das Größte. Da kamen Eva und meine Mutter nicht hinterher, selbst Rolf kam außer Puste. Nur meine kleine Lucy, mit der ich mir am Ende richtige Wettrennen lieferte. »Volle Granate!« in die Pedale und abgepest.

Bis solche Sätze in meinem Kliniktagebuch zu lesen waren, dauerte es verdammt lange. Bis dahin waren eher solche Fortschritte zu verzeichnen gewesen:

10. Juli: Zum ersten Mal den Bodensee gesehen, alleine die Zahnbürste gehalten und 30 kg auf der Beinpresse geschafft.

24. Juli: Zum ersten Mal alleine gegessen und getrunken. Ein guter Tag, Miss Marple läuft im Fernsehen.

3. August: Zum ersten Mal am Fuß der Treppe gestanden.

8. August: Endlich die beiden Namen gemerkt!

Die beiden Namen, das waren Pawel Progrebnjak und Thomas Tuchel. Der eine spielte seit 2009 bei Stuttgart, der andere war Trainer von Mainz 05. Das hatte ich überhaupt nicht mitbekommen. Mir diese Namen und ihre Funktion in den Clubs zu merken, war über Tage Teil des Gedächtnistrainings. Mein Leben lang werde ich die nicht vergessen. Rolf und die Logopädin sicher auch nicht. Vor allem nicht den Zungenbrecher Progrebnjak.

14. August: »Sollen wir die Treppe in Angriff nehmen?« – »Na klar, schaffen wir.«

Treppen waren die Königsdisziplin, vor allem hinunter. Beim Hinaufgehen kann man sich anders abstützen, da verlagert man das Gewicht eher. Beim Hinuntergehen muss man länger frei auf einem Bein stehen. Man ist nach vorne eher ungesichert, die Schwerkraft zieht einen hinunter, und das Abstützen vermittelt nicht dieselbe Sicherheit wie beim Nach-oben-Gehen. Die wenigen Stufen, um die es ging, das war schon abenteuerlich. Besonders, wenn man eine Gleichgewichtsstörung hat. Aber ich wollte das unbedingt schaffen. Auch weil ich wusste, dass es in meiner Wohnung in Hamburg sehr viele Treppen gibt. Wenn ich in ein paar Monaten wieder dorthin zurückwollte, musste ich das üben. Erst mit zwei Therapeuten, dann mit einem und irgendwann hoffentlich allein. Von da an kam der »Treppentiger« beinahe täglich zum Einsatz.

Dazwischen aber immer wieder:

Allein bis zum Mittagessen dreimal übergeben.
Was war heute gut? – Nichts.
Was hat genervt? – Alles. Vor allem das viele Trinken und die Schupfnudeln mit Kraut.
Sehr antriebslos, müde und traurig. Warum dauert das alles so entsetzlich lang? Der Weg ist so lang. Tränen. Gemeinsame Entscheidung, die Länge des Weges nicht mehr zu thematisieren.

5

Frau Meyer sagt »Tschüss!«

Snoopy-T-Shirt, Fußballfieber und immer ein Lächeln. So haben wir Sie kennengelernt. Ihre positive Lebenseinstellung soll Ihnen weiterhin so viel Kraft geben wie bisher. PS: Wir schmeißen immer die Besten raus!
»Abschiedsworte« meiner Therapeuten
am Ende der Frühreha

Unter dem Motto »Frau Meyer sagt ›Tschüss!‹« stand mein Abschied von der ersten Phase der Reha. Eva und Siggi hatten Einladungen mit einigen Fotos drauf gebastelt, ein paar Tage später stieg in meinem Zimmer eine kleine Party. Mein Bett wurde quer vor das Fenster gestellt, wie ein Sofa, ich saß im Rollstuhl. Es gab Häppchen, sogar einen Schluck Sekt zum Anstoßen, Musik lief, es war wie eine kleine Session. Alle Ärzte, Pfleger und Therapeuten, mit denen ich in den vergangenen vier Monaten gearbeitet hatte, schauten wenigstens auf einen Sprung vorbei.

Am nächsten Tag stand der Umzug ins Haus Bodan an. Nach dem Wochenende sollte dort am 7. September 2009 die nächste Phase der Reha beginnen. Das Beste daran war, dass ich nun nicht länger von meiner Familie getrennt untergebracht war. Ich teilte mir mit Rolf ein Appartement: ein kleiner Windfang mit Garderobe und Küchenzeile, von dem rechts das Bad abging. Ein Raum mit einer roten Schlafcouch, einem Schreibtisch, einem Fernsehtischchen und einer Essecke. Von dort gelangte man auch auf den Balkon mit Blick zum Wald und rechts zum Bodensee. Trotzdem hatte ich ein bisschen Bammel vor dem, was mich erwartete: all die neuen Menschen, eine neue Umgebung und vor allem sehr viel komplexere Therapien.

In Phase C ging es darum, das, was ich bisher erreicht hatte, weiter auszubauen und darüber hinaus Feinheiten zu trainieren. Die Zeit, die jeden Tag dafür vorgesehen war, wurde verdoppelt. Von zwei bis drei auf vier bis fünf Stunden. Einen ganz großen Anteil nahm »Bodenarbeit« ein; grauenvoll, Bodenturnen mochte ich schon in der Schule nicht. Mit »Turnen« hatte das, was ich tun musste, nicht viel zu tun – aber allein die klassische blaue Matte reichte aus, dass sich alles in mir sträubte. Ich sollte lernen, mich schneller von rechts nach links zu drehen; oder ich lag auf dem Bauch, die Beine wurden mit einem Band zusammengehalten, und ich sollte sie langsam absenken. Rumms! Langsam und geräuschlos ging irgendwie nicht. Vor allem sollte ich lernen, mich aufzurichten. Platt wie eine Flunder auf dem Bauch liegen, dann die Knie anziehen und in den »Vierfüßlerstand« kommen. Ein absoluter Kraftakt. Höher hinauf ging es nicht, das Aufstehen vom Boden ist eine Herausforderung, an der ich heute noch manchmal scheitere. Aber ich konnte die lästige Bodenarbeit immerhin viel länger durchhalten als noch zu Anfang der Reha. Aus fünf Minuten waren 45 geworden. Danach brauchte ich allerdings nichts mehr.

Es war und ist in dieser ganzen Rehaphase schwer, die Balance zu finden zwischen Fordern und Ruhen. In Allensbach hat sich Monica selbst sehr gefordert, auch wir als Familie haben sie sehr stark gefördert. Weil an den Wochenenden keine Therapien stattfanden, wurden wir quasi zu Hilfstherapeuten und haben versucht, an diesen freien Tagen wenigstens noch eine Einheit im Fitnessraum oder im Therapiebecken einzuschieben.

Das Problem ist, dass sich mit der Zeit die Erfahrungen kumulieren. Der Berg wird emotional immer höher und höher. Er gleicht sich nicht aus oder trägt sich ab, es ist eine ewige Dauerschleife. Trotzdem hat meine Schwester in der Zeit in Allensbach nie lockergelassen. Und sie wollte auch Dinge machen, bei denen ich Blut und Wasser geschwitzt habe.

Ich kann mich zum Beispiel noch bestens daran erinnern, dass sie einmal ins Bad wollte, aber gerade keine Pflegekraft greifbar war. Lange warten ist ja ohnehin keine leichte Übung für sie, also hieß es: »Los, das schaffen wir auch alleine, du bist ja stark.« Hallo!? Ich sagte, Monica, du kannst noch nicht einmal alleine stehen, geschweige denn gehen, wie sollen wir das bitte hinbekommen? »Meine Güte, du warst immer schon so empfindlich. Was soll denn passieren?«

Ich hätte da eine ganze Liste herunterrattern können, was alles passieren kann ... aber sie machte einfach drauflos, ohne Rücksicht auf Verluste. Wir wankten wie Hans Albers und Heinz Rühmann durch das Zimmer. Wie betrunkene Seeleute von rechts nach links und überall dagegen. Aber wir sind heil angekommen. Hinterher hat mir ein Pfleger erklärt, wie man so etwas richtig macht. Man muss hintereinandergehen und den Patienten unter die Achseln fassen und ihn so stützen. Da kann man sofort gegensteuern, wenn man ins Wanken gerät. Geht man nebeneinander, so wie wir das gemacht haben, hat man kaum eine Chance, wenn man erst einmal ins Trudeln kommt.

Von da an machten wir regelmäßig den »Pinguin«. Der Rollstuhl kam immer seltener zum Einsatz, Usain ebenfalls. Der Cheftherapeut war total begeistert. Er hat uns immer wieder gesagt, wie wichtig es ist, dass sich die Patienten nicht zu sehr an solche Hilfsmittel gewöhnen. Weil das Gehirn die Impulse aufnimmt und man sich später sozusagen wieder entwöhnen muss. Aber das ist leichter gesagt als getan.

Ansonsten ging es vor allem darum, Alltagssituationen zu trainieren. Im Sitzen einen Schnürsenkel aufziehen und mit einem Fuß den Schuh vom anderen abstreifen. Beine übereinanderschlagen. Auf einer Bank sitzen und jemand anderem Platz machen, indem ich etwas zur

Seite rutschte. Ich hatte keine Ahnung, wie ich das koordiniert kriegen sollte. Eine Minute mit Usain gehen. Gegenstände greifen, ein Joghurt öffnen und essen, »Storck-Riesen« auspacken. Wenn ich nicht so versessen auf Süßigkeiten wäre, hätte ich die Dinger an die Wand gepfeffert. Früher habe ich mich quasi von Süßigkeiten ernährt. Als Kind schon. Wenn wir Taschengeld bekamen – zehn Mark –, bin ich gleich zum Kiosk an der Unterführung gegangen und habe alles auf den Kopf gehauen. Zehn Überraschungseier oder eine Tüte voll mit gemischten Schleckereien. So gut wegstecken kann ich solche Kalorienbomben heute leider nicht mehr. Aber einer guten Tafel Schokolade kann ich nach wie vor nur sehr schwer widerstehen.

—

Damit die vielen Trainingseinheiten auf Dauer nicht zu langweilig wurden, kamen immer neue Elemente hinzu, die mich motivieren sollten. Schon in der Frühphase hatte ich nach einigen Wochen zum ersten Mal wieder »Tennis« gespielt. Ich lag im Bett, hatte übergroße gepolsterte Handschuhe an und sollte damit einen Luftballon treffen. Später bekam ich einen Plastikschläger in die Hand, mit dem ich die Ballons gezielt verteilen sollte. An Eva links und an Rolf rechts. Ich hieb daneben, traf den Ballon mit so wenig Kraft, dass er nur über die Bettdecke trudelte. Um einen Luftballon von rechts nach links zu bewegen, braucht man nicht wirklich viel Energie. Aber nicht einmal die hatte ich damals.

Monate später, im November, bekam ich einen normalen Schläger in die Hand, mit dem ich einen ganz normalen Tennisball treffen sollte. Auf dem Flur, im Stehen, hinter mir immer ein Therapeut, der mich festhalten konnte, wenn ich umzufallen drohte. Ich schwankte mit dem Oberkörper herum wie noch was, mit dem Schläger ging es so unkoordiniert durch die Luft, als wollte ich Fliegen verscheuchen. Ich hatte einen Trainerschein und stellte mich an wie der erste Mensch. Die verschiedenen Bewegungen, die Koordination, die Konzentration auf diese gelbe Filzkugel, das war alles verdammt schwer. Irgendwann traf ich dann doch. Kein Schmetterball, wie Eva begeistert kommentierte, eher ein zaghaftes Abtropfenlassen, aber immerhin. Kurz vor meiner Entlassung kam die Königsdisziplin. Den Ball auf dem Schläger balancieren. Dann drei Schritte gehen, den Ball aufdotzen lassen, »Aufschlag« von unten, drei Schritte gehen ...

Im September schaffte ich 19 Minuten auf dem Laufband, nicht länger komplett angeseilt, sondern rechts und links am Geländer abgestützt. 200 Meter. Mit dem Bettfahrrad waren es 7,5 Kilometer. Und ich wechselte ins »große« Schwimmbad. Bis dahin hatte ich mich nur im kleinen Therapiebecken bewegt, in das ich mit einer speziellen Vorrichtung hinabgesenkt worden war. Das Wasser war ziemlich warm, aber da hatte ich wenigstens keine Schmerzen, das war absolutes Wohlfühlen. Auch wenn es gedauert hat, bis ich mich »fallen lassen« und lang ausstrecken konnte. Untergehen hätte ich nicht können, ich hatte Schwimmflügel, und rechts und links von mir stand jemand, der mich mit den Händen stützte.

Meine Schwester hat sich im Wasser auf eine Weise entspannt, das war Wahnsinn. Weil es durch die Schwerelosigkeit nirgendwo einen Widerstand spürt, muss das Hirn nicht gegen einen Widerstand das Gleichgewicht im Körper halten. Das Wasser hat ihr eine totale Entspannung verschafft, körperlich. Aber es wirkte sich auch mental aus.

Es war ungeheuerlich, in Allensbach diese ganzen Schritte zu erleben, wie sie Monica wiederhergestellt haben. Ich kann mich noch an einen der ersten Abende in der Frühreha erinnern. Sie war immer noch sehr müde nach der ganzen langen Reise, wollte aber trotzdem das DFB-Pokal-Halbfinale Werder Bremen gegen den HSV schauen. Rolf schickte uns eine SMS hoch: »Bei ›Hamburg, meine Perle‹ hat sie die Lippen mitbewegt! Und auf meine Aussage ›Hamburg ist deine Perle, gell?‹ hat sie heftig genickt.« Allein das war angesichts der Vorgeschichte ein Meilenstein – und jetzt standen wir mit ihr im Therapiebecken, und sie beschwerte sich schon darüber, dass sie nichts hören würde, mit dem Kopf unter Wasser. Wir sollten bloß nicht auf die Idee kommen zu lästern!

Kurz vor Ende der Reha schaffte ich es, mich die acht Stufen in das große Becken alleine am Geländer hinunterzuhangeln. Im Wasser sollte ich Gehen üben, was mir an Land immer noch sehr, sehr schwerfiel. Immer wieder vergaß ich, dass ich die Hände zu Hilfe nehmen und Paddelbewegungen machen konnte, wenn ich ins Stolpern kam. Aber es ging immer besser. Die große Bahnhofsuhr an der Wand im Schwimmbad war wahlweise mein Freund oder mein Feind. Wenn es darum ging, meinen Kopf hochzuhalten, was mir nicht besonders lange gelingen wollte, zogen sich die Sekunden ewig in die Länge.

»Heute schon genickt?«
»Hmm.«
»Und dabei Wasser geschluckt?«
»Hmm. Reichlich.«
»Wird weniger, wenn der Kopf oben bleibt!« Solche doofen Sprüche musste man sich dann auch noch anhören. Frechheit.

Aber so langsam konnte ich auch wieder kontern. Im Oktober waren wir in der Meisterklause beim Essen, es war sehr voll und dauerte entsprechend lang. Eva durchbohrte die Bedienung fast mit ihren Blicken, woraufhin ich meinte: »Wenn du immerzu hinstarrst, kommt das Essen auch nicht schneller.«

Nach dem Essen wurde ich dann doch langsam unruhig. Ich konnte nicht mehr sitzen, wollte aber nicht gleich zum Aufbruch blasen. Irgendwann merkten die anderen dann, dass ich loswollte, und meine Mutter sagte: »Warum sagst du denn nichts?«

»Was soll ich denn sagen?! Ich bin ein Star, holt mich hier raus? Das würde ich nie, nie, nie sagen. Das würde immer falsch verstanden werden.«

—

Am 17. Dezember stand die große Abschiedsparty auf dem Programm! Um 17 Uhr sollte es losgehen. Wir konnten in der Kegelbahn im Keller der Klinik feiern, das war großartig. Der ganze Raum wurde mit Luftballons und Papierschlangen geschmückt. Gemeinsam mit dem Küchenchef hatten meine Mutter und Eva ein kleines Buffet mit meinen Lieblingsgerichten aufgebaut – Pflaumen im Schinkenmantel, Tomate-Mozzarella, Schinken und Melone, kleine Frikadellen, Salate – und ein großer

Teller Schnitzel für Rolf. Fast alle kamen, die mich in den letzten langen acht Monaten begleitet hatten. Ich war ja auch für eine Rehaeinrichtung wie diese ein absoluter »Langzeitinsasse«. Es war ein großartiger Abend. Ich habe sogar mit Rolf getanzt, was damals hieß, dass er mich auf seine Füße gestellt und langsam im Kreis herumgedreht hat zu *Dancing Queen* von Abba. Und ich habe sogar gekegelt. Auf einem Stuhl sitzend, wurde ich auf die Bahn geschoben, dann bekam ich die Kugel in die Hand, die verdammt schwer war. Eine Bowlingkugel mit Löchern, in die ich die Finger irgendwie hineinbugsieren musste. Dann Schwung holen, dabei nicht aus dem Stuhl kippen, und mit etwas Anschubhilfe bollerte ich sie Richtung Kegel. Alle neune waren es nicht gerade, aber gefühlt habe ich an diesem Abend alles abgeräumt. Ich war so froh, dass ich diese langen Monate so gut bewältigt hatte und meine Zeit in Allensbach nun mit einem so tollen Fest zu Ende ging, dass ich immer wieder sagte: »So eine Party – das hat die Welt noch nicht gesehen!«

Der Abschied fiel mir einerseits sehr leicht, weil ich Hamburg und meine Wohnung so unendlich vermisst hatte. Seit fast einem Jahr war ich nicht mehr zu Hause gewesen. Jedes Mal, wenn ich mich durch die Playlist meiner Musik-Favourites geklickt hatte und Michael Bublés Song »I Wanna Go Home« erklang, waren Tränen geflossen.

Andererseits war da eine große Unsicherheit, wie es weitergehen sollte. Die Ärzte und Therapeuten, die mich auf meinem bisherigen Weg begleitet hatten, machten mir Mut. Ich bekam ein großes Poster mit Schnappschüssen, auf dem alle unterschrieben hatten, und ein ganz besonderes Trikot, das über vier Jahre später noch einmal eine große Rolle spielen sollte. Dazu sehr persönliche Karten und Briefe. Aus einem, der mich besonders bewegt hat, weil er so viel vorwegnahm, möchte ich hier ein paar Zeilen zitieren:

> In Ihrer gewohnten Umgebung in Hamburg werden Sie sich jetzt erst einmal von all den körperlichen und seelischen Strapazen der vergangenen Monate erholen können. Es wird für Sie ein neuer Lebensabschnitt beginnen, bei dem vieles anders sein wird als vor dem Ereignis.
> Ich hoffe, dass Sie das als Großfamilie weiterhin so gut meistern werden und dass Sie die Freude am Leben nicht verlieren, sondern dass Sie ganz im Gegenteil durch die neue Situation schöne und positive Dinge entdecken dürfen, die bisher vielleicht verborgen blieben oder nicht wahrgenommen wurden. Ich wünsche Ihnen sehr, dass Sie trotz mancher Einschränkung das neue Leben lieben lernen. So, wie Sie sich in Allensbach entwickelt haben, ist in meinen Augen auf der nach oben offenen Monica-Lierhaus-Skala noch vieles möglich.
> Ich wünsche Ihnen, dass Sie eine Aufgabe finden, die Sie positiv fordert und bei der Sie vielleicht die harten und bitteren Erfahrungen, die Sie an Leib und Seele ertragen mussten, an Menschen weitergeben dürfen, die daraus Kraft schöpfen können. Und vielleicht ist diese Zwischenaufgabe dann das Sprungbrett zu den beiden großen Zielen, die Sie bei Ihrem Abschied formuliert haben: die Sportschau und die WM in Brasilien.

Das war mein neues Ziel. Das erste – allein auf zwei Beinen aus der Reha zu gehen – hatte ich erreicht. Nach acht Monaten. Wie lange es wohl dauern würde, bis ich mein nächstes Ziel erreichen könnte? Würde ich es jemals erreichen? Keine Ahnung. Aber ich wollte alles daransetzen. Ein klitzekleiner Anfang war bereits gemacht. Zum Abschied bekam ich die ganzen DVDs mit, auf denen meine Fortschritte festgehalten worden waren. Darunter auch eine aus der letzten Woche der Reha.

»Du sagst, von wem das ist, und dann sagst du's einfach auf, okay?«

»Einfach, hmm.«

Wenn es einen Satz gibt, den ich von ganzem Herzen hasse, dann diesen. »Mach doch einfach mal.« Nicht erst, seit es so unendlich viele Dinge in meinem Leben gibt, die ich nicht mehr »einfach mal so« machen kann.

Dieses Wörtchen »einfach« hatte sich bei uns allen in den Sprachgebrauch eingeschlichen. Ich glaube, ich habe es noch nie in meinem Leben so oft benutzt wie nun im Zusammenhang mit meiner Schwester. In jeden dritten Satz fügten wir plötzlich »einfach« ein. »Monica, du musst den Löffel einfach so greifen.« Oder: »Es geht leichter, wenn du einfach die Hand umdrehst.« Einfach, einfach, einfach, dabei war nichts mehr einfach. Als wir merkten, wie sehr Monica das quält, wurde »einfach« zum Unwort erklärt; trotzdem rutschte es immer wieder dazwischen. Es war einfach fürchterlich ...

Bei diesem »einfach mal« war es um ein Gedicht gegangen, das ich aufsagen und bei dem ich möglichst lange in die Kamera blicken sollte. Der ultimative Test, auch für die Therapeuten, wie und ob sich meine Merkfähigkeit verbessert hatte, über die anfangs niemand eine Prognose gewagt hatte. Es war meine letzte Woche in Allensbach, ich saß bei Rolf im Appartement auf dem Sofa, einer der Therapeuten filmte. Ich sollte nicht nur das Gedicht aufsagen, sondern auch aufrecht sitzen und immer schön nach vorne blicken.

»Da ist die Kamera.«

»Ja, ich weiß. Also ... ›Herbsttag‹ von Rainer Maria Rilke. Wie geht's noch mal los?«

»Herr, es ist ...«

»Ach ja. Herr, es ist Zeit. Der Sommer war sehr groß.
Leg deinen Schatten auf die Sonnenuhren,
und auf den Fluren lass die Winde los.
Befiehl den letzten Früchten, voll zu sein;
gib ihnen noch zwei südlichere Tage,
dränge sie zur vollen ... nein ... zur Vollendung hin
und jage die letzte Süße in den schweren Wein.
Hmmm.
Wer jetzt kein Haus hat, baut sich keines mehr.
Wer jetzt allein ist, wird es lange bleiben,
wird wachen, lesen, lange Briefe schreiben
und in den Alleen hin und her
unruhig wandern, wenn die Blätter treiben.
Puuh!«

»Hey, klasse! Nur zwei kleine Hänger. Und du hast fast die ganze Zeit in die Kamera geguckt. Das Gen ist noch da!«

6
Endlich zu Hause

Monica ist wie mein Mann. Wenn der sich in die Ecke gedrängt fühlte, wurde er erst richtig gut. Monica hat ihre Krankheit nie akzeptiert. Aber sie läuft zur Höchstform auf, wenn es darum geht, sie zu bekämpfen.

Sigrid Lierhaus

In der Nacht vor unserer Abreise wachte ich schon gegen 5 Uhr morgens auf. Auch Rolf hatte kaum ein Auge zugetan, zu groß war die Aufregung vor der großen Reise. Ich fischte mein Handy vom Nachttisch und tippte mit steifen Fingern eine Nachricht: »Also, wir sind schon wach!«

Als wenig später die Antwort von Eva und Siggi kam, gab es kein Halten mehr. Aufbruch!

Es war der erste Tag, an dem es über Nacht geschneit hatte. Ich wurde vorsichtig zum Auto geführt, und los ging es. Gegen Mittag waren wir schon in Hamburg, bis auf eine kleine Pause hatte ich problemlos durchgehalten. Mann, war ich froh, endlich nach Hause zu kommen. Unendlich froh.

Im Haus hatte sich kaum etwas verändert. Auch das gehörte in gewisser Weise zur nächsten Phase meiner Reha. Ich musste weiter trainieren, trainieren, trainieren, selbst wenn es mir schwerfiel. Damit ich eines Tages den Alltag wieder alleine meistern konnte. Das Wichtigste für mich war, mir Stück für Stück etwas mehr Selbständigkeit zurückzuerobern. Meine Familie war der Meinung, das gehe am besten, wenn ich mich so schnell wie möglich in meiner alten Umgebung zurechtfinden würde. Nicht in einer, die auf meine neuen Einschränkungen zugeschnitten sein würde.

Als Freunde mich zum ersten Mal zu Hause besuchten, waren sie überrascht, dass die Wohnung so gar nicht »behindertengerecht« war. Sie liegt im ersten Stock, eine lange Treppe führt nach oben. Und wenn man zum Schlafzimmer und zum Bad möchte, muss man eine weitere hinaufgehen. Einen Aufzug oder gar einen Treppenlift gibt es nicht. In der Dusche war eine Stange angebracht worden, zum Festhalten, und oben am Treppenabsatz vor dem Schlafzimmer hing eine Hupe am Geländer. Siggi hatte sie dort mit einer roten Schleife befestigt; mit der Hupe sollte ich mich bemerkbar machen, falls ich nach unten wollte oder falls oben etwas passiert war und ich Hilfe brauchte. Das Arbeitszimmer wurde in den nächsten Wochen zum »Sportraum« umfunktioniert, mit einem Barren, einem Trampolin, einem Laufband und einer Wii-Box am Fernseher. Außerdem gab es noch einen Rollstuhl und einen Rollator. Aber diese beiden Vehikel wollte ich nur in absoluten Ausnahmefällen benutzen. Daran habe ich mich auch gehalten.

Ich konnte nach meiner Rückkehr aus Allensbach einigermaßen stehen, ein paar Schritte gehen, wenngleich wackelig und gestützt. Bei allem anderen war ich auf Hilfe angewiesen. Aufstehen, ins Bad gehen, duschen, anziehen, die Treppe hinauf oder hinunter, nichts konnte ich allein. Das war für mich die größte Hürde, dass ich beinahe rund um die Uhr auf Hilfe angewiesen war. Ich bin ein Mensch, der gerne allein ist, der das nicht nur aushält, sondern auch manchmal braucht; seit einem Jahr war ich zumindest tagsüber immer von Menschen umgeben, die etwas mit mir machten, mit mir trainierten, an mir herumzupften, mich untersuchten, meine Fortschritte bewerteten. Dabei hatte ich schon als Kind immer alles alleine machen wollen. Alleine, alleine, auch wenn dabei Murks herauskam. Wie mit den Kniestrümpfen, in die ich nicht hineinkam, was mich tierisch genervt hat. Ich habe die Strümpfe dann einfach auf den Boden gelegt, den Fuß daraufgestellt und die Strümpfe herumgewickelt. Fertig. Hauptsache alleine, auch wenn ich damit natürlich in keinen Schuh hineinkam.

Meine Familie überlegte lange hin und her, wie sie meine Tage zu Hause organisieren sollte. Meine Eltern wohnten zwar in Hamburg, aber damals noch ein ganzes Stück entfernt. Rolf hatte nach der langen Pause genug Arbeit auf dem Tisch und würde tagsüber nicht da sein. Eva wohnte zwar nebenan, sie würde einspringen, wann immer nötig, konnte aber nicht alles alleine wuppen. Außerdem hatte meine ganze Familie beinahe ein Jahr lang ihre eigenen Bedürfnisse, ihr eigenes Leben für mich zurückgestellt. Ich wollte nicht, dass das auf ewig so weiterging.

Für uns war das selbstverständlich gewesen; das tut man, wenn man jemanden liebt. Was aber auch stimmt, ist, dass wir schon während der Klinikzeit viel stärker in die Pflege gegangen sind, als wir wollten. Das ganze System ist ja so aufgebaut, dass man pro Patient nur eine gewisse Zeit zur Verfügung hat. Der Grundanspruch, gerade auf neurologischen Stationen, ist aber der, dass die Patienten möglichst viel selber machen sollen. Sie sollen nicht einfach angezogen werden wie eine Puppe oder die Zähne geputzt bekommen, sie sollen es selbst lernen. Und das dauert natürlich; nicht immer ist die Zeit wegen der engen Taktung der Pflegeeinheiten dafür da. Und schwupp, springt man eben selbst ein. Das ist grundsätzlich nicht weiter schlimm, man ist ja sowieso da und kann helfen.

Problematisch ist das vielleicht eher für den Patienten. Wir wollten, dass Monica ihre Würde und ihren Stolz behält und sich nicht vollständig von uns abhängig fühlt. Dass sie noch längere Zeit auf Hilfe angewiesen sein würde, war klar. Für meine Schwester war das eine enorme Doppelbelastung – nichts zu können und bei allem auf andere angewiesen zu sein. Aber wir dachten, vielleicht kann sie diese eher annehmen, wenn sie nicht das Gefühl hat, das »System Familie« überzustrapazieren. Und wahrscheinlich hätte jemand von außen auch nicht ständig den Impuls, sofort loszuspringen und ihr etwas abzunehmen. Auf Dauer musste sie ja alleine klarkommen – und wir mussten Stück für Stück lernen, wieder etwas loszulassen.

Am Ende fiel die Entscheidung, sich Hilfe von außen zu holen. Ein mobiler Pflegedienst mit ständig wechselnden Kräften und streng getakteten Zeitvorgaben war auf Dauer keine Lösung. Es ging ja nicht nur darum, mich morgens aus dem Bett zu holen und abends wieder hineinzustopfen. Ich brauchte jemanden, der da war, wenn ich mal wieder stürzte, denn das passierte alle naselang. Der mich zu den vielen Therapien brachte und zwischendurch auch mal auf andere Gedanken.

Die Lösung, auf die wir schließlich kamen, war für mich ein absoluter Glücksfall. Jacqueline war eine der drei Intensivschwestern, die mich während der langen Zeit im UKE betreut hatten. Sie war auf der Station gewesen, als ich nach dem ersten Super-GAU nach oben gebracht wurde und die Daumen ganz klar nach unten gezeigt hatten. Sie war diejenige, die Eva in Empfang genommen hatte, als sie aus Amerika zurückkam. Und sie war diejenige, die mich für den Krankentransport nach Allensbach vorbereitet hatte.

> Bei Jacqueline und uns allen stimmte von Anfang an die Chemie. Sie hat so eine gute Art, pragmatisch und trotzdem mitfühlend, ohne sentimental zu sein. Und sie hat sich immer Gedanken gemacht, wie sie ihren Patienten das Leben leichter machen konnte.
>
> Meine Schwester hatte damals ja noch die ganz langen Haare. Nach ein paar Tagen war alles vom Liegen verfilzt. Dazwischen waren all die Löcher von der OP und die Drainagen. Eines Morgens kam ich auf die Station, da hatte ihr jemand Zöpfe geflochten. Das war so liebevoll, ich fand das un-

glaublich toll, dass sich jemand über das normale Pflegerische hinaus Gedanken gemacht hat. Das ist, weiß Gott, anstrengend genug … Und das war Jacqueline.

Dass sie mir stundenlang die Haare entfilzt hatte, hatte ich natürlich überhaupt nicht mehr auf dem Schirm. Im Gegenteil, ich habe Jacqueline immer wieder von einer ihrer Kolleginnen vorgeschwärmt, die mich zum ersten Mal gebadet hatte. An das Gefühl im warmen Wasser konnte ich mich erinnern. Der Rest war wie weggewischt. Zum Glück hat sie mir das nicht übelgenommen. Oder hat es sich wenigstens nicht anmerken lassen.

Auch während der Reha war der Kontakt zu Jacqueline nicht abgerissen, Eva und sie hatten sich regelmäßig gemailt. Nun fühlte sie bei Jacqueline vor, ob sie sich vorstellen könne, für ein halbes Jahr oder länger meine Betreuung zu übernehmen. Sie konnte!

Die Klinikleitung stellte sie zunächst für sechs Monate frei, mit Option auf Verlängerung. Im Januar 2010 ging es los. Jeden Morgen kam Jacqueline, jeden Morgen rief sie gutgelaunt, wenn sie die Treppe zu mir nach oben ging: »Guten Morgen, Monica!« Und jeden Morgen brummte ich aus dem Schlafzimmer zurück: »Was bitte soll an diesem Morgen gut sein?« Das ging schon mit der Uhrzeit los.

Sie half mir aus dem Bett, begleitete mich ins Bad und steckte mich in vernünftige Klamotten. Darüber, was vernünftig war, gingen unsere Meinungen manchmal auseinander. Meistens war sie gnädig, und ich durfte mir wenigstens ein paar Teile selbst aussuchen, auch wenn die vielleicht nicht ganz so praktisch waren. Weil sie viele Knöpfe hatten, die ich nicht selbst zubekam, weil die Ärmel zu eng waren und ich mit gespreizten Fingern darin hängenblieb, weil sie zu dünn oder zu dick waren. »Monica, guck doch bitte mal aus dem Fenster! Es ist Schietwetter, da kannst du doch nicht ...« Oder: »Neee, also *die* Kombination geht nun gar nicht. Damit siehst du ja aus wie Oma Mischke!«

Als ich Monica zum ersten Mal mit »Oma Mischke« betitelt habe, hat sie sich so kaputtgelacht, dass ich sie festhalten musste. Wenn sie gelacht hat, musste man aufpassen, dass sie nicht umfällt. Ihr Stand war so instabil, und sie schwankte von einer Seite zur anderen, weil plötzlich alles in Bewegung kam.
Ich sag immer, wir beide passen zusammen wie Arsch auf Eimer. Mit der Zeit waren wir ein richtig eingeschworenes Team. Nach den Therapien, nach den Stunden des Quälens, war sie oft fix und foxi, nicht nur körperlich. Irgendwann haben wir beschlossen, der Einsatz muss belohnt werden. Wenn es nach Monica ging, war diese Belohnung immer: ein Eis essen. Weil sie wegen der Schilddrüsenprobleme zugenommen hatte, war klar: »Das sagen wir zu Hause aber keinem!« Nach einer Panne mit einer Kugel Schoko-Eis kam Monica mit bekleckerter Bluse ins Haus. Unten liefen wir prompt Eva über den Weg. Monica kann überhaupt nicht lügen, also waren wir nach ein paar Sekunden schon aufgeflogen. »Aber doch wenigstens ohne Sahne?« – »Mit natürlich, was denkst du denn?« Ich dachte mir, au Mann, wenigstens damit hätte sie jetzt nicht auch noch herausrücken müssen ...

Jacqueline hat einen großartigen Humor. Sie konnte mit einem lockeren Spruch beinahe jede angespannte Situation aufbrechen. Vor allem hielten wir es die vielen Stunden gut miteinander aus. Sie wusste immer, wenn ich eine Auszeit brauchte und einfach nur mal einen Moment ohne Ansprache auf dem Sofa liegen wollte. Und sie merkte, wenn meine Stimmung ins Kippen kam. Nach einigen Monaten genügte manchmal ein einziges Stichwort, um mich zum Lachen zu bringen. Zum Beispiel »Calimero«. Das war unser Spitzname für einen Arzt in der Tagesklinik, der immer knallrot anlief, wenn er mit mir sprach. Mit ihm hatte ich ein sehr peinliches Erlebnis, relativ kurz nach meiner Rückkehr nach Hamburg. Von Jacqueline hatte ich zum ersten Mal den Satz gehört: »Das ist mir Prostata.« Ich fand das total daneben, konnte in diesem Zusammenhang gar nichts mit dieser Wortwahl anfangen und meinte: »Dann könnte man ja genauso gut sagen: ›Das ist mir Brust.‹«

Als Jacqueline mich an einem Nachmittag aus der Klinik abholte, trafen wir den Arzt auf dem Flur. Es war ziemlicher Betrieb, überall wuselten Patienten und Angehörige herum. Er wollte irgendetwas von mir wissen, ob mir dies oder jenes lieber sei.

Ich sagte: »Das ist mir total Brust.«

Er wurde noch röter als sonst: »Entschuldigung, ich glaube, ich habe Sie nicht ganz verstanden …?«

Darauf ich noch einmal und sehr laut, weil ich meine Stimme zu dieser Zeit noch nicht wirklich im Griff hatte: »Das ist mir total Brust!!« Alle Leute guckten. Und wir verschwanden, so schnell es ging, im Aufzug.

Meine Mutter und ich im August 1970

Im Sommer 1974 war ich Eva schon über den Kopf gewachsen.

Ballmädchen am Hamburger Rothenbaum, 1984

Mit Lucy am Strand, 2004

Mit Rolf in Verona, 1999

Mein Zimmer in der Frühphase der Reha in Allensbach

Erster Ausflug mit den Eltern

Lucy und Lance radeln um die Wette!

Zimmer mit Ausblick im Haus Bodan

»Frau Meyer« macht Pause

Erster Außeneinsatz als Reporterin für Sky – mit Franz Beckenbauer, Lothar Matthäus und dem Weltmeisterpokal in der Allianz-Arena.

Beim Interview mit Oliver Bierhoff im deutschen Camp.

Das deutsche Team hat den Titel geholt, und ich habe das erste und einzige Interview mit dem Bundestrainer nach dem Finale in Brasilien geführt.

Am Tag vor dem WM-Finale an der Copacabana.

Mit Eva und Pauline an der Elbe, Oktober 2015

Monica und ich haben wirklich viel zusammen gelacht. Aber noch viel häufiger waren die tränenreichen Tage. Am Anfang konnte sie wirklich gar nichts. Und zwar nicht nur, weil die Motorik gestört war. Sie musste auch erst lernen, dem Gehirn wieder die richtigen Befehle zu erteilen. Welchen Fuß setze ich jetzt zuerst auf? Mit welcher Hand mache ich was? Wie schmiere ich ein Brot? Muss ich erst den Wasserhahn aufdrehen und mir die Hände nassmachen, bevor ich sie einseife, oder geht das auch andersherum? Solche ganz banalen Dinge, über die wir uns überhaupt keine Gedanken machen. Dinge, die quasi von selbst ablaufen, automatisch. Hier ging überhaupt nichts mehr automatisch. Das waren oft todtraurige Situationen.

Es gab tatsächlich ganz schlimme Momente, zum Beispiel, wenn ich minutenlang vor einem Pullover stand und nicht wusste, wie es nun weitergeht. Oder wenn ich auf dem Boden lag wie ein Käfer auf dem Rücken und nicht vor und zurück konnte. Allein zu krabbeln war ein echter Angang. Sich auf den Bauch drehen, auf alle viere kommen und dann hoch. In solchen Momenten gab es kein Schönreden, da war einfach klar, wo ich stand und wie weit ich noch von Normalität entfernt war. Vom Erwachsenen zum Kleinkind. Die Verzweiflung war an manchen Tagen sehr viel größer als der Lebensmut. Das waren dann Situationen, in denen ich Sätze sagte wie: »Ich wäre lieber tot, als all das hier ertragen zu müssen. Ich will das alles nicht mehr.«

Im Rückblick war es sicher eine Kombination aus eigener Disziplin und dem Enthusiasmus meiner Familie, die mich am Leben gehalten hat. Beides zusammen war manchmal auch eine Belastung, ein enormer Druck. Von innen und von außen. Aber ohne diesen Rückhalt, ohne diesen Input wäre ich aus diesen tiefen Tälern vielleicht nicht so herausgekommen.

Auch für Jacqueline war das manchmal etwas zwiespältig. Als Krankenschwester wusste sie, dass sie dranbleiben muss, als meine Freundin, die sie mit der Zeit wurde, hatte sie vollstes Verständnis, dass es mir einfach auch mal reichte und ich keinen Bock hatte. Wenn man den ganzen Tag in der Reha ist und kommt abends nach Hause, und dann wollen alle, dass man noch weitertrainiert, dass man zeigt, welche Fortschritte man gemacht hat ... Das war eine Erwartungshaltung, der ich nicht immer gerecht werden konnte – zumal wenn die eigene schon so verdammt hoch ist. Irgendwann kommt der Moment, wo man überhaupt nicht mehr loslassen oder entspannen kann. Jacqueline und ich, wir haben uns an manchen Abenden einfach nur vor den Fernseher gesetzt, alle Fernbedienungen in Griffweite. Wenn wir gehört haben, gleich kommt jemand rein, haben wir schnell auf die Wii-Box umgeschaltet. Das hat natürlich nicht immer geklappt, aber wenigstens hatten wir hinterher wieder etwas zum Lachen.

—

Nach dem Frühstück fuhr Jacqueline mich zu den Therapien. Jeden Tag, für unzählige Stunden. Anfangs war ich noch in einer zentralen Einrichtung, von der wir hofften, ich könnte dort weitermachen, wo ich in Allensbach aufgehört hatte. Eine ambulante Tagesklinik, in der ich von morgens zehn Uhr bis zum späten Nachmittag ackerte. Meine Eltern, die in der Nähe wohnten, kamen jede Mittagspause vorbei. Das war aber auch schon der einzige Lichtblick. Denn in den ersten Monaten ging es keinen Schritt vorwärts, eher zurück. Es war unglaublich frustrierend, diese vielen Stunden Schinderei ohne nennenswerte Erfolge. Das Einzige, was sprunghaft zunahm, waren meine Rückenschmerzen. Wegen meiner Gleichgewichtsstörungen hatte ich permanent einen sehr hohen Muskeltonus, was zu extremen Verspannungen führt. Das Gehirn sendet ständig: Achtung, Gefahr! Die Muskeln glauben dann, sie müssten dauernd etwas ausgleichen. Jede noch so kleine Muskelgruppe fühlt sich angesprochen. Das Signal Entspannung kennt mein Körper nicht mehr. Alles ist knallhart, alles tut weh. Die Schmerzen sind inzwischen chronisch, und das ist die Höchststrafe. Hier und da kann ich den Schmerz heute überlisten, aber er wird mich trotzdem immer begleiten. Bei allem Training, bei aller Disziplin – er ist da und wird es bleiben.

In dem Zentrum, in dem ich damals behandelt wurde, waren keine speziellen Maßnahmen für solche Fälle wie mich vorgesehen. Wie so oft in unserem Gesundheitssystem gab es Standards, nach denen therapiert wurde, aber es gab nicht ein auf den einzelnen Patienten zugeschnittenes Konzept. Dafür fehlt es nicht zuletzt an der Zeit. Aus Briefen und E-Mails, die mich seit meiner Erkrankung erreicht haben, weiß ich, dass es vielen Betroffenen ähnlich geht. Gerade für Langzeitpatienten und ihre Angehörigen ist das bitter, denn Rückschläge sind vorprogrammiert, die nervliche Belastung steigt, und um alternative Behandlungsmethoden muss man sich in der Regel selbst kümmern.

In den Statusgesprächen, die regelmäßig in der Tagesklinik stattfanden, waren die Ärzte und Therapeuten ratlos, warum ich stagnierte, und vor allem, warum sich die Schmerzen bis zur Unerträglichkeit steigerten. Bei einem Gespräch flippte Eva richtig aus.

Ich sagte in einem dieser Statusgespräche zum Leiter der Einrichtung, Monica kommt um vor chronischen Rückenschmerzen, sie ist ein einziger Schmerz. Darunter leidet alles, der Körper, der kognitive Bereich, einfach alles wird von diesem betäubenden Schmerz überlagert. Wie bitte soll sie sich da weiterentwickeln?!
Und was macht er? Gibt uns einen Termin beim Orthopäden!
Als wir ein paar Tage später dort auftauchten, sagt dieser Mann als Erstes: »Stehen Sie doch mal gerade!«, und wundert sich noch, dass das nicht so ohne weiteres geht. Dann sollte sich Monica auf eine Liege legen, was natürlich auch nicht ging ohne Hilfe. Das Beste war aber dann die Therapieempfehlung: »Frau Lierhaus, Sie müssen jetzt sehr diszipliniert sein. Und jeden Tag eine Viertelstunde Rückenübungen machen.«
Ich bin sonst ja ein sehr freundlicher Mensch, aber da bin ich wirklich ausgerastet.
»Hören Sie mal, haben Sie eigentlich Augen im Kopf?! Meine Schwester macht seit über einem Jahr nichts anderes, als täglich sieben Stunden an sich zu arbeiten, um wieder ins Leben zurückzufinden. Um sich die Schuhe anziehen zu können, um sich die Zähne putzen zu können, eine Gabel halten zu

können, wieder besser sprechen zu können. Sie arbeitet jeden verdammten Tag und verdammt diszipliniert! Und Sie kommen uns hier jetzt mit einer Viertelstunde Krankengymnastik? Meine Schwester hat doch ein ganz anderes Problem. Ein neurologisches, kein orthopädisches.«

Nach diesem Ausbruch folgten endlose Recherchen zu alternativen Methoden und einzelnen Therapeuten, die nicht nach Schema F bei Diagnose Y arbeiteten, sondern die Behandlung individuell anpassten. Die Suche war mühsam, aber insofern erfolgreich, als es wieder voranging.
 Bis heute sind drei Therapieformen auf meinem Stundenplan geblieben: Neuropsychologie, Physiotherapie und Sprachtherapie. Die Ergotherapie habe ich inzwischen geschmissen. Die war mir von Anfang an ein Graus, schon während der Reha. Weil mir da alles vor Augen gehalten wurde, was ich nicht konnte. Jeden Tag an etwas zu scheitern ist einfach furchtbar. Ich sollte zum Beispiel versuchen, mir Zöpfe zu machen. Das gelingt mir bis heute nicht, wahrscheinlich, weil ich in meiner linken Hand kaum ein Gefühl habe. Die Fingerspitzen sind taub. Von Beginn an war das ein Problem, aber wir hatten noch die Hoffnung, dass sich das mit der Zeit bessern würde.
 Insgesamt war meine linke Seite eindeutig die schwächere, was Kraft und Koordination anbelangte. Deshalb war zu Hause im Treppenhaus auch kein zweites Geländer angebracht worden, damit ich gezwungen war, diese Seite zu trainieren. Erst im Mai 2011, nachdem ich einmal die Treppe ein ganzes Stockwerk herunter-

gekugelt war, wurde doch ein zweites angebracht. Mit sechs gebrochenen Rippen, einer Lungenquetschung und vielen Prellungen fand ich mich im Krankenhaus wieder.

Anschließend bin ich zu schnell entlassen worden; in meinem Bauchraum hatten sich Blut und Flüssigkeit angesammelt. An meinem Geburtstag kollabierte ich nachts um eins und kam wieder zurück ins Krankenhaus. Am nächsten Tag entfernten sie in einer dreistündigen Operation die Blut- und Gewebeflüssigkeit. Wieder wurde ich um viele Wochen zurückgeworfen, wieder gab es Schmerzen statt Fortschritt.

Der Frust war in dieser Zeit mein ständiger Begleiter. Schnürsenkel zubinden war auch eine Katastrophe. Irgendwann war ich so genervt, dass ich es nicht hinbekam, dass ich mir einen ganzen Schwung Slipper gekauft habe. Einige Strickjacken habe ich mir auch zunähen lassen, weil das mit den Knöpfen so ein Gefummel war. Das Leben ist schwer genug, so wie es ist, da muss ich es mir nicht noch zusätzlich schwermachen. Ich habe mittlerweile gelernt, andere Wege zu gehen. Und das funktioniert ganz gut. Bestimmte Dosen zum Beispiel bekommt man auf, indem man eine Schere in den Metallring steckt und dann nach oben drückt. Sieht abenteuerlich aus, aber es klappt. Bis Eva mir diesen Kniff gezeigt hat, bin ich manchmal fast die Wand hochgegangen, weil ich den kleinen Ring mit den Fingern nicht fassen konnte. Es ist unglaublich, wie viele Produkte in Verpackungen auf den Markt kommen, die ein gehandicapter oder älterer Mensch niemals aufbekommt. Selbst Milchtüten werden inzwischen gerne mit zusätzlichen Plastikringen unter dem Schraubverschluss versehen, so dass man den Inhalt garantiert verschüttet, wenn man es endlich geschafft hat, den ersten Verschluss zu öffnen. Gerade in solchen Situationen habe ich mich dem Alltag nicht gewachsen gefühlt. So etwas ist extrem frustrierend und demütigend.

Was die Zöpfe angeht, habe ich inzwischen auch eine Lösung gefunden. Ich war beim Friseur, trage die Haare nun etwas kürzer und bändige sie, wenn nötig, mit einem Haarreif. Aus ergotherapeutischer Sicht komme ich so natürlich weiter, weil ich die Fingerfertigkeit nicht trainiere. Aber solange ich mir anders zu helfen weiß, soll der innere Schweinehund mal schön Ruhe geben. Wenigstens in diesem einen Fall.

Zur Sprachtherapie gehe ich nach wie vor am liebsten. Anfangs ging es noch viel um Betonung, um Endsilben, die ich gerne verschluckte, um Buchstaben, die ich nicht sauber voneinander abgrenzen konnte. »Momm momm momm« wurde von Ernst Jandl abgelöst.

```
ottos mops trotzt
otto: fort mops fort
ottos mops hopst fort
otto: soso

otto holt koks
otto holt obst
otto horcht
otto: mops mops
otto hofft

ottos mops klopft
otto: komm mops komm
ottos mops kommt
```

ottos mops kotzt
otto: ogottogott[5]

Und Jandl wiederum wurde von Loriot abgelöst. Meine Lieblingsstücke waren *Müller-Lüdenscheid und Dr. Klöbner*, die mit der Ente in der Badewanne, und das *Prominenteninterview für das Magazin für die Frau, live aus dem Heim von Vic Dorn, einem der profiliertesten Darsteller des internationalen Horrofilms.* – »Wie ... entworfen? Was für eine Maske?« Da ging es nicht nur um Artikulation, sondern auch um Mimik, mit der ich lange Zeit Probleme hatte. Da passt das Stück mit der Maske perfekt ...

Bei der Neuropsychologie habe ich in den letzten Monaten noch einmal große Sprünge gemacht. Vieles wird mit dem Computer trainiert, vor allem meine Reaktionsfähigkeit. Ich muss Ballons nach unten holen, die platzen, wenn ich nicht genug Gefühl auf die Taste bringe, sondern einfach nur draufklatsche. Ich muss bestimmte Elemente anklicken, sobald sie auftauchen, die Zeit wird gemessen, ebenso die Fehlerquote, wenn ich das falsche erwischt habe. In langen Texten muss ich bestimmte Wörter markieren, Flüsse, Städte oder Zahlen. Immer wieder geht es auch um das Kurzzeitgedächtnis, das bis heute noch nicht einwandfrei funktioniert.

Ich bekomme Bilder gezeigt und muss hinterher aufzählen, was alles drauf war. Stand der Obststand links oder rechts? Wie viele Äpfel lagen in der Auslage?

---

5 »Ottos Mops«. In: Ernst Jandl: *Poetische Werke*. Band 4. Luchterhand, München 1997, S. 60.

Furchtbar frustrierend, wenn ich mich gerade mal so daran erinnerte, dass da Bananen hingen.

Abgesehen von diesen drei Schwerpunkten probierte ich eine ganze Reihe von Therapien aus. Nicht alle halfen, aber wir klammerten uns an jeden Strohhalm, an jede Empfehlung. Ich war im Schwarzwald, nachdem meine Eltern im Fernsehen einen Film über das Geheimnis der Selbstheilung gesehen hatten. Ich hatte Therapien nach der Feldenkrais-Methode, die mir dabei halfen, dass mein linker Arm beim Gehen nicht mehr so steif war, sondern mitschwang. Versuche, meine Verspannungen mit »Faszien-Lösen« nach »Vojta« zu erleichtern, scheiterten dagegen. Ich bin vor Schmerzen fast durch die Decke gegangen.

Mehrere Wochen lang war ich in Paderborn, wo ich nach »Bobath« und »Vojta« behandelt wurde. Ein Konzept, das bei Menschen mit Schlaganfall, Schädel-Hirn-Trauma und Nervenschädigungen helfen soll. Wer selbst schon mal Probleme mit dem Rücken oder einer anderen Verletzung hatte, weiß, dass man automatisch in eine Schonhaltung geht, um Entlastung zu schaffen. Ich hatte Probleme mit der gesamten linken Seite, also versuchte ich, deren Einsatz so weit wie möglich zu vermeiden. Was bedeutete, dass mein Gehirn von dort kaum Impulse bekam – und sich insofern nicht in der Weise regenerierte, wie es das gekonnt hätte. Verlorengegangene Funktionen können durch Vernetzung und Aktivierung von anderen Hirnbereichen wieder trainiert werden. Wenn es aber nicht muss, wird das Gehirn einen Teufel tun und sich umstrukturieren. Die körperlichen Folgen dieser einseitigen Belastung sind schmerzhafte Spastiken und Verspannungen.

Die Therapie hat mir tatsächlich geholfen, die Schmerzen wurden weniger, auch wenn es sehr monoton war, immer die gleichen Bewegungen durchzuführen, damit sich etwas umprogrammierte. Am Abend war ich so entsetzlich kaputt und müde, dass ich kaum noch einen Fuß vor den anderen brachte. An einem Abend habe ich genau das nicht mehr geschafft. Im Hotel blieb ich an der Führungsschiene der gläsernen Eingangstüre hängen und knallte mit dem Kopf auf den Steinboden. Wenn ich falle, dann falle ich wie eine Bahnschranke, ungebremst, keine Chance, mich noch irgendwie abzufangen. Wieder eine Platzwunde mehr – ich kam ins Krankenhaus, wurde mit mehreren Stichen genäht und mit einem dicken Kopfverband wieder entlassen.

Irgendwann haben wir aufgehört, die vielen Stürze zu zählen. Die kleinen im Alltag oder auch die großen. Das Ärgerliche war, dass solche Sachen meistens dann passierten, wenn meine Schwester gerade auf einem richtig guten Weg war, so dass sie immer wieder zurückgeworfen wurde und sich neu zurückkämpfen musste. Sisyphos lässt grüßen.

Einen weiteren richtig schlimmen Sturz hatte sie 2012. Wir waren alle an der Nordsee gewesen und fuhren Kolonne zurück. Rolf und Monica schafften es ein bisschen schneller als wir durch den Feierabendverkehr in Hamburg und waren vor uns zu Hause. Als ich ausstieg, sah ich, dass Monica vor dem Haus an der Eingangstreppe auf dem Boden hockte und sich den Kopf hielt. Rolf stand neben ihr und telefonierte nach einem Krankenwagen. Monica war durch die Fahrt so steif und müde, dass sie ganz oben auf der letzten Stufe das Gleichgewicht verloren hatte. Sie hatte das Geländer nicht mehr zu fassen bekommen und knallte rückwärts die ganzen acht Steinstufen herunter. Auf dem Pflaster war alles voller Blut, sie hatte sich eine weitere große Platzwunde zugezogen. Als die Sanitäter da waren, fragten sie Monica, ob sie aufstehen und gehen könne. Natürlich sagte sie: »Ja!« Keiner von uns hat in diesem Moment reagiert. Hinterher haben wir uns alle heftige Vorwürfe gemacht. Sie hätte einen Schädelbruch haben können oder eine schwere Verletzung an der Wirbelsäule. Im Krankenhaus durfte sie sich so lange nicht bewegen, bis die Ärzte nach Auswertung der Bilder Entwarnung gaben. Bis heute sehe ich immer noch diese Blutlache auf dem Boden, wenn ich vom Gartentor zur Haustür gehe. Das kriege ich einfach nicht aus dem Kopf.

7

Deckname »Mona Lisa«

In der Familie war allen klar, dass der Auftritt polarisieren würde. Aber der Kern der Entscheidung war, dass Monica kurz davorstand, sich aufzugeben. Sie glaubte nicht mehr daran, dass da noch etwas Lebenswertes, etwas Gutes sein könnte. Für uns war es das Wichtigste, dass wir ihr ein Licht am Ende des Tunnels aufzeigen konnten. Wenn man so will, war es eine therapeutische Maßnahme, die größtmögliche Motivation.

Rolf Hellgardt

Am Abend des 5. Februar 2011 wurden Rolf und ich von einem Fahrservice abgeholt und zu einem Seiteneingang der Ullstein-Halle in Berlin gebracht. Der rote Teppich war längst leer, die Gäste saßen bereits auf ihren Plätzen, die Live-Übertragung lief.

Alles war bis ins Detail geplant worden, über Wochen

waren Mails hin und her geschickt worden, immer unter dem Betreff »Mona Lisa«. Das war das vereinbarte Codewort, entstanden aus meinen Initialen ML. Nichts hatte nach außen dringen sollen, alle hatten bis zuletzt Angst, dass die Presse Wind davon bekommen würde. Dass die Nachricht durch ein internes Leck vorzeitig die Runde machen würde. Die Nachricht war, dass ich bei der *46. Verleihung der Goldenen Kamera* auftreten und einen Ehrenpreis entgegennehmen würde.

Einen Tag vor der Sendung waren wir nach Berlin gefahren. Ich wollte nicht in einem Hotel übernachten, alles war aufregend genug, da brauchte ich nicht noch eine ungewohnte Umgebung. Außerdem hatten wir jedes Risiko vermeiden wollen. Deshalb verbrachten wir die Nacht und den folgenden Tag bei meiner besten Freundin Elke. In ihrer Wohnung wurden mir auch Make-up und Haare gemacht. Die waren inzwischen auch endlich wieder rot. Eigentlich bin ich »straßenköterblond«, auch wenn Eva immer sagt, meine Haarfarbe sei »haselnussgold«. Dass ich seit Jahrzehnten das Haar rot habe, war eigentlich ein Versehen. Mit 15 wollte ich mit meinem älteren Bruder Tommy zum Fasching gehen, als »Graf und Gräfin Dracula«. Ich dachte, ich hätte eine Tönung gekauft, es war aber ein Färbemittel. Schwarz. Ich schrubbte und schrubbte, ohne Erfolg. Also kippte ich ein Fläschchen Henna drüber, damit es etwas weicher wurde. Das Ergebnis war sicher ausbaufähig, aber seitdem ist es beim Rotton geblieben.

Als Eva eintraf, mit jeder Menge Rescue-Tropfen im Gepäck, konnte es langsam losgehen. In der Ullstein-Halle wurden wir zu meiner Garderobe gebracht, in der mir noch der mühsamste Teil bevorstand: das Anziehen des Abendkleids. Auch unter normalen Umständen ein

Akt. Das Ganze aber im Sitzen oder rechts und links gestützt hinzubekommen, uiuiui. Es hat eine Weile gedauert, doch irgendwann saß es.

Als die Entscheidung gefallen war, dass ich bei der Goldenen Kamera mein »Comeback« in der Öffentlichkeit geben würde, hatte ich mit Eva meinen Kleiderschrank durchwühlt. Nichts von dem, was dort hing, passte mir mehr. Ich hatte einige Kilos zugenommen, weil nach den vielen Operationen und ihren schlimmen Folgen meine Schilddrüse, wie bereits erwähnt, verrücktspielte. Das hat lange niemand gemerkt. Losgegangen ist das nach der Reha. Nach ein paar Monaten brachte ich zehn Kilo mehr auf die Waage. Schluss mit Eisbechern und Süßigkeiten. Das hat allerdings außer schlechter Laune leider gar nichts gebracht.

> Die Ärzte haben auf unsere Fragen nach dem Gewicht immer nur gesagt: Das ist eben so, wenn man sich kaum noch bewegt, immer nur sitzt oder liegt. Da sag ich: Hallo?! Meine Schwester ist die ganze Zeit am Strampeln, am Machen, am Tun! Das ist so anstrengend in ihrem Zustand, als würde ein Bauarbeiter den ganzen Tag schuften. Erst ihre neue Hausärztin hat im Frühjahr 2011 nachgefragt, ob eigentlich mal jemand die Schilddrüse untersucht hat. Genau das war es dann auch; nach dem Kurzschluss im Gehirn hat sich die offenbar nicht mehr richtig eingestellt. Monica bekam Tabletten, und rumms, waren die ersten Kilos wieder unten. Ich war stinksauer, dass die Unterfunktion der Schilddrüse erst so spät erkannt worden war. Das war einmal mehr eine unnötige Schleife, die Monica

drehen musste und die man ihr eigentlich hätte ersparen können. Es lässt einen ohnmächtig und hilflos zurück, wenn der Körper sich so stark verändert und man das Gefühl hat, man kann offenbar nichts dagegen tun.

In ein »normales« Geschäft hatte ich nicht gehen wollen; zum einen, weil mich die ganze Probiererei sowieso tierisch nervte, zum anderen, weil ich nicht wollte, dass mich dort jemand sah. Mein erster Friseurbesuch nach der Reha war mir noch bestens in Erinnerung. Eva hatte bei unserem langjährigen Stammfriseur einen Termin kurz nach meiner Rückkehr Mitte Dezember vereinbaren wollen; doch er sagte ihr ab, er sei für Dezember bereits restlos ausgebucht und einen Extratermin nach den regulären Geschäftszeiten einzuschieben, das gehe auch nicht, er arbeite ohnehin viel zu viel.

> Ich war wirklich enttäuscht. Da hat ein Mensch das Schlimmste erleben und überleben müssen, und jemand, den man sehr, sehr lange kennt, knallt einem sozusagen die Tür vor der Nase zu. Dabei hatte ich unserem Friseur noch lang und breit erklärt, wie wichtig es für meine Schwester wäre, sich wenigstens ein bisschen mehr »wie früher« zu fühlen. Jacqueline hat uns dann einen anderen Salon empfohlen. Ich ging persönlich hin und habe die Situation erklärt. Oliver und sein Mann Tim, die Monicas Geschichte nur aus den Medien kannten, boten uns jede erdenkliche Hilfe an. Wir vereinbarten einen Termin nach Feierabend, und als wir an-

kamen, war ich total gerührt, weil sie von sich aus sogar die Scheiben des Salons abgeklebt hatten, gegen mögliche Paparazzi. Heute sind die beiden gute Freunde von uns, die unseren »Mädelsabend« sehr bereichern und es sogar geschafft haben, dass wir zu 98 Prozent vegetarische Gerichte auf den Tisch bringen ...

Wegen der Garderobe für die *Goldene Kamera* gingen wir also zu einem befreundeten Schneider, der das stahlblaue Kleid für mich anfertigte. Fehlten noch die Schuhe. Auch da musste etwas Neues her. Ich konnte auf Schuhen mit Absätzen nicht mehr gehen, jeder Zentimeter mehr brachte mich ins Wanken, jeder Zentimeter mehr verstärkte die Rückenschmerzen. Am Ende fiel die Wahl auf ein paar Sneaker, immerhin silberfarben, damit es wenigstens ein bisschen schicker aussah.

—

Während Eva und eine Dame von der Garderobe noch an mir herumzogen und -zupften, warf ich immer wieder einen Blick auf den kleinen Fernsehbildschirm. Preis um Preis wurde verliehen, die Zeit tickte runter. Meine Schwester war furchtbar nervös, doch je aufgeregter sie wurde, umso ruhiger wurde ich. Das Wichtigste war, dass ich meine Karteikarten mit dem Text nicht vergaß. Es gab keinen Teleprompter, ohne Karten wäre ich aufgeschmissen, wenn ich einen Hänger haben würde.

Eigentlich war das Risiko, dass mir das passieren würde, nicht besonders groß. Inzwischen konnte ich den Text fast auswendig herunterbeten. Aber wenn ich mich schon mit all meinen Defiziten, die für jeden sichtbar waren, auf die Bühne begab, sollte wenigstens meine kleine Rede so perfekt wie möglich verlaufen. Wochenlang hatte ich sie immer wieder mit meiner Logopädin geübt. Zeile für Zeile, Wort für Wort. Immer wieder hatten wir uns den Mitschnitt auf dem Diktiergerät angehört, vor- und zurückgespult. Und die Stellen, an denen es gehakt hatte, bis zum Erbrechen wiederholt. Mal hatte ich einen Halbsatz vergessen, dann hatte ich die nächste Zeile aus den Augen verloren. Mal stimmte die Betonung eines Wortes nicht, die Satzmelodie oder das Tempo. Meistens war ich zu schnell, und wenn ich erst einmal zu hudeln angefangen hatte, brachte ich zu viel Druck auf die Stimme. Dadurch klang alles blechern und monoton. Vor allem mit längeren Begriffen wie »Eigenständigkeit« und »Unabhängigkeit« hatte ich Probleme. Was aber auch irgendwie passte, weil ich genau darum seit zwei Jahren kämpfte.

Der Satz, der mir am leichtesten über die Lippen ging, war: »Und jetzt kann ich es kaum fassen. Da bin ich!« In ihm steckte einfach alles drin.

Der Auftritt bei der *Goldenen Kamera* war für mich ein Befreiungsschlag. Ein Wendepunkt, ohne den ich mich vielleicht wirklich irgendwann aufgegeben hätte. Preußische Disziplin hin oder her, es kommt der Punkt, an dem einfach alles nur noch grauenhaft ist. Und genau dieser Punkt war erreicht.

Seit Januar 2009 war ich von der Bildfläche verschwunden, kaum jemand in der Öffentlichkeit wusste, was genau passiert war, wie es mir ging. Wenig war nach außen gedrungen, und das war auch gut so. Nach der Pressemitteilung der ARD hatte es ordentlich im Blätterwald gerauscht, meine Familie und selbst Freunde waren angerufen worden. In der Hoffnung auf »Insider«-Informationen. Journalisten klingelten an der Haustür, machte man auf, hatte man sofort ein Mikro vor der Nase und eine laufende Kamera. Eva war einmal »erwischt« worden, völlig verheult, weil wieder eine Hiobsbotschaft aus der Klinik gekommen war. Als sie sagte, sie wolle nichts sagen, liefen ihr immer noch die Tränen herunter. Natürlich stand in der Zeitung: »Ihre Schwester sagte weinend ...«

Das war eher noch eine Form der normalen »Belästigung« und sicher auch etwas, das Journalisten nicht besonders viel Spaß machte. Es gab aber auch Formen, die darüber hinausgingen. Die Bitte, mir und meinen Angehörigen die nötige Ruhe zu lassen, wurde nicht von allen Medien respektiert. Erst nachdem Rolf einen Anwalt beauftragt hatte, der sich um den Schutz meiner Privatsphäre kümmerte und auch juristisch gegen den einen oder anderen Beitrag vorging, entspannte sich die Lage. Das Hauptziel war, Fotos zu verhindern, die mich in einem Zustand zeigten, in dem ich mich nie freiwillig gezeigt hätte. Wenn man ein Foto verhindern wollte, musste man eigentlich auch den ganzen Bericht verhindern. Alles, was über die Informationen aus der ARD-Pressemitteilung hinausging, sollte nach Möglichkeit abgeblockt werden. Rolf war fortan der Buhmann, weil er die Nachrichtensperre durchgedrückt hatte. Obwohl er damit nur mich und meine Familie hatte schützen wollen.

> Kurz nach der Strafzahlung standen an einem Abend vor unserem Haus fünf vermummte Typen mit Baseballschlägern. Die haben gerufen: »Komm

raus, Hellgardt, wir wissen, dass du da bist. Dass du allein im Haus bist.« Da ist mir für einen Moment richtig die Düse gegangen. Die Polizei habe ich nicht gerufen, weil ich dachte, dann haben wir die Schlagzeile. Im Nachhinein völliger Quatsch, dass ich es nicht getan habe. Die ganze Situation war so absurd. Ob es wirklich einen Zusammenhang gab, weiß ich nicht. Dafür habe ich keine Beweise. Mag sein, dass auf diese Weise versucht worden ist, Druck auszuüben, dass ich einknicke. Dass ich mit dieser Geschichte vielleicht selbst an die Öffentlichkeit gehe. Es gab ja durchaus kritische Stimmen, warum wir alles so gedeckelt haben. Im Nachhinein muss ich sagen: Ich würde es wieder so machen. Ohne Wenn und Aber. Denn nur so konnte sichergestellt werden, dass Monica in weitgehender Ruhe genesen konnte. Wäre zu diesem Zeitpunkt öffentlich geworden, wie desolat ihr Zustand ist, hätte sie das vor allem psychisch zurückgeworfen.

—

Als ich nach dem Ende meiner langen Reha in Allensbach wieder nach Hamburg zurückkehrte und versuchte, mich Schritt für Schritt ins Leben zurückzutasten, war es mit der Ruhe vorbei. Einfach weil ich gesehen wurde. Wie ich mich die Treppe vor dem Haus hinunterhangelte. Wie ich schwankend versuchte, etwas aus dem Regal im Supermarkt zu nehmen. Wie es mir aus der Hand fiel und ich es nicht aufheben konnte. Ich wurde gesehen, wie ich auf der Straße stürzte und nicht mehr alleine hochkam.

Es gab Menschen, die sehr offen auf mich zugingen, die mir halfen und die mir Mut machten. Aber es gab auch die anderen. Die, die gafften und tuschelten. Die ihre Handys zückten oder betreten wegsahen. Die auf mich reagierten, als wäre ich kein Mensch mehr, sondern ein Monster. Und es gab natürlich trotzdem Journalisten, die mir auflauerten. Die sich eine regelrechte Rallye lieferten, wer das erste Bild schießen würde, wie ich wie ein Teletubby über die Straße eierte.

Wir waren irgendwann alle drauf geeicht, erst die ganze Umgebung zu scannen, bevor wir mit Monica vor die Tür gingen. Steht irgendwo ein seltsamer Wagen, drücken sich Leute irgendwo herum ... man wird ja mit der Zeit misstrauisch. Losgegangen war das bereits in der Klinik; einige Journalisten hatten es sogar auf die Station geschafft, weshalb dann tatsächlich Sicherheitspersonal vor dem Zimmer meiner Schwester postiert wurde. Einer hatte einen Blumenstrauß mit Karte abgegeben: »Rufen Sie doch mal zurück!« Ich will diesem Menschen nichts Böses unterstellen. Aber zumindest die latente Hoffnung, dass Monica nach dem Aufwachen und den ganzen Schädigungen ein bisschen deppert ist und denkt, ach wie nett, da rufe ich gleich mal an. Und schon hat man einen ersten Eindruck, den man in einem Artikel verwerten kann.

Ein paar Monate nach ihrer Rückkehr aus der Reha gab es hier vor unserem Haus eine kritische Situation. Monica war zu dieser Zeit regelmäßig in einer ambulanten Tagesklinik in Hamburg. Ich hatte sie gemeinsam mit Jacqueline abgeholt und wollte gerade einparken. Es war reiner Zufall, dass ich den Wagen gesehen habe. Wie in einem schlechten Film: Ein dicker amerikanischer Van mit abgedunkelten Scheiben. Vorne im Fond saß niemand, aber im hinteren Bereich hab ich etwas blitzen sehen. Ich bin sofort losgeschossen und hab zu Monica noch gesagt, ihr rührt euch nicht von der Stelle. Ihr bleibt sitzen. Sie mit ihrer ewigen Ungeduld wollte natürlich trotzdem aus dem Wagen!

Ich hab an die Scheibe des Vans geklopft und war überrascht, dass tatsächlich die Schiebetür aufging. Dahinter waren gleich mehrere Kameras aufgereiht.

»Was machen Sie hier?«

»Das geht Sie gar nichts an!«

»Gut, dann rufe ich jetzt die Polizei.« Vorher hab ich noch das Nummernschild geknipst und dann so getan, als würde ich tatsächlich die Polizei rufen. Wegen »Belästigung« durch die Presse hätte ich das nicht tun dürfen, wohl aber, wenn ich den Eindruck habe, dass unser Haus gezielt beobachtet wird. Könnten ja Einbrecher sein, die die Lage taxieren wollen.

Als ich sagte, ich muss davon ausgehen, dass Sie uns wegen Einbruchs ausspionieren wollen, Sie haben ja auch eine Kamera dabei, wurden sie dann doch nervös. Tür zu, und dann sind sie ganz langsam an die nächste Ecke gefahren. Es hat eine Ewigkeit gedauert, bis sie endlich weg waren. Hinterher hatte ich ordentlich Herzklopfen. Aber wenn es um Monica geht, bin ich nun mal wie ein Terrier und schieße nach vorne, ohne groß nachzudenken.

Solche Erlebnisse, vor allem aber das penetrante Starren mancher Leute haben mich fertiggemacht. Irgendwann war ich so weit, dass ich nicht mehr aus dem Haus gehen wollte. Wenn die Menschen meinen Anblick nicht ertragen konnten, wenn ich sie dadurch provozierte oder überforderte, dann musste ich mich eben vor ihnen verbergen.

Anfangs war ich so desolat, dass ich mir darüber noch keine Gedanken machen konnte. Ich war viel zu viel mit mir beschäftigt, es war egal, was andere Leute dachten. Es war lange eher ein Gefühl, das ich nicht mehr haben wollte. Und das dann in der Frage »Bin ich denn ein Monster?« herausplatzte.

Während der Reha war ich in einem viel schlechteren Zustand gewesen, trotzdem hatte da niemand so gestarrt, wenn meine Familie mich im Rollstuhl in ein Restaurant gefahren hat und mir dort beim Essen die Gabel mal wieder klirrend aus der Hand gefallen ist. Dort waren die Leute wegen des großen Rehazentrums an einen solchen »Anblick« gewöhnt, das war nichts Besonderes, ich war eine unter vielen.

In Hamburg war ich ein anderer unter Gleichen. Und vor allem wieder »die Lierhaus«. Guck mal! Ist sie das nicht? Nein ... Doch, das ist sie! Wenn man in den Gesichtern dann Entsetzen sieht, manchmal auch nur Sensationslust, tut das sehr weh. Auch weil es einem die eigenen Defizite schonungslos spiegelt. Man wird ständig an die eigene Hilflosigkeit erinnert. Man hat das Gefühl, es ist nichts besser geworden, das harte Training war umsonst, es ist immer noch so schlimm, dass man für manche nichts als eine Zumutung ist.

Ich weiß, dass solche Reaktionen auch etwas mit Überforderung zu tun haben. Die meisten von uns – ich war und bin da keine Ausnahme – sind zu wenig geübt im Umgang mit Menschen, die »anders« sind, die auffallen, weil sie nicht ins gewohnte Schema passen. Ich war durch meine Rolle im Fernsehen jahrelang den Blicken der Öffentlichkeit ausgesetzt. Das war normal, das gehörte zu meinem Job. Wobei ich immer versucht habe, meine Familie und mein Privatleben abzuschirmen. Nach dem Unglück hatte ich das Gefühl, nicht einmal mehr mich selbst schützen zu können.

Wenn ich mit meiner Schwester in den ersten Wochen nach ihrer Rückkehr in Hamburg unterwegs war, beim Einkaufen oder auf dem Weg zu einer ihrer Therapien, ist uns das immer wieder passiert, dass Leute sogar die Straßenseite gewechselt haben. Da war oft sehr wenig Empathie. Immer, wenn jemand besonders intensiv geguckt hat, hab ich zurückgestarrt, damit sie selbst einmal sehen, wie das ist.

Sie hat mich ganz empört angesehen und gesagt: »Evi, das machst du vielleicht, ich mach das nicht.« Immerhin brachte sie die Vorstellung, wie die Reaktion darauf wohl wäre, zum Lachen.

Aber ansonsten waren das ganz bittere Erfahrungen. Den Entschluss, einfach nicht mehr vor die Tür zu gehen, hätte sie so konsequent durchgezogen wie alles in ihrem Leben. Das war uns allen glasklar. Und deshalb war auch klar, dass etwas passieren musste. Dass sie ein neues Ziel brauchte, auf das sie hinarbeiten konnte. Ein Alltag, der sich bis auf die Therapien nur noch in den eigenen vier Wänden abspielte, würde sie kaputtmachen. Das wäre, wie in einem doppelten Gefängnis eingesperrt zu sein.

Nach der *Goldenen Kamera* kamen tatsächlich viel häufiger Leute auf mich zu und sagten: »Toll, ich bewundere Sie für Ihre Kraft und Ihren Mut. Sie fehlen uns im Fernsehen. Machen Sie weiter so, und kommen Sie bald richtig zurück auf den Bildschirm!«

Die Zeit vorher war sehr schwierig für mich, oft ein einziges dunkles Loch. Ich fühlte mich gefangen, nicht nur in meinem eigenen Körper, der nicht so wollte wie ich. Der nicht mehr konnte, was er früher gekonnt hatte. Der auf meine »Befehle« nicht mehr oder nur verzögert reagierte, der nicht einmal mehr sein eigenes Gleichgewicht austarieren konnte. Und der nicht mehr so aussah, wie er einmal ausgesehen hatte. Dabei fühlte ich doch wie früher, war im Kern immer noch ich.

Als Rolf mich dann im Herbst 2010 fragte, ob ich nicht an die Öffentlichkeit gehen wollte, war ich im ersten Moment skeptisch. Ich war mir nicht sicher, ob ich das wollte. Dass mich alle »so« sahen. Gleichzeitig wollte ich mich nicht länger verstecken. Für mich war das ein wichtiger Punkt, ein neues Bewusstsein für mich und meine Situation zu entwickeln. Sonst wäre ich auf ewig mit meiner eigenen Hilflosigkeit konfrontiert. Es gibt in unserem normalen Alltag leider keinen selbstverständlichen Umgang mit Versehrtheit. Man stößt schnell an Barrieren. Ich habe gehofft, dass sich das schrittweise für mich ändert, wenn ich selbst Stärke zeige. Wenn ich sagen kann: Ich bin so, wie ich bin. Ich muss das so annehmen, und ich hoffe, die anderen können es auch.

Wir überlegten, wie dieser Schritt aussehen könnte.

Ein Interview? Und dann noch eines? Ich wollte mich nicht »scheibchenweise« hier ein paar Menschen zeigen und dort ein paar anderen. Die Printmedien wären dafür auch nicht das richtige Forum gewesen. Man wird im optimalen Augenblick geknipst, alles sieht gut aus, alles ist fein. Man hört die Stimme nicht, sieht die Gestik nicht, den Gang nicht, und hinterher können die Antworten immer noch glattgebügelt werden.

Was dann? Ein Interview im Fernsehen? Vielleicht sogar live? Live war mir immer lieber gewesen, bei Proben und vielen Wiederholungen kam ich mit meiner Geduld schnell ans Ende der Fahnenstange. Jetzt hatte ich ein wenig Sorge, obwohl es mein Metier war, vor einer Kamera zu stehen und zu reden. Bis dahin hatte ich meistens nur über ein Thema gesprochen: Sport. Das war sachlich, inhaltlich, da ging es nicht um mich, sondern um Sportler und das, was sie leisteten. Ich als Person spielte keine Rolle, konnte mich immer ein wenig hinter den Inhalten verstecken, mich zurücknehmen.

In einer Talkshow würde ich Thema sein; und ich würde Fragen beantworten müssen, auf die ich vielleicht keine Antworten hätte. Diese Antworten müssten andere für mich geben. Rolf? Eva? Meine Mutter? Das war alles nicht das Gelbe vom Ei.

Am Ende wurde uns die Entscheidung ein Stück weit abgenommen. Bei Rolf, der mich auch früher schon in beruflichen Fragen beraten hatte, waren immer mal wieder Anfragen eingegangen, ob ich schon so weit sei, ob man mich nicht einmal treffen könne. Ob vielleicht die Sendung x oder y der richtige Rahmen für ein »Comeback« in der Öffentlichkeit wäre.

Nachdem sie so mit ihrer Situation haderte, dass sie nicht einmal mehr ein paar Schritte spazieren gehen wollte, haben wir in der Familie darüber gesprochen, dass wir irgendwann die Pressebarriere überwinden und die ganze Situation in eine Form der Normalität überführen müssen. Im Rückblick denke ich, wir hätten das vielleicht viel früher machen, offensiver mit alldem umgehen sollen. Ich denke, die Öffentlichkeit würde sie dann noch einmal ganz anders wahrnehmen und wertschätzen, was sie geleistet hat, welchen Weg sie hinter sich hat. Man kann sich das im Grunde ja gar nicht vorstellen.

Den Zeitpunkt dafür hatten wir inzwischen natürlich verpasst. Jetzt ging nur noch der ganz große Schritt, für Außenstehende quasi von null auf hundert. Es war klar, wenn wir diesen Schritt wagen, muss der Rahmen passen. Einer, der eine so starke Strahlkraft hat, dass Monica auch stark sein kann.

Hinterher war in einigen Zeitungen zu lesen, wir hätten gezielt angefragt. Als könnte man mal eben so anfragen, ob Monica nicht einen Ehrenpreis bekommen könne. Schwachsinn. Als der Anruf kam, war der Preis anfangs auch noch gar kein Thema. Man habe gehört, Monica sei auf dem Weg zurück ins Leben. Das konnte ich ja nun bestätigen. Wir sprachen eine ganze Weile nur sehr grob über das, wie ihr Alltag seit Januar 2009 aussieht. Erst am Ende kam das Anliegen, sie würden ihr gerne für diesen Mut und die Zähigkeit, mit der sie ihr Schicksal bewältigt, einen Preis verleihen.

Was mein Schritt in die Öffentlichkeit auslösen würde, war mir selbst nicht klar. Ich wusste, dass niemand auf mich vorbereitet sein würde. Nicht darauf, dass ich überhaupt auf die Bühne kam, nicht darauf, in welchem Zustand. Aber mehr Gedanken habe ich mir nicht gemacht. Ich konnte das damals in dieser Form auch noch gar nicht. Für mich hat nur gezählt, dass ich diesen Schritt machen muss, damit ich mich nicht länger verstecken muss. Alles andere, ob das für die Menschen, die mich sehen würden, gut war oder auch für meine Familie, das hatte ich nicht im Blick.

Der Schritt nach draußen war ein sehr großer. Auch, weil der Rahmen sehr groß war. Letztlich musste er das auch sein, weil ich diesen einen Auftritt machen und hinterher wieder meine Ruhe haben wollte. Ich wollte möglichst vielen Menschen zeigen: Da bin ich wieder. Und vor allem: So bin ich jetzt. Ich war früher eine andere, aber nun setze ich alles daran, mein neues Leben zu meistern.

Nachdem die Entscheidung gefallen war, gab es für mich endlich wieder etwas, worauf ich hinarbeiten konnte. Die täglichen Therapien waren nichts, was ich mit großer Begeisterung machte. Ich war oft antriebslos, weil es immer nur darum ging, Dinge, die ich ja schon einmal gekonnt habe, wieder neu zu lernen. Das konkrete Ziel, mit einem Datum, an dem es nichts zu rütteln gab, pushte mich enorm.

Das, was früher so vertraut gewesen war, war plötzlich neu. Einen Text zu verfassen, in eine Kamera zu lächeln, obwohl meine Mimik zu dieser Zeit nur sehr eingeschränkt vorhanden war. Von der Gestik gar nicht erst zu reden. An den Worten, die ich sagen wollte, habe ich lange herumgefeilt. Etwa zwei Monate vor der Sendung setzte ich mich an den Computer und schrieb die ersten Sätze. »Danke. Ich danke Ihnen sehr. Einen schönen guten Abend wünsche ich Ihnen allen. Das ist ein sehr emotionaler Moment, ich bin sehr berührt und bewegt, wie freundlich sie mich hier empfangen. Es ist schon ein merkwürdiges Gefühl, hier oben auf der Bühne zu stehen. Es ist tatsächlich sehr lange her, dass ich das letzte Mal auf einer Bühne stand und unter diesen Voraussetzungen ohnehin schon mal gar nicht. Und jetzt kann ich es kaum fassen. Da bin ich!«

Als der Text einigermaßen stand, habe ich mit der Logopädin und zu Hause mit Eva geübt. Im Stehen, was mir nicht leichtfiel, ohne ein höheres Pult zum Abstützen. Auch mit den Karten kam ich anfangs immer wieder durcheinander, wenn ich versuchte, einmal eine Bewegung mit dem Arm einzubauen. Das ging einfach nicht.

Es war trotzdem faszinierend, was beim Üben passierte. Auch wenn wir nur eine Videokamera zur Hand hatten und als Beleuchtung nur eine Stehlampe auf Monica gerichtet war, kam sofort der Profi wieder hervor: Sie hatte eine ganz andere Haltung, das Lächeln ging an, die Ausstrahlung war wie auf Knopfdruck da. Und vor allem die Professionalität. Wenn sie sich versprochen hat, musste keiner sagen, mach das noch mal. Da kam gleich: »Nee. Das war jetzt falsch. Kann ich noch mal?«

Die Arbeit hat meine Schwester immer beflügelt, dafür hat sie gelebt und tut es noch, das macht sie aus, das kann sie im Schlaf. Wenn es um Arbeit im weitesten Sinne geht, hat sie einen wahnsinnigen

Drive. Die Vorbereitung für diese Sendung war das, was ihrem »alten Alltag« am nächsten kam. Ging die Videokamera aus, ist sie wieder ein bisschen in sich zusammengefallen. Aber das Loch war nicht mehr ganz so dunkel und tief.

—

Als Bernd Eichinger posthum die *Goldene Kamera* in der Kategorie »Bester Filmproduzent« verliehen wurde, machten wir uns auf den Weg zur Bühne. Das war nicht einfach für mich, überall gab es Stolperfallen. Stufen und kleine Absätze, über die Rolf und Eva mich hinüberbugsieren mussten. Natürlich kam es, wie es kommen musste: Kurz bevor wir den Vorhang hinter der Bühne erreichten, trat ich in den Saum meines Abendkleides. Ein lautes Ratschen, und Holland war in Not. Zum Glück war genug Zeit dafür, dieses Malheur mit ein paar Stichen zu beheben. Auf einem Stuhl sitzend hörte ich zu, wie Hape Kerkeling den nächsten Redner ankündigte. Günter Netzer stand bereits auf der anderen Seite hinter der Bühne, alles an ihm vibrierte, so nervös war er.

Rolf hatte ihn angerufen, als klar war, dass ich den Schritt in die Öffentlichkeit wagen wollte und dass dies im Rahmen der *Goldenen Kamera* stattfinden sollte. Er war überrascht – und er hatte spontan nein gesagt. »Ich kann das nicht, ich kann keine Laudatio halten. Ich hatte schon eine Million solcher Anfragen, ich habe immer abgelehnt, weil ich so etwas einfach nicht kann.« Als Rolf dann sagte, das sei jammerschade, weil es mir sehr, sehr viel bedeuten würde, war ein Moment Schweigen am anderen Ende der Leitung gewesen. »Gut. Ich überlege es mir. Ich rufe in zwei Tagen zurück.«

Als das Telefon klingelte und ich mitbekam, dass Günter dran war, war ich total hibbelig. Rolf stellte auf laut, und ich hörte, wie Günter sagte: »Ich habe noch einmal mit meiner Frau gesprochen. Ich bin total irre, aber ich kann Monica das nicht abschlagen. Ich sage Ihnen aber gleich, es wird nicht gut werden. Es wird einfach nur schrecklich werden! Aber ich mache es.«

Ich habe mich wahnsinnig gefreut, dass er zugesagt hat. Günter Netzer ist einfach ein toller Mensch mit einer wahnsinnigen Herzenswärme. Dass er mich bei diesem Auftritt unterstützt hat, war unglaublich. Dafür bin ich ihm sehr dankbar.

> Ich bin tausend Tode gestorben, ich wäre da nie, nie, nie im Leben rausgegangen. Die ganzen Scheinwerfer, tausend Leute im Publikum, Millionen vor dem Fernseher. Aber Monica saß ganz cool auf ihrem Stuhl und hat zugehört. Als Günter Netzer dann seine ersten Sätze sagte, sind mir nur noch die Tränen hinuntergelaufen. Er war so nervös, und es war einfach unglaublich rührend und von Herzen kommend, was er über meine Schwester und ihren Kampf zurück ins Leben gesagt hat.

»Meine Damen und Herren, ich kokettiere jetzt nicht. Ich würde in diesem Moment lieber einen Elfmeter in der 90. Minute vor einer Milliarde Menschen schießen, als hier zu stehen. So nervös bin ich vor dieser Rede, so angespannt. Warum? Weil es für mich eine unglaublich große Ehre ist, heute einen ganz besonderen Menschen mit einer ganz besonderen *Goldenen Kamera* auszeichnen zu dürfen. Bei diesem Preis geht es einmal nicht darum, wer ist der Beste in seiner Disziplin. Die Preisträgerin musste um etwas viel Wichtigeres kämpfen. Um ihr Leben.

Bis vor ziemlich genau zwei Jahren war sie das Kronjuwel der ARD, bei der *Sportschau*, bei Olympischen Spielen, der Tour der France, beim Skispringen oder auch bei der Fußballweltmeisterschaft 2006 hier in Deutschland. Eine hochangesehene Kollegin, sozusagen Delling und Netzer in einer Person. Und das Ganze zudem noch unglaublich attraktiv und mit einer anständigen Frisur. Gerade in der Männerdomäne Fußball genoss sie allerhöchsten Respekt, hatte eine Akzeptanz erreicht, die einzigartig war, gepaart mit einer natürlichen Autorität. Und sie hatte das, was ich auch von einem guten Fußballer verlange: mit der nötigen Übersicht agierend, bisweilen angriffslustig, aber immer fair und mit dem Gewinnergen ausgestattet. Im Zenit ihres Erfolges wird sie jäh gestoppt. Bei einer Operation treten Komplikationen auf. Ein Schicksalsschlag, der uns alle erschüttert hat. Ganz Deutschland fühlt seither mit. Mit Monica Lierhaus.

Meine Damen und Herren, seit genau zwei Jahren ist Monica Lierhaus vom Bildschirm verschwunden. In diesen zwei Jahren hat sie hart an sich gearbeitet. Hat nie aufgegeben. Hat Tag für Tag gekämpft für eine neue Normalität, für ein neues Leben. Gemeinsam mit Ärzten, Therapeuten, Familie, Freunden und natürlich ihrem Lebensgefährten Rolf Hellgardt. Um wieder Hoffnung auf eine Zukunft zu haben, eine Perspektive. Hätte ich all ihre Eigenschaften, diesen eisernen Willen, dieses

Durchhaltevermögen, diese Kraft und diesen Mut – ich wäre der beste Fußballer der Welt gewesen. Ihre Tapferkeit, ihr Durchhaltevermögen und ihre Zuversicht sind vorbildlich.

Noch nie in meinem Leben habe ich einen Satz lieber gesagt. Einen Satz, der uns alle – glaube ich – sehr glücklich macht. Willkommen zurück, Monica Lierhaus!«

Dann war es endlich so weit. Freunde, die im Publikum saßen, erzählten mir hinterher, sie hätten alle den Atem angehalten, als ich mit Tippelschritten auf die Bühne kam. Vor allem für Jacqueline, die mich ja auch einen sehr langen Weg begleitet hatte, war das Ganze sehr emotional. Sie schwankte zwischen »Gleich heul ich« und »Gleich fällt sie hin«.

> Es war ein Hammerabend. Zu wissen, welche Schritte sie vollzogen hat bis zu diesem Moment zurück auf der Bühne. Als Günter Netzer bei seiner Rede einmal die Stimme fast gekippt ist, liefen mir nur noch die Tränen herunter. Als Monicas Name fiel, war um uns herum ein einziges Raunen. Man hat richtig gemerkt, wie die Spannung stieg, bis zu dem Augenblick, als sie herauskam. Danach war alles an Emotionen dabei. Applaus, Standing Ovations, Entsetzen, Tränen. Zu sehen, was die Krankheit aus ihr gemacht hat, war sicher nicht leicht auszuhalten. Für uns schon eher, schließlich wussten wir, von wo aus sie losmarschiert war. Am Mikro war sie dann wieder ganz Profi.

Es gab so viele Menschen, denen ich unglaublich viel zu verdanken hatte. Meinen Eltern und meiner Schwester, die mich zwei Jahre lang überallhin begleitet und fest an mich geglaubt haben, als alles verloren schien. Meiner Krankenschwester Jacqueline für ihre geduldige und humorvolle Betreuung. Meinen Therapeuten, die in den zwei Jahren nach dem Unglück mit mir gearbeitet haben. Meinen Freunden für ihre Unterstützung – sie haben mich schon in Allensbach besucht, und in Hamburg treffen wir uns einmal im Monat zu einem »Mädelsabend« bei mir. Das ist einfacher als in einer Kneipe, weil ich nicht so lange sitzen und so mich zwischendrin auch mal aufs Sofa verziehen kann. Unsere Runde ist für mich immer ein Lichtblick, vor allem, wenn wir nach dem Essen eine Runde Rommé spielen. Mit kleinen Plättchen, damit ich meine Finger trainiere. So macht mir Ergotherapie Spaß. Durch die Hintertür muss ich dabei auch Rechnen trainieren. Das ist nach wie vor eine Katastrophe, aber das war vorher auch schon so. Das war nichts, was ich allein auf die Krankheit schieben könnte.

Zum Abschluss sagte ich:»Es ist wirklich nicht einfach für mich, das alltägliche Leben wieder zu meistern, vieles wieder neu zu lernen. Und das Schlimmste ist, dass ich doch so ein ungeduldiger Mensch bin. Sie kennen ja vielleicht den Spruch: Der liebe Gott schenke mir Geduld, und am besten sofort.

So, das Wichtigste für mich ist nun, meine Eigenständigkeit und meine Unabhängigkeit wiederzuerlangen. Dafür kämpfe ich. Jeden Tag. Ab heute möchte ich wieder an meiner Zukunft arbeiten, mich engagieren und mir neue Aufgaben suchen. Sehr hart arbeite ich daran, irgendwann wieder vor der Kamera stehen zu können.«

8

Mein Held

Vor allem wollte ich mich bei Rolf bedanken. Er hat in dieser sehr schwierigen Zeit alles für mich getan. Ohne ihn hätte ich an jenem Abend nicht auf der Bühne gestanden. Ich wollte ihm einfach etwas zurückgeben. Dass es der falsche Rahmen war und die falsche Zeit, weiß ich inzwischen auch.

Was dann kam, hatte ich nur mit mir selbst ausgemacht. Es war mit niemandem abgesprochen, noch nicht einmal mit meiner Schwester. Ich denke, es war ein bisschen der Euphorie des Augenblicks geschuldet und ein bisschen vielleicht auch den Folgen meiner Erkrankung. Vor der Operation hätte ich mich nie zu diesem Schritt hinreißen lassen, wenigstens nicht an diesem Ort und zu dieser Zeit. Schwere Hirnverletzungen bleiben nicht ohne Auswirkungen. Eine davon ist, dass manche Hemmschwellen fallen, man direkter ist in dem, was man sagt oder tut, und auch nicht immer die Tragweite ermessen kann. Hätte ich sie ermessen können, hätte ich mich vielleicht trotzdem nicht anders entschieden. Es war ein sehr privater Moment, im Nachhinein ein zu privater. Aber für mich war es ein logischer Schritt, nach dem, was wir gemeinsam hinter uns gebracht hatten.

Ich bin wirklich fast in Ohnmacht gefallen, als sie zu Rolf gesagt hat: »Kommst du bitte mal?« Es war ja alles schon vorbei, sie hatte es geschafft, ihren Auftritt mit Bravour gemeistert. Im ersten Moment dachte ich, meine Schwester bittet ihn einfach nur nach vorne, um sich dann bei ihm einzuhaken und sich zu verabschieden. Beim nächsten Satz »Ich würde ja vor dir auf die Knie gehen, aber das fällt mir momentan ein wenig schwierig« war klar, wo die Reise hingehen würde.

Für mich war das ganz großes Kino, Hollywood. Ich fand das unglaublich toll und sehr, sehr romantisch. Auch weil ich wusste, was dahintersteckte, welchen Weg die beiden gegangen waren. Weil ich die ganze Geschichte dieser Liebe kannte und was sie nach fast zwölf tollen, unbeschwerten Jahren hatte aushalten müssen. Ich musste richtig lachen, als Hape Kerkeling hinterher sagte: »Mein Gott, wie soll ich jetzt nach diesem starken emotionalen Moment bloß wieder die Kurve zurück zur Moderation kriegen?«

Bevor all das passiert ist, war Rolf einer Hochzeit gegenüber immer aufgeschlossener gewesen als ich. Ich fand immer, es ist gut so, wie es ist. Daran wollte ich nicht rütteln. Wir brauchten den offiziellen Trauschein nicht, um zu wissen, dass wir zusammengehören. Und dass wir zusammengehörten, war irgendwie gesetzt, vom ersten Moment an.

Als ich in der Reha in Allensbach war und noch mit dem Sprechaufsatz kämpfte, hatten wir einmal ein – den Umständen entsprechend – intensives Gespräch über unsere Zukunft. Rolf sagte zu mir: »Ich möchte, dass wir zusammenbleiben. Bleibst du bei mir?«

Ich sagte: »Das ist ja wohl die falsche Frage. Die Frage ist doch, ob du jetzt bei mir bleibst, nach all dem, was geschehen ist.«

Rolf meinte: »Wir bleiben für immer zusammen.«

Worauf ich entgegnete, mit dem Wort »immer« sollte man vorsichtig umgehen.

Als ich das sagte, hatte ich keine Ahnung von den Statistiken. 98 Prozent der Paare, die um die vierzig herum so einen massiven Einschnitt erleben, trennen sich innerhalb der ersten sechs Monate. Ich bin fast vom Stuhl gefallen, als ich diese Zahlen einmal schwarz auf weiß vor mir sah. Rolf hatte von der Stunde null an bis jetzt – zwei Jahre später – einfach alles für mich, für unsere Liebe getan. Er hatte sein eigenes Leben hintangestellt, sich eine weitgehende Auszeit von seinem Beruf genommen, um mich während der Frühreha möglichst intensiv begleiten zu können. Er hatte immer fest daran geglaubt, dass ich zurückkommen würde. Ohne ihn wäre ich nicht so weit gekommen, ohne ihn hätte ich längst aufgegeben. Dafür war ich ihm unendlich dankbar. Nicht umsonst habe ich bei der *Goldenen Kamera* gesagt: »Du bist mein Held.«

Das war er wirklich, und das meinte ich von ganzem

Herzen. Wer unsere Geschichte bis heute verfolgt hat, weiß, dass wir es am Ende doch nicht geschafft haben. An dem Satz »Du bist mein Held« gibt es trotzdem nichts zu rütteln. Es ist nicht selbstverständlich, dass ein Partner sich so in den Dienst des anderen stellt. Wir alle wünschen uns das für unsere Beziehungen, erwarten das stillschweigend auch in gewisser Weise. Aber es ist immer einfacher, solche Erwartungen – oder Hoffnungen – bei einem Glas Wein am grünen Tisch zu formulieren, als ihnen gerecht zu werden, wenn es Spitz auf Knopf steht.

Zum Glück werden die wenigsten Beziehungen einer solchen schweren Bewährungsprobe unterzogen. Es reicht viel weniger, dass ein Partner in die Knie geht. Jeder hat andere Belastungsgrenzen, und wo diese Grenzen liegen, kann man vorher nie genau sagen. In solchen Extremsituationen lernt man nicht nur sich noch einmal ganz neu kennen, auch sein Umfeld. Und manchmal trennt sich dann »die Spreu vom Weizen«. Das ist in Beziehungen so, im Freundeskreis, selbst in Familien. Blut ist eben nicht immer dicker als Wasser. Manchmal sind in schweren Krisen Menschen für einen da, von denen man es nicht erwartet hätte. Weil die Bande vermeintlich lose waren. Andere, von denen man vielleicht gesagt hätte, »wir gehen durch dick und dünn«, knicken ein vor der Belastung, sind zu nah dran und wissen nicht, wie damit umgehen. Und man kann ihnen noch nicht einmal einen Vorwurf machen. Jeder hat sein Leben, muss seine ganz eigenen Probleme schultern, weshalb am Ende eben doch nicht alles so selbstverständlich ist, wie wir uns das wünschen. Ich hatte sehr, sehr großes Glück, dass ich diese Erfahrungen nicht machen musste. Dass ich Menschen um mich hatte, die alles für mich getan haben. Dass ich so viel Unterstützung erfahren habe, auch von Menschen, die ich gar nicht kannte. Die mir Briefe und E-Mails geschrieben und mir darin Mut gemacht haben. Dass Sportler und Kollegen mich nicht vergessen haben. Und dass ich so einen wunderbaren Lebensgefährten hatte.

In dem Fotobuch, das ich mit ins Krankenhaus genommen hatte, stand der Satz »In guten wie in schlechten Zeiten«. Diesen Satz hatten wir uns nie »offiziell« gegenseitig gesagt. Das brauchten wir aus meiner Sicht auch nicht. Ich hatte nie das Gefühl, dass das extra bestätigt werden müsste, so tief und vertraut war unsere Beziehung im Laufe der Jahre geworden.

Das Unglück hat das verändert. Nicht die Tiefe, nicht die Vertrautheit, nicht das Gefühl an sich. Aber wir waren in gewisser Weise nicht mehr auf Augenhöhe. In einem Interview hat Rolf einmal gesagt, es sei »*strange*«, einerseits noch mit demselben Menschen zusammen zu sein und andererseits auch wieder nicht. In der Reha sei der ganze Schutzpanzer weg gewesen, alle meine Mauern eingerissen, nur noch der pure Mensch. Wie geht man damit um, wenn einer mehr Schutz braucht als der andere? Bedürftiger ist, auch wenn ich das nie sein wollte? Und zwar auf eine nicht abzusehende lange Zeit.

In Beziehungen gibt es immer ein *up and down*, ein Wechselspiel zwischen stark und schwach. Ein Geben und Nehmen. Ich war durch das, was passiert ist, plötzlich in einer ganz anderen Rolle. Nicht nur ich musste das aushalten, auch meine Familie, auch mein Partner. Ein über die Jahre austariertes Gleichgewicht verschiebt sich, alles gerät aus den Fugen.

Rolf hat das ausgehalten. Mehr noch: Er ist mitgegangen, hat die Situation als Herausforderung angenommen und ist – das klingt jetzt vielleicht etwas komisch – daran gewachsen. Es ist erstaunlich, was ein Mensch leisten kann, wenn er in eine Extremsituation kommt. Nicht nur ich habe das erlebt, mein gesamtes Umfeld, mein Partner.

Genau dafür wollte ich ihm danken. In den Jahren davor wäre es für Rolf vielleicht das schönste Geschenk gewesen, hätte ich endlich »ja« gesagt. Ich hielt den Antrag für eine wunderbare Idee, weil es für mich die Möglichkeit war, meine Dankbarkeit zu zeigen. Es ging nicht um den Trauschein, sondern um diesen enorm großen Schritt, den ich damit vollzog. Es war der größtmögliche für mich, weil ich mein Privatleben bis dahin immer geschützt hatte.

Es war der falsche Ort und die falsche Zeit, das weiß ich inzwischen auch. Ich hatte mir im Vorfeld keine Gedanken darüber gemacht, wie das wohl beim Publikum ankommen würde. Und auch nicht darüber, dass Rolf in dieser Situation gar nicht anders konnte, als »ja« zu sagen. Er selbst hat es so verstanden, wie es in diesem Moment gemeint war. Wenngleich ihm die vielen Kameras und der Kniefall, den ich leider nicht selbst machen konnte, sicher nicht behagt haben.

> Eigentlich hatte ich Monica gar nicht auf die Bühne begleiten wollen; mir wäre es viel lieber gewesen, Eva hätte das übernommen. Aber sie hat sich mit Händen und Füßen dagegen gewehrt. Eine Talkshow, ja, das hätte sie sich noch vorstellen können, doch so ein großes Forum mit Millionen Zuschauern, das wollte sie nicht. Außerdem war ich nun

einmal Monicas Lebensgefährte und in dieser Rolle auch in den Medien präsent.

 Ich dachte natürlich, meine Aufgabe wäre damit zu Ende, dass ich Monica auf die Bühne begleite und nach der Preisübergabe von dort wieder weg. Klar war ich überrascht von dem, was dann passiert ist. Es ging ja auch alles so schnell, dass ich überhaupt keine Gelegenheit hatte nachzudenken. In diesem Moment gab es letztlich auch nichts, worüber ich hätte nachdenken können. Das kam erst hinterher. Ich kenne Monica lange genug, um zu verstehen, warum es dazu gekommen ist. Den Menschen im Publikum oder vor dem Fernseher fehlte dieser Hintergrund, niemand kannte unsere aus den Fugen geratene Welt.

 Das mag vielleicht ein wenig technisch klingen, aber: Beziehungen pendeln sich im Idealfall irgendwo in der Mitte ein; keiner ist auf einer Skala übermäßig im Plus, keiner im Minus. In den letzten zwei Jahren ist Monica aus ihrer Sicht tief ins Minus gerutscht. Weil sie nicht viel von dem tun konnte, was sie gerne tun würde. Und ich bin aus ihrer Sicht hoch ins Plus gerutscht. Das war eine Schieflage, die sie nicht gut aushalten konnte. Der Antrag war für sie ein Schritt, sozusagen mit Gewalt wieder in Richtung Plus zu kommen; indem sie mir das Maximale, was sie mir in diesem Augenblick anbieten konnte, auf dieser Bühne gegeben hat. Und genau so habe ich diesen Antrag auch verstanden.

—

Im Saal waren zunächst Schock und Ungläubigkeit die ersten Reaktionen gewesen, begleitet von viel Empathie. Der Schlussapplaus nach unserem Kuss war gelöst, sicher auf eine Art eine zweifache Befreiung. Anschließend gingen wir gemeinsam von der Bühne herunter und direkt zum Auto. Nach »groß Party machen« stand mir nach den vielen Stunden auf den Beinen nicht der Sinn. Auf dem Weg nach draußen begegneten wir Danny DeVito, der gerade vom Fotografen der *Goldenen Kamera* geknipst wurde. Er kam auf mich zu, sah mit seinen Knopfaugen zu mir nach oben und sagte: »*You've been fantastic. Great show.*«

Auf der Rückfahrt nach Hamburg trudelten die ersten Reaktionen ein. Anrufe, SMS, E-Mails, erste Pressemitteilungen – sie waren allesamt positiv. Es sei gut, dass ich wieder zurück sei, wenn auch ordentlich lädiert. Einige spekulierten per Ferndiagnose darüber, ob ich Beinschienen unter meinem Kleid getragen hätte. Wegen meines staksigen Gangs. Der kam aber nur daher, dass ich nicht lange auf einem Bein stehen kann. Also verkürze ich die Schrittlänge und kipple von rechts nach links. Das ist inzwischen schon viel besser geworden, aber mein Gangbild stört mich nach wie vor sehr. Die meisten hoben den enormen Mut hervor, den ich bewiesen hätte, mich so in aller Öffentlichkeit zu zeigen.

Tags darauf erschien die erste lange Geschichte seit dem Unglück in der *Bild am Sonntag*. Auch danach war alles noch so weit im Lot. Die kritischen Stimmen kamen erst mit Verzögerung. Ganz so, als müsste man sich als Journalist auch mal vom Tenor der Kollegen abheben und etwas Neues schreiben. Den Auftakt machte eine Woche später der *Spiegel*. »Anatomie eines Comebacks. Monica Lierhaus präsentiert sich und ihre Behinderung dort, wo sie ihre Zukunft sieht. Im Fernsehen. Wer hat hier wen instrumentalisiert?«[6] Einige Sätze aus diesem Artikel haben mich sehr getroffen. Zum Beispiel der, mein Zustand sei mein Kapital. Die Patientin Lierhaus sei eine größere Heldin, als es die Sportmoderatorin je gewesen sei. Was denken sich Leute, die so etwas schreiben? Auf dieses besondere »Kapital« hätte ich, weiß Gott, verzichten können.

Es hieß, mit meinem Auftritt sei ich im »Dschungelcamp der Realität angekommen«. Ich bin nicht auf diese Bühne gegangen, damit mich die Leute anstarren können wie ein seltsames Tier im Zoo. Sondern damit ich aus diesem Zoo, den ich im Alltag jeden verdammten Tag erlebte, endlich herauskam. Damit das Starren aufhörte. Es hieß auch, ich sei instrumentalisiert worden. Allen voran von meinem Partner, dem es nur darum gegangen sei, mich zu vermarkten. Monica 1 ist tot, mal sehen, was sich mit Monica 2 noch so reißen lässt. Über mich wurde geschrieben wie über ein Produkt, das man neu platzieren muss. Nicht wie über einen Menschen, der eine neue Aufgabe brauchte, um sich nicht aufzugeben. Dass ich diese neue Aufgabe bei der Deutschen Fernsehlotterie bekommen sollte, wurde ebenfalls berichtet. Und unterschwellig kritisiert, dass es zu einem sehr frühen Zeitpunkt bereits wieder um Jobs und Geld gegangen sei. Eine Art der Weichenstellung, die bei einem Menschen in meiner Lage offenbar nicht angemessen scheint.

97 Prozent der Menschen, die mit so schweren Schädigungen aufwachen wie ich, verbringen den Rest ihres

---

[6] Markus Brauck, Alexander Kühn, Martin Müller, Thomas Tuma: »Anatomie eines Comebacks«. In: *Der Spiegel* 7/2011.

Lebens in speziellen Einrichtungen. Ein Stück weit weggesperrt in Pflegeheimen am Rande der Gesellschaft, verborgen vor den Blicken der Öffentlichkeit. Man sieht sie kaum, schon gar nicht im Fernsehen. Und wenn überhaupt, dann nur für einen kurzen bejubelten Auftritt, bevor sie wieder im Kreis ihrer Lieben oder einer Therapieeinrichtung verschwinden.

Rolf und meine Familie haben immer daran geglaubt, dass ich ins Leben zurückkehren werde. Eines Tages möglicherweise auch ins Arbeitsleben. Vor dem Unglück war das Fernsehen mein Leben, vielleicht könnte es – in anderer Form – auch in Zukunft mein Leben sein. Vielleicht hätte ich Hörbücher machen können oder Radio, wenn sich herausgestellt hätte, dass ich zwar sprechen, mich aber nicht mehr bewegen kann. Bei all den Optionen, die in dieser Zeit durchgespielt wurden, ging es vor allem darum, wie ich emotional und körperlich weiterkommen könnte. Wie man verhindern konnte, dass ich stagniere. Wie man ein bisschen Licht in diesen stockdunklen Tunnel hineinbringen konnte.

Das Traurige war, dass bei der nun folgenden Welle an negativen Berichten die Dinge gewaltig durcheinandergingen. Aufhänger waren wahlweise die »Instrumentalisierung« und »Vermarktung« oder aber der Heiratsantrag. Eine »normale« Frau, die ihrem Lebensgefährten einen Antrag macht, das kennt man tatsächlich aus Hollywood. Bei einer wie mir, die das Publikum schon auf die Probe gestellt hatte, indem sie überhaupt in diesem Zustand auf der Bühne erschienen war, war das ein zusätzlicher Brocken. Sollte man das nun toll finden oder peinlich berührt sein?

Peinlich berührt war man wohl deshalb, dass eben

nicht die Sportjournalistin Monica Lierhaus eine solche Liebeserklärung abgegeben hatte, sondern eine Frau, die nicht länger der Norm entsprach. Wenn wir den Fernseher einschalten, erwarten wir schöne Menschen mit vielen Talenten. Nicht einen Auftritt, an dem wir knabbern müssen, der uns Unbehagen einflößt. Warum eigentlich?

Ich wurde konfrontiert mit Fragen wie: Muss das sein? Wie kann sie so etwas tun? Und wie kommt sie überhaupt auf die Idee, wieder in ihrem alten Beruf arbeiten zu wollen? Aber auch: Warum setzt sie sich dem aus? Als wäre ich manipuliert und auf die Bühne gezerrt worden.

Vielleicht war mit der letzten Frage auch eher gemeint: Müssen *wir* uns dem eigentlich aussetzen? Eine der Schlagzeilen lautete denn auch: »Wie viel Versehrtheit vertragen wir?« Im Text war von »Beklemmung« die Rede, die im Saal spürbar gewesen sei. Und die in meinem Heiratsantrag den Höhepunkt erreicht hätte. Diese Art der Beklemmung kann ich im Nachhinein verstehen. Aber auch nur diese.

Nicht verstehen konnte ich die Kritik daran, dass ich das Fernsehen als Forum für meine Rückkehr in die Öffentlichkeit gewählt hatte. Walter Kohl, der Sohn des ehemaligen Bundeskanzlers, hat in einer Talkshow, in der wir gemeinsam waren, Jahre später dazu gesagt, dass die Dinge dort geheilt werden müssen, wo sie passiert sind. Ich denke, das ist ein sehr richtiger Satz.

Und so brachte es eine Journalistin des *SZ-Magazins*, die mich viel später, kurz vor der WM in Brasilien, interviewte, auf den Punkt: »Was soll Monica Lierhaus auch sonst machen? Sich den Menschen nicht zumuten, weil ihr Zustand sie verstört? Zu Hause bleiben, dezent, im Kreis ihrer Lieben? Kerzen drehen in einer

Behindertenwerkstatt? Sie will möglichst nah an das zurück, was sie vorher war. Weil sie ein Ziel braucht, um jeden dieser Tage zu schaffen. Und das ist mehr als legitim.«[7]

---

[7] Gabriela Herpell: »Zweite Halbzeit«. In: *SZ-Magazin 23*, 6. Juni 2014.

9

Arbeit ist die beste Therapie

Monica Lierhaus ist authentisch mit ihrer persönlichen Lebensgeschichte. Ich glaube, dass sie bei den Menschen deshalb auch ankommen wird und uns bei unseren verschiedenen Anliegen als soziale Lotterie unterstützen kann.

Christian Kipper, Geschäftsführer der Deutschen Fernsehlotterie[8] (2011)

Zwei Jahre, vier Monate und sechzehn Tage nach meinem letzten Arbeitstag bei der *Sportschau* stand ich wieder in einem TV-Studio. Abgedreht wurde ein Trailer, in dem ich mich und meine neue Aufgabe kurz vorstellte. In die Kamera sagte ich: »Ich möchte weitergeben, was

---

8 Im Mai 2012 wurde aus der ARD-Fernsehlotterie »Ein Platz an der Sonne« die Deutsche Fernsehlotterie.

ich selbst bekommen habe. Neuen Lebensmut. Und ich möchte vielen Menschen zu einem Platz an der Sonne verhelfen. Das ist meine neue Lebensaufgabe.«

Auf diese neue Aufgabe hatte ich mich sehr gefreut. Jeder hatte bei der *Goldenen Kamera* sehen können, dass eine Rückkehr zur *Sportschau* vorerst nicht möglich sein würde. Ich war dankbar, dass mein Platz dort so lange offengehalten worden war und der Programmdirektor Volker Herres diese Möglichkeit auch für die Zukunft nicht ausschließen wollte: »Wann immer es so weit ist, dass sie in den Sport zurückkehren kann, wird ein Platz im Team des ARD Sports für sie frei sein.« Dass ich diese Rückendeckung hatte, dass man dort an mich glaubte, hat mich motiviert und mir Halt gegeben. Nun also sollte ich die neue Botschafterin der ARD-Fernsehlotterie *Ein Platz an der Sonne* werden, wie sie damals noch hieß.

Die Bekanntgabe meines Engagements war eigentlich für den Mai 2011 geplant. Öffentlich wurde sie viel früher; der *Spiegel* hatte in jenem Artikel über die »Anatomie meines Comebacks« bereits über Unmut hinter den Kulissen spekuliert. Ausgelöst davon, dass ich für meine Rückkehr eine Sendung beim ZDF gewählt hatte und nicht bei meinem »Haussender«. Möglicherweise habe sich die ARD deshalb im Hintertreffen gefühlt und mit der Bekanntgabe der Neuigkeit nicht länger warten wollen.

Für den *Spiegel* war die Tatsache, dass ich überhaupt die neue Botschafterin der Fernsehlotterie werden sollte, ein ausreichender Beleg dafür, dass Kapital aus meiner Situation geschlagen werden sollte. Es ging nicht darum, dass ich das Anliegen der Sendung als Betroffene glaubwürdig vertreten könnte, sondern nur um das »spektakuläre Finale« einer Inszenierung. Es ging nicht um Würde und eine geeignete Aufgabe, sondern allein um Geld. Das Magazin glaubte auch zu wissen, um welche Summe es sich dabei handelte.

Noch bevor ich meine Arbeit überhaupt aufgenommen hatte, hagelte es Kritik. Das hat mich sehr verletzt. Seit mehr als 55 Jahren hilft die Deutsche Fernsehlotterie. Wer mitspielt, tut Gutes und kann auch selbst gewinnen. 66 Millionen Euro wurden allein 2010 für soziale Projekte eingespielt. Nach der Kritik, die nach dem *Spiegel*-Artikel nicht nur auf mich einprasselte, geriet die Lotterie unter Rechtfertigungsdruck. Der Sprecher der Fernsehlotterie sagte: »Wir sind keine reine Spendenorganisation, sondern wir sind erst einmal ein Wirtschaftsunternehmen, das Lose verkauft, das Lose vermarkten muss.« Deshalb arbeitet die Fernsehlotterie seit mehr als 55 Jahren mit Botschaftern. Und seit mehr als 55 Jahren erhalten diese Botschafter dafür eine Gegenleistung. Über die Höhe dieser Gegenleistung war nie ein Wort verloren worden. Weder über das Honorar meines Vorgängers noch über das der prominenten Kollegen bei der ZDF-Lotterie *Aktion Mensch*. Wenn überhaupt, hörte man, die Honorierung sei »marktüblich«, dem Status und der Bekanntheit der Botschafter entsprechend. Punkt.

In meinem Fall war das anders. Auf einmal stand eine Summe im Raum, die weder ich je bestätigt habe noch die Lotterie. Als wir uns auf eine Zusammenarbeit geeinigt hatten, die Eckdaten klar waren, habe ich sie nicht hinterfragt. Auch weil ich davon ausgehen konnte, dass meine Kollegen ähnliche Angebote bekommen hatten. Niemand hatte sich je darüber kritisch geäußert.

Ich war 38, als ich aus meinem alten Leben geschossen wurde. Ich wollte arbeiten, und ich muss auch arbeiten. Ich kann nicht sagen, ich lege meine Hände in den Schoß, wird schon irgendwie werden. Ob die Beträge, die Prominente für Werbeauftritte oder einzelne Sendungen bekommen, gerechtfertigt sind oder nicht, darüber kann man sicher streiten. Ebenso könnte man über Gehälter in manchen Sportarten streiten. Für einen »Normalverdiener« sind das absurde Summen. Der Sprecher der Fernsehlotterie meinte zu diesen Vorwürfen in einer Stellungnahme: »Es ist selbstverständlich nachvollziehbar, dass Honorare von Prominenten, insbesondere im direkten Vergleich zu Renten oder niedrigen Einkommen, eine Schieflage beschreiben.« Das ist sicher richtig. Nur: Für diese Schieflage kann ich nichts. Trotzdem wurde die Debatte auf meinem Rücken ausgetragen, trotzdem wurde ich zur Zielscheibe des öffentlichen Zorns.

Das Bittere dabei war, dass ich nicht nur an den Pranger gestellt wurde, sondern dass das Ganze noch verknüpft wurde: mit meiner Krankheit und mit meinen Defiziten. Nach dem Motto, eine Behinderte ist das nicht wert. Die kann gar nicht so viel leisten, als dass eine solche Summe auch nur annähernd gerechtfertigt wäre. Das war das Zynische an der Diskussion, aber eben nicht nur.

Es war das zweite Mal, dass ich im Zentrum einer solchen Diskussion stand. Diesmal allerdings unter ganz anderen Voraussetzungen. Als mein Vertrag für die *Sportschau* verlängert wurde, waren schon einmal durch den *Spiegel* Details nach außen gedrungen. Der Tenor damals: Ist die wirklich so viel wert? Niemand ergänzte die Frage um den Zusatz »... wie ihre männlichen Kollegen?«. Dass ich lediglich »gleichgestellt« worden war, war überhaupt kein Thema. Über die Gehälter meiner männlichen Kollegen war seltsamerweise auch nie etwas an die Öffentlichkeit gelangt. Damals wurde nur ich als Frau, als Journalistin, in der Männerdomäne Sport bewertet: warum eigentlich?

Und jetzt? Wurde ich in den sozialen Medien extrem verunglimpft und aufs Übelste beschimpft. So etwas tut weh. Man könnte sagen, egal, in solchen Foren wird nun einmal viel Müll verbreitet. Aber auch die seriösen Medien haben zum Teil mitgemacht bei dieser Verknüpfung von »Wert« und »Behinderung«. Sie haben einfach draufgehauen, davon gesprochen, dass die Lotterie offenbar so etwas sei wie die »Versorgungsstation« für »Ex-Talente« der ARD. Dass die Lotterie mit dem Sender an sich nichts zu tun hat – egal. Dass Lotterie-Botschafter weder aus Fernsehgebühren noch aus Spendengeldern bezahlt werden, sondern aus dem Werbeetat – egal. Dass ich nichts anderes getan habe als meine Kollegen und Vorgänger auch, nämlich ein Angebot angenommen habe – egal.

Woran bemisst sich der Wert eines Menschen? Für die Lotterie hat er sich im Moment meines Engagements daran bemessen, dass ich mit meiner Geschichte eine glaubwürdige Botschafterin bin. Inklusion ist ein Thema, nicht nur an Schulen und Kindergärten. Das Fernsehen hinkt ein bisschen hinterher, was die Präsenz von Menschen mit Einschränkungen angeht. Ein Format wie *Ein Platz an der Sonne* ist der perfekte Rahmen für »gelebte Inklusion« im Fernsehen. Es war eine Chance für beide Seiten. Ich hatte wieder eine Aufgabe und konnte anderen Betroffenen damit Mut machen, dass es weitergeht. Dass man mit Defiziten, die in meinem Fall vor allem am Anfang für jeden deutlich erkennbar waren, trotzdem einen sichtbaren Platz in der Gesellschaft einnehmen kann! Umgekehrt hat sich die Fernsehlotterie erhofft, dass ich mit meinem Bekanntheitsgrad dabei helfen kann, dass sich noch mehr Menschen engagieren. Durch die Veröffentlichung meines angeblichen Gehalts ist viel Gutes zunichtegemacht worden.

—

Auch wenn der Auftakt zu meiner neuen Aufgabe alles andere als gelungen war, wollte ich all meine Kraft dafür aufwenden, um sie gut zu machen. Ich hatte einen Vertrag bis 2013, der verschiedene Aufgaben umfasste: Dienstags und donnerstags sollte ich in den Spots der Lotterie zu sehen sein, sonntags die Bekanntgabe der Wochengewinner moderieren, kurz vor der *Lindenstraße* und noch einmal vor der *Tagesschau*. Dazu würden regelmäßige Besuche als Reporterin in Einrichtungen und Sozialprojekten in ganz Deutschland kommen, die von der Lotterie unterstützt werden. Außerdem sollte es längere Beiträge zu den großen Vierteljahres-Verlosungen geben. Oder zu Sonderaktionen wie *Hörer helfen Hörern* von Radio Hamburg und anderen Sendern. Bei solchen Aktionen ging es zum Beispiel darum, Kindern aus sozial schwachen Familien einen Urlaub zu ermöglichen, einen Besuch im Fußballstadion oder Ähnliches. Mit einer Gruppe Jugendlicher war ich einmal im Stadion am Millerntor, St. Pauli gegen die Bayern. Die Hamburger kassierten eine 1:8-Klatsche, aber für die Kids war es trotzdem ein Erlebnis.

Vor allem die Patenschaft für diese Projekte war eine Aufgabe, die mich besonders in den ersten Monaten sehr gefordert, mir aber auch unglaublich viel Freude bereitet hat. Ich musste ja funktionieren, konzentriert sein, wenn jemand spontan auf mich zuging. Ich wollte präsent sein, auch wenn viele Reize auf mich einprasselten. Die Menschen, denen ich begegnete, sind offen und geduldig auf mich zugegangen. Ich weiß noch, dass der erste Außentermin in einer Einrichtung für junge Mütter in Hamburg-Boberg stattfand. Kaum eine von ihnen kannte mich, auch weil Sport nicht gerade weit oben auf deren Interessiert-mich-Liste stand. Für mich war das ganz gut, weil niemand mir gegenüber befangen war. Kein »Oh Gott, das ist ja die Lierhaus, was ist denn mit der passiert?«. Kein Vergleichen von vorher-nachher, kein Werten, einfach nur eine gewisse Neugier auf den Menschen, der da vor ihnen stand und Fragen stellte.

Meine Besuche in solchen Einrichtungen wurden gefilmt und dann während der Bekanntgabe der Wochengewinner eingespielt. Das war eine Neuerung, mit der die Lotterie zeigen wollte, welche Projekte unterstützt wurden. Mit der sie Menschen ein Gesicht geben wollte, die Hilfe brauchten.

Die Drehs bei diesen Außenterminen waren eine ganz andere Situation als im Studio, wenn die Bekanntgabe der Wochengewinner aufgezeichnet wurde. Die Gewinnzahlen wurden jeweils für sechs Wochen im Voraus gezogen. Was bedeutete, dass ich an einem Tag sechs »Takes« hatte. Sechs verschiedene Outfits, sechsmal Maske, sechs verschiedene Texte, sechsmal wechselnder Hintergrund im Studio. Lange Konzentrationsphasen, dazwischen warten, eine Position finden, in der der Rücken nicht irgendwann komplett streikte. Wiederholungen, weil ich mich versprochen hatte oder weil ich selbst nicht zufrieden war, obwohl alle anderen sagten, die Aufnahme sei doch gut.

Im Studio kam die alte Perfektionistin in mir noch einmal viel stärker durch. Gut war nicht gut genug, mein

Kopf wollte viel mehr als das, wozu mein Körper in der Lage war. Weil meine Mimik und meine Sprache am Anfang sehr monoton waren, habe ich noch mehr Sprachunterricht genommen als vorher schon. Ich bin vor dem ersten Dreh sogar noch einmal nach Allensbach gefahren, für drei Wochen, um dort gezielt mit der Sprachtherapeutin zu arbeiten. Mit einem speziellen Monitor wurde alles aufgezeichnet: die Sprachmelodie, die Betonung, die Pausen, der Druck, den ich mit der Stimme ausübte. Der Standardsatz meiner Logopädin war: »Langsam, langsam, wir sind doch nicht auf der Jagd.«

Bevor ich die Texte für meine Moderation mit ihr Zeile für Zeile übte, immer wieder von vorn, musste ich die einzelnen Sätze erst summen. Die Stimmbänder sollten warm werden, der Druck dadurch geringer, der ganze Ausdruck weicher. Das hat nicht immer funktioniert. »Mega-Los«, »Jetzt auch als App fürs iPhone« oder »Wir heißen Sie herzlich willkommen bei der Fernsehlotterie am Maifeiertag« waren sehr mühsam. Aber ich habe mich durchgebissen, bis ich sie fehlerfrei und mit der richtigen Betonung sagen konnte.

Als ich mich dann zum ersten Mal »on air« an einem Sonntag wieder auf dem Bildschirm sah, hat mich das zusätzlich gepusht. Ich war unzufrieden mit dem Ergebnis. Alles, auch meine Ausstrahlung, wirkte noch sehr angestrengt. Man konnte mir ansehen, welche Mühe und Konzentration ich aufwenden musste. Wie roboterhaft ich wirkte, wie »heruntergespult« meine Sätze klangen. Meine Logopädin hat mir immer wieder gesagt, das sei normal. Wer nach einem solchen Schlag das Sprechen erst wieder lernen müsse, habe nun einmal auch Probleme damit, Emotionen in die Sprache hineinzulegen. Auch das haben wir sehr intensiv geübt.

Wenn man die einzelnen Wochenziehungen von 2011 bis 2013 in einem Zusammenschnitt hintereinander abspielt, sieht man, wie groß die Fortschritte waren. Wie es immer noch ein Stückchen weiterging. Als ich mittendrin steckte, habe ich davon wenig gesehen. Sondern nur das, was eben noch besser gehen sollte, besser gehen musste.

Die Ärzte in Allensbach hatten am Ende meiner Reha gesagt, die »Skala« sei nach oben offen, wobei niemand genau sagen könne, bei wie viel Prozent Schluss sei. Jeder Krankheitsverlauf sei anders, jeder Patient sei anders. Ich könne stolz sein auf das, was ich erreicht hätte. Das bin ich auch, wobei ich »stolz« als Wort in diesem Zusammenhang nicht verwenden würde. Ich weiß, was ich selbst und mein ganzes Umfeld dafür getan haben. Meine Mutter hat einmal gesagt: »Hätten wir gewusst, wie lange das dauert und dass es bis heute andauert, wir wären darüber verzweifelt.«

Ich bin darüber verzweifelt, immer wieder; und immer wieder habe ich mir gesagt, es bringt ja nichts, es muss ja weitergehen. Ich weiß allerdings nicht, ob ich die Kraft und Disziplin über einen so langen Zeitraum aufgebracht hätte, wenn ich die Unterstützung meiner Familie nicht gehabt hätte. Wenn sie nicht so bedingungslos an mich geglaubt hätte. Und wenn ich nicht immer wieder ein Ziel gehabt hätte, für das es sich zu kämpfen lohnt. Meine Aufgabe bei der Fernsehlotterie war eine, für die es sich gelohnt hat.

Auch weil die zweieinhalb Jahre bis zur letzten Sendung am 29. Dezember 2013 nicht nur überschattet waren von Kritik. Ich bekam Zigtausende Mails und Zuschriften von Menschen, die sich bedankt haben. Dafür, dass ich mit meiner Krankheit an die Öffentlichkeit gegangen und für Menschen eingetreten bin, die vom Schicksal nicht begünstigt worden sind. Ihnen bin ich in dieser Zeit begegnet – in Hospizen, in Entzugskliniken, in Pflegeheimen oder speziellen Wohngruppen. Diese Besuche in den geförderten Projekten haben mich sehr berührt. Die Arbeit, die die Menschen dort leisten und die durch die Fernsehlotterie unterstützt und oft erst möglich wird, ist wahnsinnig wichtig. Ich bin froh, dass ich bis zum Auslaufen meines Vertrages Teil dieser Familie sein durfte. Und dass ich damit eine Aufgabe gehabt hatte, die ich einfach nur gut hatte machen wollen.

10

Wer nach den Sternen greift ...

Man muss sich mal vorstellen, dass sie vor vier Jahren nicht laufen, nicht sprechen, fast nicht denken konnte. Wie sie jetzt drauf ist, das ist noch mal ein Quantensprung zur Goldenen Kamera. Das ist das Schönste an unserem gemeinsamen Projekt bei Sky.

Dominik Böhner, Sky-TV

... wird niemals mit einer Hand voll Dreck enden. Diesen Satz hat unser Vater immer gerne zitiert, wenn er uns anspornen wollte. Er hatte überhaupt jede Menge Sprüche für alle Lebenslagen parat, aber dieser hatte für mich immer eine besondere Bedeutung.

Im Frühjahr 2010 griff ich nach dem für mich in diesem Moment wohl größten denkbaren Stern. Ich saß mit Joachim Löw auf dem Sofa in meiner Dachwohnung an der Nordsee. Er war auf eine Tasse Kaffee vorbeigekommen, um sich zu erkundigen, wie es mir geht. Es dauerte nicht lange, bis wir bei unserem Lieblingsthema landeten – Fußball. Wir sprachen über seinen Traum, den Weltmeistertitel nach 1990 endlich wieder nach Deutschland zu holen. Über die viele Arbeit, die in diesem Projekt steckte, das er vor vielen Jahren, damals noch gemeinsam mit Jürgen Klinsmann, in Angriff genommen hatte. Wie knapp waren sie davor gewesen, 2006 im eigenen Land, wie grandios haben sie damals gespielt, es war einfach berauschend. 4:2 beim Auftakt gegen Costa Rica, 3:0 gegen Ecuador, später dann 2:0 gegen Schweden und schließlich 4:2 nach dem Elfmeterkrimi gegen Argentinien. Wie unglaublich groß war die Freude der Menschen darüber gewesen, wie sich das Team, die Fans und das ganze Land damals präsentierten. Die Feier vor dem Brandenburger Tor, die ich mit Johannes B. Kerner moderierte, war sicher auch eines der schönsten Erlebnisse meiner Karriere. Nicht nur, weil es den Jungs nicht gelungen ist, mir eine ordentliche Bierdusche zu verpassen.

Danach hatte es Phasen mit eher schwächeren Länderspielen gegeben, auch Kritik an der Auswahl der Spieler, die mal zu alt waren, mal zu jung. Der Sport hat manchmal ein schlechtes Gedächtnis; und Rückschläge gehören dazu. Aber wenn man kein Ziel hat, auf das man langfristig hinarbeiten kann, geht man gar nicht erst los. Wir sprachen an jenem Nachmittag darüber, wie wichtig solche Ziele sind. Darüber, dass man unbeirrt an seinen Weg glauben muss, auch wenn er noch so lang und mühsam erscheinen mag. Weiter, immer weiter.

Mit diesem »Immer weiter« hatte ich zu dieser Zeit meine Probleme. Ich war noch sehr desolat, trotz der monatelangen Reha, trotz meiner regelmäßigen Besuche in der Tagesklinik, trotz der vielen Therapien, denen ich mich darüber hinaus unterzog. An manchen Tagen kam ich vor Schmerzen kaum aus dem Bett, jeder Schritt war eine Qual. Ich war mal wieder antriebslos, verzweifelt, dass alles so langsam ging. Ich mochte das Bild nicht, das mich morgens aus dem Spiegel anstarrte – gezeichnet, mit dieser steilen Falte auf der Stirn, verletzlich, verletzt. So wollte ich nicht sein. Und ich wollte auch nicht, dass mich andere so wahrnahmen. So weit entfernt von dem, wie ich einmal war. Die Mimik starr, die Bewegungen noch ziemlich unkontrolliert, der Gang von rechts nach links schwankend, mit stakkatoartigen Tippelschritten. In Allensbach hatte meine Familie dafür ein geflügeltes Wort: Heute wieder sehr viel »Jim-Knopf« steht in unzähligen Einträgen im Tagebuch. Weil ich bei meinen Gehversuchen anfangs das Gewicht immer nach hinten verlagerte, den Bauch herausstreckte und die Knie so hochriss, wie eine Marionette. Das war ein Bild, mit dem ich etwas anfangen, das ich gedanklich gut übersetzen konnte. Hätten sie mir nur gesagt, lass die Knie unten, hätte es vermutlich nicht geklappt.

Solange ich saß, merkte man von Jim Knopf wenigstens nichts. Wenn ich aufstehen musste, waren die Defizite sofort sichtbar. Das Ruckeln mit dem Oberkörper, um Schwung zu holen, das Schießen nach oben während des Aufstehens, oft mit solcher Vehemenz, dass ich nicht abbremsen konnte und vornüberkippte. Das Hinsetzen ein mühsames Herantasten an die Stuhlkante, dann ein einziges Plumpsen, hinein in einen Berg von Kissen, ohne den ich kaum ein paar Minuten sitzen konnte. Es machte mich wahnsinnig, dass mein Körper nicht in der Lage war, das zu tun, was ich wollte.

Ich hatte enorme Fortschritte gemacht, entgegen allen

Prognosen. Aber ich konnte diese Etappenziele, die ich erreicht hatte, nicht immer schätzen. Manchmal denke ich, es ist schade, dass ich mich über meine Fortschritte so wenig freuen kann. Das hat nichts mit Undankbarkeit zu tun, sondern damit, wie ich nun einmal gestrickt bin.

Ich war immer eine Perfektionistin, und das bin ich heute noch. Den Maßstab, den ich an mich angelegt habe, habe ich auch an andere angelegt. Wenn das Licht im Studio nicht passte oder irgendjemand aus meiner Sicht schlecht vorbereitet war, konnte ich ziemlich ungehalten werden. Wenn meine Mutter glaubte, ich würde mich mal wieder zu sehr in etwas hineinschrauben, hat sie manchmal zu mir gesagt: »Denk dran – perfekte Frauen respektiert man, aber man liebt sie nicht.« Für den Perfektionismus bin ich früher tatsächlich ab und zu kritisiert worden. Weil ich mich zum Beispiel nie versprochen habe. Oder weil die Überleitungen von der Anmoderation zum Beitrag immer glattgelaufen sind. Inzwischen bin ich da viel gnädiger geworden, zumindest, was andere Menschen angeht. Nur mit der Freude klappt es immer noch nicht so. Freude über etwas, das man erreicht hat, kann einem sehr viel Kraft geben, die nächsten Schritte in Angriff zu nehmen. Bei mir ist es eher eine Art von negativer Energie, die mich antreibt. Nach dem Motto: Das war jetzt nicht so schlecht, doch es könnte noch besser sein. Die Messlatte liegt immer ganz oben, und deswegen fällt es mir schwer loszulassen. So funktioniere ich nun mal, das war immer schon so.

Deshalb verbuche ich auch alles, was ich in den vergangenen Jahren seit dem Unglück geschafft habe, auf das Konto »selbstverständlich«. Weil es ein Schritt zurück ist in die Normalität. Ich kann das nicht als Extraleistung sehen, wie bei einem Artisten, der plötzlich mit fünf Bällen jonglieren kann, nicht mehr nur mit dreien. Auch, weil es eben um alltägliche Dinge geht, die einmal ohne Nachdenken und ohne Anstrengung funktioniert haben. Wenn meine Mutter zu mir sagt: »Monica, ist es nicht toll, dass du wieder alleine einkaufen gehen kannst«, denke ich sofort: Hmhm. Und wenn ich jetzt noch den Chip in den Wagen bekommen würde, ohne dass er mir dreimal hinunterfällt ... Oder die EC-Karte mit dem Magnetstreifen richtig herum in das Lesegerät, ohne dass sich hinter mir eine lange Schlange bildet ... Das sind Dinge, da kann ich nicht aus meiner Haut.

Meine Schwester Eva tickt da ganz anders. Sie sagt immer: »Du musst auch einmal das Niveau sehen, auf dem du dich heute schon bewegst. Du darfst nicht vergessen, wo du herkommst, wo dein Weg nach der Operation angefangen hat. Du warst halbtot!«

Vorher, nachher. Ich weiß, dass es so ist, trotzdem kann ich diese Unterteilung für mich nicht annehmen. Auch wenn ich nicht jeden Tag die Kraft habe weiterzukämpfen, manchmal auch den Mut verliere, marschiere ich doch weiter. Weil ich ein Ziel habe.

In Allensbach war, wie gesagt, mein Ziel gewesen, auf meinen eigenen Beinen aus der Reha zu gehen, obwohl mir die meisten Ärzte ein Leben im Rollstuhl vorausgesagt hatten. Danach war es um das Bewältigen der einfachsten alltäglichen Dinge gegangen. Jetzt war ich in einer Phase, in der die täglichen Rehaeinheiten qualvoller geworden waren. Weil die Fortschritte nicht mehr schubweise kamen, sondern in kleinen und kleinsten Schritten. Ich brauchte ein neues Ziel. Im Hinterkopf hatte ich immer meinen Traum: Eines Tages wieder zurück ins Berufsleben, zurück zur *Sportschau*. Dafür würde ich kämpfen, jeden Tag. Der größte Traum von allen wäre es, bei der Weltmeisterschaft 2014 dabei zu sein – und zwar nicht als Touristin, sondern in meinem Job als Journalistin. Und dann vom Finale berichten zu können, am besten von einem Finale mit deutscher Beteiligung.

Genau das sagte ich im Februar 2010 zu Joachim Löw, als wir über Träume und Ziele sprachen. In meinem Zustand von Brasilien zu reden, noch dazu von einer Rückkehr zu meiner Arbeit, das mag völlig absurd geklungen haben. Nach dem Motto: Jetzt spinnt sie total! Zum allerersten Mal hatte ich dieses Ziel in Allensbach ausgegeben, in einer Phase, in der noch nicht klar war, wie sich meine Lebensfähigkeit entwickeln würde. Die Therapeuten wussten, wie wichtig Ziele für ihre Patienten sind. Aus meinem haben sie ein ganz besonderes Abschiedsgeschenk gemacht: Ich bekam ein T-Shirt, das mir viel zu groß war, in den brasilianischen Farben Gelb und Grün. Ein Fußballtrikot mit meinem Namen drauf und der Rückennummer 2014.

Ich habe dieses sehr hoch gesteckte Ziel gebraucht. Für mich war das, wie den Mount Everest zu erklimmen. Es gibt Menschen, die angesichts eines solchen Vorhabens nur diesen gewaltigen Berg vor sich sehen. Die Angst bekommen vor den vielen Schritten und Serpentinen bis zum Gipfel und dann gar nicht erst loslaufen. Ich hätte es mir nie verziehen, wäre ich im Basislager sitzen geblieben, auch wenn die Chance auf den Gipfel nicht besonders groß war.

Der Bundestrainer sah mich einen Moment verblüfft an, dann sagte er: »Also wenn Sie es zurück in Ihren Job und zur WM 2014 schaffen, dann müssen wir es auch nach Rio schaffen. Und dann gebe ich Ihnen dort nach dem Finale ein Interview. Versprochen!«

—

Auch wenn das Interview damit »ausgemachte« Sache war – ob es je dazu kommen würde, stand in den Sternen. Nicht nur was den Erfolg der deutschen Mannschaft angehen würde. Noch nie hatte eine europäische Mannschaft auf dem amerikanischen Doppelkontinent einen Titel gewonnen. Das heftige Klima, die gewaltigen Distanzen im Land zwischen den einzelnen Spielstätten, die ganz besondere Stimmung der Fans. Ein bisschen würde es auch vom Losglück abhängen und von der Wahl des Quartiers. Das Losglück war in der Vergangenheit meist auf der Seite der Deutschen gewesen. Aber, wie der Bundestrainer immer wieder betonte, das Niveau der einzelnen Teams war weitgehend ausgeglichen, und wer sich qualifiziert hatte, war ohnehin kein Fußballzwerg mehr. Bis zum Finale in Rio de Janeiro im Juli 2014 war es auch für die deutsche Mannschaft noch ein weiter Weg.

Ich selbst schaffte zwei Jahre später tatsächlich einen Riesenschritt zurück in mein altes Leben. Seit dem 24. April 2012 arbeite ich wieder als Journalistin. Anlass war die bevorstehende Fußball-Europameisterschaft in Polen und der Ukraine. Die *Sport Bild* hatte mir die Chance gegeben, endlich wieder über Fußball berichten zu können. In Berlin traf ich den Bundestrainer für ein 45-minütiges Interview, das in der nächsten Ausgabe abgedruckt wurde. Es war für mich eine unheimliche Motivation.

Die Redaktion der *Sport Bild* hatte nach einem Treffen

mit mir in Hamburg grünes Licht für eine Zusammenarbeit gegeben, das Interview mit Löw bildete den Auftakt für eine ganze Reihe. Es folgten Franziska van Almsick, Jürgen Klopp, Günter Netzer und Matthias Sammer. Das Interview mit dem Sportvorstand des FC Bayern München war das erste, zu dem ich ohne Begleitung reiste. Auch wieder so eine Selbstverständlichkeit, die längst keine mehr war. Ich fuhr morgens in aller Frühe los zum Flughafen, dann weiter quer durch München zum Vereinsgelände, wo das Interview stattfand. Gegen Abend ging es dann zurück zum Flughafen. Das war für mich ein Wahnsinnspensum, ich hätte völlig gerädert sein müssen, aber ich war einfach nur happy. Richtig beseelt.

> Kaum hatte sie ihre Tasche oben abgestellt, kam sie auch schon runter zu uns in die Wohnung. Es war schon ziemlich spät, aber sie war einfach nicht kaputtzukriegen, hat geredet wie ein Wasserfall. Es war großartig, zu sehen, was für ein enormer Schub diese Reise nach München war. Wir waren heilfroh, dass alles problemlos geklappt hatte – und sie so aufgekratzt zu erleben, so glücklich, dass meine Schwester wieder das machte, was sie kann, wofür sie immer gelebt hat, das war phantastisch. Ich habe eine Flasche Sekt aus dem Kühlschrank geholt, und wir haben angestoßen: auf einen Tag seit langem, an dem einfach nur alles gut gewesen war.

Zwei Jahre später kam dann das nächste »große Comeback«, wie die Zeitungen schrieben. Zurück auf den Bildschirm, für *Sky Sport News*. Der Stern, nach dem ich gegriffen hatte, rückte näher. Für den Sender sollte ich eine Interviewreihe führen, die einige Monate vor der Weltmeisterschaft beginnen sollte. Und zwar wieder mit Joachim Löw.

Einige der Kollegen, mit denen ich nun zusammenarbeiten sollte, kannte ich noch von früher, aus meiner Zeit beim Vorgänger Premiere. Von 1999 bis 2003 hatte ich für den Sender Tennis- und Fußballübertragungen moderiert. Für unsere Beiträge zur Fußball-WM 2002 haben wir den Deutschen Fernsehpreis erhalten. Der Kontakt zu den Kollegen war über die Jahre nie ganz abgerissen, auch nach meiner Erkrankung nicht. Nach meinen ersten Schritten zurück in die Öffentlichkeit, vor allem nach der Interviewreihe mit *Sport Bild*, war es nicht mehr nur darum gegangen, wie es mir geht. Sondern auch darum, wie es weitergehen sollte.

2013 schließlich hatte ich den Redaktionsleiter von Sky am Rande der Verleihung des *Sport Bild-Awards* getroffen. Wir kannten uns noch aus *blitz*-Zeiten. Wir hatten hin und wieder telefoniert, uns aber länger nicht gesehen. Er war überrascht, welche Fortschritte ich noch einmal gemacht hatte, und fragte mich, ob ich mir zutrauen würde, auch im Fernsehen wieder Interviews zu führen. Nicht auf der ganz großen Bühne wie bei der *Sportschau*, nicht live, aber dafür mit der Chance auf eine regelmäßige Sendung, auf die ich mich gut vorbereiten konnte. Mit ihm als direktem Ansprechpartner und einem Team, das ich aus meiner Zeit bei Premiere zum Teil noch kannte und bei dem ich mich immer wohl gefühlt hatte. Er bot sich an, beim Senderchef und beim Sportvorstand vorzufühlen, und nach einem gemeinsamen Treffen in München begannen wir, konkrete Pläne zu schmieden. Es war so etwas wie ein doppeltes Nach-Hause-Kommen, ein unbeschreibliches Gefühl, das ich nur schwer in Worte fassen kann.

Für den Sender war es nicht ohne, auf mich zu setzen. Sicher, ich hatte mir einen Ruf aufgebaut, der noch tragen würde, ich hatte sehr viele Kontakte, könnte interessante Interviewpartner zu Sky holen. Aber ich war nach wie vor nicht die Alte. Allen Beteiligten war klar: Es könnte auch wieder kritische Stimmen geben. Ich hatte den Anspruch, als professionelle Journalistin anzutreten, nicht als jemand, der einen Schicksalsschlag erlitten hat. Ich wollte nicht über Leben und Tod reden, sondern über Taktik, den nächsten Gegner, das nächste Spiel – über Fußball eben. Genau wie vor dem Unglück. Und ich hatte letztlich auch keine Angst, dass meine Interviewpartner in irgendeiner Weise befangen sein könnten. Das waren sie bei der *Sport Bild* schon nicht gewesen, und ich war überzeugt, dass es auch diesmal nicht anders sein würde. Ob das beim Zuschauer so ankommen würde, konnte natürlich niemand vorhersagen.

Trotzdem blieb die berechtigte Frage, ob ich das alles schaffen würde. Es ist etwas anderes, einen vorformulierten Text wie bei der Fernsehlotterie in die Kamera zu sprechen, als in einer Interview-Situation mit einem Gegenüber spontan reagieren zu müssen. Die Fragen stehen natürlich vorher, aber wie die Antworten lauten, weiß man nie. Man muss an der richtigen Stelle nachhaken, Pausen überspielen, einfach präsent sein. Früher funktionierte ich in solchen Situationen perfekt. Jetzt musste ich alles daransetzen, diesem hohen Anspruch möglichst nahe zu kommen. Natürlich kann geschnitten werden, wenn das Interview nicht live gesendet wird. Aber wenn man nur Mist abliefert, kann man schneiden, so viel man will. Mist bleibt Mist.

Die Vorgabe war, dass die Interviews der Reihe *Meine WM – Monica Lierhaus trifft ...* 20 Minuten bis 30 Minuten dauern sollten. Reine Sendezeit. Meine Interviewpartner hatten oft einen straffen Zeitplan, die Aufzeichnungen wurden meist irgendwie dazwischengeschoben. Für endlose Wiederholungen wäre nicht genug Zeit, es musste also auf Anhieb einigermaßen sitzen.

Auch für mich wäre es problematisch gewesen, wenn sich die Dreharbeiten ewig in die Länge gezogen hätten. Die Interviews fanden oft auswärts statt, was bedeutete, dass ich früh losmusste, was nicht gerade eine meiner Stärken ist. Dann folgten eine Zugfahrt oder ein Flug in eine andere Stadt und das ganze Set-up mit Make-up und Haaren. Und danach hieß es warten, warten, warten. Irgendwann kam dann der Punkt, wo mein Körper mir Probleme bereitete. Wo ich unruhig wurde, nicht mehr sitzen konnte, auf und ab lief, nachgeschminkt werden musste und so weiter. Die Ungeduld hatte ich früher schon, doch was damals nur nervig war, brachte mich jetzt körperlich in Schwierigkeiten.

Das merkte ich vor allem bei meinem Interview mit Jürgen Klinsmann, der mit der amerikanischen Nationalmannschaft zur Vorbereitung in Frankfurt war. Wir waren alle seit Stunden auf den Beinen, mir steckte der Flug in den Knochen, und ich war unruhig. Tausend Sachen, die früher überhaupt keine Rolle gespielt hätten, waren plötzlich wichtig. Warum hatte der Stuhl keine Armlehnen? Wo war das blöde Kissen, das ich überall mit hinschleppte, damit ich meinen Rücken beim Sitzen entlasten konnte? Warum stand der Beistelltisch so weit weg? Kann es jetzt bitte endlich losgehen?

Konnte es nicht. Das Interview wurde kurzfristig um zwei Stunden nach hinten verschoben. Das ist ärgerlich, aber nicht ungewöhnlich, so etwas kann immer passieren. Für mich war nicht das Problem, dass ich die positive Anspannung, die ich für das Interview brauchte, später wieder neu aufbauen müsste. Es waren diese zwei Stunden des Nichtstuns, die mir einfach zusetzten. Und die Tatsache, dass meine Flexibilität durch die Folgen der Operationen nicht gerade zugenommen hatte. Ich kann mich auf den Punkt konzentrieren. Wenn die Kamera angeht, bin ich sofort da und funktioniere. Aber in der Zeit bis dahin bin ich sehr angespannt – jede Minute länger fühlt sich an wie eine Ewigkeit.

Als wir endlich anfingen, ging für mich die Sonne auf; Jürgen Klinsmann strahlte, und wir sprachen wie früher miteinander. Locker und unaufgeregt, es war ein überwältigendes Gefühl.

Auf den Trainer der US-Mannschaft, die ausgerechnet der deutschen Gruppe G zugelost worden war, folgten Gespräche mit Günter Netzer und Wolfgang Overath, mit Franz Beckenbauer und Lothar Matthäus. Das war der erste richtige Außentermin, auf der Stadiontribüne in München, ohne Stuhl mit Armlehne und Beistelltisch. Es hat ganz gut funktioniert.

In den Wochen danach bereitete ich mich auf die WM vor. Für den *Tagesspiegel* sollte ich regelmäßig Kolumnen über das Turnier und vor allem über die deutsche Mannschaft verfassen. Für Sky waren drei bis vier Interviews geplant, kurz vor oder während der Vorrunde; das war ein realistischer Plan, denn in dieser Phase war der Druck auf Trainer und Spieler noch nicht so groß.

Acht Jahre nach meiner letzten Weltmeisterschaft tatsächlich wieder live vor Ort zu sein, mit der Aussicht, dort auch zu arbeiten, das war Wahnsinn.

Und dann war es endlich so weit. Im Juni 2014 saßen Rolf und ich im Flieger, der uns nach einem Zwischenstopp in Frankfurt nach Brasilien bringen sollte. Eine irre lange Flugstrecke, von der keiner wusste, wie ich sie bewältigen würde. Aber alles hat perfekt geklappt – ich habe einfach eine Schlaftablette genommen und ein Glas Rotwein getrunken, und dann war alles gut. Ich habe geschlafen wie ein Engel.

Als die Tür des Fliegers nach vielen Stunden wieder aufging, schlug uns die Hitze wie eine Wand entgegen. Eine Bollerhitze! Ich hatte ein Fläschchen Korodin dabei, für den Kreislauf, das ich noch im Terminal aus meiner Tasche kramte. Natürlich fiel es mir hinunter und zerbrach, es musste also ohne gehen. Vom Flughafen fuhren wir zu unserem Hotel in Porto Seguro; in der Anlage waren viele Journalisten aus Deutschland untergebracht.

> Alle guckten erst mal – ist das nicht die Lierhaus? Die meisten wussten schon, dass Monica als Journalistin »zurück« war, einige kamen auch gleich auf uns zu: »Mensch, toll, dass du wieder da bist.« Andere wussten die ganze Zeit über nicht so recht, wie sie mit ihr umgehen sollten. Sie selbst war ganz entspannt. Als sie am nächsten Morgen dann einen Kollegen am Buffet entdeckte und durch den Frühstücksraum rief: »Bring mir doch bitte mal etwas Ananas mit!«, war das letzte Eis gebrochen. Ganz nach dem Motto: Hey, die ist ja ganz normal, ganz locker.
>
> Brasilien war ein Meilenstein, ein Befreiungsschlag wie die *Goldene Kamera*. Eine sensationelle

Woche, aber auch eine mit maximaler Ablenkung und maximalem Niveau. Auch für mich als Partner war diese Zeit wahnsinnig emotional; weil ich mir immer wieder vor Augen geführt habe: Mann, was hat sie geschafft! Sie war tot, und sie hat es verdammt noch mal bis hierher geschafft. Niemand hätte darauf einen Pfifferling verwettet. Auch wenn die Familie und ich immer an Monica geglaubt haben. An eine Rückkehr, in welcher Form auch immer. Mehr konnte man am Anfang ja auch nicht hoffen. Aber Brasilien? Das war der Hammer.

Das war es wirklich. Wie ich von allen wieder im Kreis der Fußballszene aufgenommen wurde, war einzigartig.

Als die erste Pressekonferenz der Nationalmannschaft stattfand, begrüßte Oliver Bierhoff ganz allgemein die anwesenden Journalisten und sagte dann plötzlich: »Ich wollte die Gelegenheit noch nutzen, Monica ganz herzlich hier zu begrüßen. Ich freue mich riesig, dass du da bist, und ich hoffe, du fühlst dich auch wohl hier bei uns in Porto Seguro.«

Rolf hatte mit dem Handy gefilmt und mir den Schnipsel zugeschickt. Ich hab geheult wie ein Schlosshund. Dass die Menschen – nicht nur die Kollegen aus dem Journalistenkreis, sondern auch Trainer und Funktionäre – meine Schwester noch so in ihrem Herzen und ihrem Kopf hatten, dass sie immer noch ein Bestandteil des »Betriebs« war, das fand ich großartig. Weil sie sich Jahre zuvor so einen Status erarbeitet hatte, wurden ihr jetzt Respekt und auch Zuneigung gezollt, in einer Lage, in der das keineswegs selbstverständlich war. Ich fand auch bemerkenswert, dass selbst in so einer offiziellen Pressekonferenz, die eigentlich nur »Business« ist, Raum für so einen sehr persönlichen Moment war. Das sagt auch viel aus über die Menschen, die für das Nationalteam zuständig sind.

—

Während der Vorrunde führte ich als Erstes ein Interview mit Otmar Hitzfeld. Der Schweizer Nationaltrainer hatte eigentlich nur Pressekonferenzen geben wollen, für mich machte er eine Ausnahme. Es würde seine letzte Weltmeisterschaft als Trainer sein; natürlich hoffte er auf ein gutes Abschneiden seines Teams. Augenzwinkernd meinte er, die Schweiz habe durchaus Chancen auf den Titel. Zum Abschluss zog ich mein Brasilien-Trikot und einen dicken Edding aus der Tasche. Alle, mit denen ich in Brasilien Interviews führte, unterschrieben darauf. Es sollte später über die Sky-Stiftung für einen guten Zweck versteigert werden.

Einige Tage später sprach ich mit Wolfgang Niersbach. Die deutsche Mannschaft hatte Portugal im Auftaktspiel vier Tage zuvor mit 4:0 besiegt. Überall war die Rede davon, damit hätten sie sich in die Favoritenrolle gekickt. Der DFB-Präsident wiegelte ab. Moment, Moment. Da gäbe es noch ganz andere, allen voran die Gastgeber. Und die Spanier, die Holländer, auch Argentinien. Lieber etwas tiefer stapeln, als nach einem einzigen, zugegeben brillanten Spiel schon den zukünftigen Weltmeister ausrufen.

Beide Interviews wurden in »unserer« Hotelanlage gedreht, was für mich natürlich sehr praktisch war. Ich konnte mich in Ruhe auf dem Zimmer vorbereiten, mich dorthin zurückziehen, wenn es Verzögerungen gab, und der Weg zur Terrasse vor dem Pool, auf der die Gespräche stattfanden, war auch nicht weit.

Anders sah die Sache mit den »Außeninterviews« aus. Unser Team durfte eine Trainingseinheit der deutschen Mannschaft beobachten, und mein Interview mit Oliver Bierhoff fand im Café Victor Hugo in der Nähe des Mannschaftsquartiers statt. Im Campo Bahia interviewte ich auch Christoph Kramer.

Der Weg zum Mannschaftsquartier dauerte bei günstiger Verkehrslage etwa eine halbe Stunde. Vom Hotel zum Fähranleger waren es gut 25 Kilometer. Je nach Uhrzeit und Stau nicht weiter wild. Verpasste man allerdings die Fähre oder war am Anleger eine lange Schlange, kamen schnell mal zwei Stunden oder mehr zusammen. Vor allem, wenn ein öffentliches Training angesetzt war und Journalisten aus aller Welt zusehen wollten, musste man sich auf lange Wartezeiten einstellen. Denn die Fähre über den João de Tiba ist nicht besonders groß, vielleicht zehn Autos finden darauf Platz.

Beim Drauffahren ächzte und knackte der rostige Kahn an allen Ecken und Enden. Ein richtiger Seelenverkäufer, seit Jahrzehnten in Betrieb. An Bord war es strikt verboten, den Motor anzulassen. Bei dieser Hitze und der hohen Luftfeuchtigkeit war es ohne laufende Klimaanlage im Auto kaum auszuhalten. Ich hockte wie ein geprellter Frosch auf dem Vordersitz, schweißgebadet. Aussteigen war nicht wirklich eine Option. Zum einen war das nicht gerne gesehen, zum anderen wäre mir auf dem schwankenden Untergrund nicht wohl gewesen.

Der Fluss mündet ein paar Kilometer weiter in den Atlantik, es gab Ebbe und Flut. Je nachdem, wann man mit der Fähre fuhr, war die Überfahrt ruhig – oder eben weniger ruhig. Daher ließen wir den Motor für einen Moment wieder an; doch im nächsten kam schon jemand vorbei, um uns zurechtzuweisen. Niemand von uns hatte auf die Schnelle das Wort »Handicap« auf Portugiesisch parat, also musste ich mich aus dem Auto schälen und ein paar Schritte gehen. Ich kam mir ein bisschen vor wie im Zoo, aber immerhin durften wir den Motor und damit die Klimaanlage nun laufen lassen.

Auf der anderen Flussseite angekommen, ging es vorbei an unzähligen Palmen und Mangroven auf einer kleinen Piste weiter nach Santo André. Ein winziges Dorf mit wenigen Hundert Einwohnern, die vom Fischfang und vom Tourismus leben. Am Ortsrand lag das Trainingsgelände der Nationalmannschaft. Noch einmal zwei oder drei Kilometer entfernt, direkt am Strand, war das Quartier des Teams gebaut worden. Und gerade noch fertig geworden. Vierzehn zweigeschossige Häuser, in der Mitte ein Gebäudekomplex mit Restaurant und Gemeinschaftsräumen, dazu eine Poolanlage und verschiedene Fitnessbereiche.

Die Stimmung im Campo war von Anfang an sehr optimistisch. Man hat gemerkt, dass sie etwas vorhaben. Allerdings war alles sehr viel kontrollierter, nicht mehr so übermütig wie 2006 im eigenen Land, als alles ein einziger Rausch gewesen war – auch auf dem Platz.

—

Nach zwei Wochen war meine Brasilienreise fürs Erste zu Ende. Sky hatte keine Übertragungsrechte für die

WM, außerdem wusste ja niemand, wie weit die Deutschen kommen würden. Vier Interviews waren gesendet worden, eins mehr als ursprünglich geplant. Zu Hause vor dem Fernseher verfolgte ich den weiteren Turnierverlauf. Auf den glanzvollen Sieg gegen Portugal folgte ein Kraftakt gegen Ghana; Miro Klose rettete durch das 2:2 in der 71. Minute gerade noch so einen Punkt für das Team. Nach einem kontrollierten Spiel gegen Klinsmanns US-Team war der Gruppensieg perfekt. Mit zwei Siegen und einem Unentschieden hatte die Mannschaft die Vorrunde überstanden, nun ging es ans Eingemachte.

Im Achtelfinale folgte die Hängepartie gegen starke Algerier, im Viertelfinale das mühsame 1:0 gegen Frankreich. Die Gastgeber warteten im Halbfinale, Argentinien würde auf die Niederlande treffen. Die hochfavorisierten Spanier, die Titelverteidiger, hatten nach der Gruppenphase bereits ihre Koffer packen müssen.

Das Halbfinale war ein absoluter Knaller. Die Leichtigkeit, mit der die deutsche Mannschaft die Seleção auseinandernahm, war so nicht zu erwarten gewesen. Nach elf Minuten das 1:0 durch Müller; nach 29 Minuten stand es 5:0. Die einheimischen Fans im Stadion standen ebenso unter Schock wie ihre Spieler. Der Ehrentreffer zum 1:7 fiel erst in der neunzigsten Minute. Klose überholte mit seinem 16. Treffer Ronaldo als erfolgreichsten WM-Torschützen, Deutschland führte mit 223 Treffern insgesamt die Torstatistik bei Weltmeisterschaften an. Bis dahin hatte Brasilien die Spitze gehalten.

Nach diesem Kantersieg waren sie fast am Ziel. Finale, gegen Argentinien, die Neuauflage der Viertelfinalpartien von 2010 und 2006. Immer mit dem besseren Ende für das deutsche Team.

Beim Sender wurde entschieden, dass ich noch einmal

nach Brasilien fliegen sollte. Wenn Deutschland wirklich Weltmeister werden sollte, würde alle Welt ein Interview mit dem Bundestrainer haben wollen. Die Chance, dass ich das schaffen würde, war gering – aber sie war da. Sie fußte nicht auf einer Zusage des DFB, sondern auf einer Abmachung, getroffen auf einem Sofa in meiner Wohnung, über vier Jahre zuvor. Es würde also spannend bleiben, auch für mich.

In Windeseile wurden die Akkreditierungen organisiert, die Flugtickets, die Hotelzimmer, die Karten für das Finale. Zwei Tage vor dem großen Spiel flogen wir über München nach Rio de Janeiro. Wir landeten früh am Morgen und waren schon so aufgekratzt, dass wir nur einige wenige Stunden ausruhten. Gegen Abend zogen wir zu dritt los, auf der Suche nach etwas zu essen. Im Hotel hatte man uns ein Restaurant nicht weit weg empfohlen, in das wir hungrig einfielen. Wir saßen draußen, es zog wie verrückt, weshalb ich in den ersten zehn Minuten immer wieder herumnörgelte, dass wir doch besser das Lokal wechseln sollten. Ich bin nun mal eine Frostbeule. Außerdem dauerte es eine halbe Ewigkeit, bis der Kellner kam, um unsere Bestellung aufzunehmen. Und noch mal eine weitere Ewigkeit, bis das Essen kam. Bis dahin hatten wir bereits die zweite Flasche Wein auf dem Tisch stehen. Auf ziemlich nüchternen Magen und nach dem langen Flug waren wir am Ende ordentlich betüdelt, auch wenn ich sicher am wenigsten getrunken habe. Aber ich vertrage ja auch nicht viel, weil ich fast nie Alkohol trinke. Jedenfalls waren wir alle drei ziemlich lustig, und ich im weiteren Verlauf des Abends doch sehr froh, dass der Wind so gepustet hat ...

Am nächsten Tag absolvierten wir das klassische Touristenprogramm. Ein Spaziergang an der Copacabana, Fotos knipsen vom Zuckerhut, ein kleiner Bummel durch die Altstadt mit den Prachtbauten aus der Kolonialzeit. Danach war ich aber auch richtig durch und froh, wieder im Hotel zu sein.

Am frühen Nachmittag des 13. Juli rüsteten wir uns für das Finale. Weil ich mein »Rettungssitzkissen« nicht dabeihatte, klemmte sich Rolf kurzerhand eines aus unserem Hotelzimmer unter den Arm. Nicht gerade die klassische Fanausrüstung, aber ohne hätte ich die lange Zeit auf den harten Sitzen schlecht überstanden.

So ausgestattet, marschierten wir zur U-Bahn. Die Waggons waren brechend voll, mit Fans aus Argentinien und Deutschland. Die Stimmung war unglaublich. Schlachtengesänge, Trommeln, Tröten, ein einziges Getöse – und wir mittendrin. Zum Glück hatten wir einen Sitzplatz ergattert, wobei ich in dem Gedränge ohnehin nicht hätte umfallen können.

Von der U-Bahn-Station hatten wir noch einen ordentlichen Fußmarsch bis zum Maracanã-Stadion zu bewältigen, dann hieß es Schlange stehen. Knapp 75 000 Zuschauer wollten ins Stadion. Die Kontrollen dauerten, aber wenigstens mäkelte niemand an meinem Kissen herum. Um 14.20 ging das Showprogramm los, um 16 Uhr Ortszeit war Anpfiff.

Die ersten 45 Minuten waren spannend, mit vielen Konterchancen für Argentinien. Allein Gonzalo Higuaín ließ in der ersten halben Stunde drei große Möglichkeiten liegen, fünf Minuten vor der Pause kratzte Boateng gerade noch einen Ball von Messi von der Torlinie. Uiuiui! Durchatmen. In der zweiten Hälfte ging es ähnlich turbulent weiter. Auf beiden Seiten hieß es immer wieder: »Knapp vorbei ist auch daneben.« Unentschieden nach neunzig Minuten.

In der 108. Minute hätte Agüero definitiv vom Platz fliegen müssen! Gelb vorbelastet und dann der Faustschlag gegen Schweinsteiger, da hat es mich wirklich nicht mehr auf dem Stuhl gehalten. Mein Kollege von Sky hat unsere Reaktionen auf der Tribüne zufällig mit dem Handy festgehalten. Schiebung!, Sauerei!, da war wirklich alles dabei. Fünf Minuten später war der Jubel grenzenlos! Götze, der erst in der 88. Minute eingewechselt worden war, hatte ins lange Eck getroffen. Jetzt mussten sie nur noch die letzten Minuten überstehen. In der dritten Minute der Nachspielzeit der Verlängerung kam endlich der Schlusspfiff. Die deutsche Mannschaft hatte es tatsächlich geschafft! Zum vierten Mal Weltmeister.

Nach der Siegerehrung und dem Feuerwerk machten wir uns langsam auf den Rückweg zum Hotel. Es war alles so unwirklich, jeder hing seinen Gedanken nach. Es würde noch etwas dauern, bis wir das alles realisiert hatten. Das Spiel, der Titelgewinn in diesem fußballverrückten Land und die Tatsache, dass ich tatsächlich dabei gewesen war. Einfach unglaublich.

Am nächsten Tag ging es zurück an die Arbeit. Bis zum Abflug der Mannschaft blieb nicht viel Zeit. Und wie erwartet, wollten alle ein Interview. Der DFB hatte eine klare Linie ausgegeben: Am Tag nach dem Finale keine Interviews, erst wieder nach der Ankunft in Deutschland. Wir wollten unser Glück trotzdem versuchen. Gemeinsam mit dem Kamerateam von Sky fuhren wir zum Hotel. Im Auto wurde ich eilig geschminkt, bloß nicht den richtigen Zeitpunkt verpassen, nur weil die Maske noch gemacht werden musste. Wir hätten uns gar nicht so beeilen müssen, denn die Straße zum Hotel war auf einer Seite gesperrt, wir standen ewig im Stau. Ein »Vorauskommando« eilte zu Fuß weiter. Je näher wir dem Hotel kamen, umso hektischer wurde telefoniert. Die Stimmung schwankte zwischen »Wird schon« und »Das klappt nie im Leben«.

Vor dem Hotel herrschte Belagerungszustand. Ein einziges Gedränge aus Fans, Journalisten und Fernsehteams aus aller Welt. Ich suchte mir ein ruhiges Plätzchen in der Lobby, um mich vorzubereiten. Dominik und sein Team verhandelten mit dem Pressesprecher des DFB, sie machten keinen besonders zuversichtlichen Eindruck. Irgendwann ging die Tür des Fahrstuhls auf, der Bundestrainer kam in die Lobby. Sofort brachten alle ihre Mikros in Stellung, aber er hob nur abwehrend die Hände und lief weiter. Als er mich entdeckte, winkte er zu mir herüber. Mehr aber auch nicht. Puh! Ich packte meine Karteikarten zurück in die Tasche, das war's dann wohl. Wenig später sah ich, wie sich Dominik einen Weg durch die Menge bahnte. Unfassbar! In einer halben Stunde am Pool! Wir hatten das Interview.

Während der Bundestrainer und ich verkabelt wurden, sagte er zu mir: »Monica, ist es nicht Wahnsinn, dass wir beide hier heute stehen?«

»Das ist es, das ist es wirklich.«

Bevor die Kameras angingen, setzte Jogi Löw seine Unterschrift auf mein »Monica 2014«-Trikot. Dann sagte ich: »Herzlichen Glückwunsch! Wie fühlt es sich an, am Ziel seiner Träume zu sein?«

»Das fühlt sich überragend an. Gestern, das war wirklich einer der schönsten Momente in meinem Leben. Es ist unbeschreiblich, man kann es noch nicht wirklich fassen. Es wird ein Gefühl für die Ewigkeit sein.«

Das wird es. Auch für mich.

11

Licht und Schatten

Die Schmerzen kommen ohne Vorwarnung. Ohne dass man sagen könnte, jetzt mal ein bisschen kürzertreten. Und natürlich führt der Wunsch, den Alltag leben zu können, auch dazu, dass man ständig an seine Grenzen geht.

Uwe Harste, Physiotherapeut,
Osteopath und Heilpraktiker

Brasilien war ein Schlüsselerlebnis auf meinem Weg zurück ins Leben. Viereinhalb Jahre habe ich auf dieses Ziel hingearbeitet. Viereinhalb Jahre, in denen meine Familie und ich auch sehr viele Rückschläge hinnehmen mussten. Aber allein für diese wenigen Wochen haben sich all die Mühen gelohnt.

In Brasilien war mein einziges wirkliches Problem – Mücken. Sie waren überall. Und sie machten richtig knallrote und juckende Bollern. In Hamburg hätte ich was drum gegeben, wenn es nur um Mücken gegangen wäre.

Gleich nach der Ankunft in Brasilien, und von da an regelmäßig, schickte ich kurze Nachrichten an meinen Physiotherapeuten Uwe Harste. »Flug gut überstanden« – »erster Arbeitstag, am Rande der Pressekonferenz mit Andy Köpke und Joachim Löw gesprochen, alles gut!« So ging es weiter, bis nach dem Finale.

Es war verblüffend, was diese Reise auslöste. Hinterher meinte mein Therapeut, dass ich mir diese Momente immer wieder ins Bewusstsein rufen müsste. Die wenigen Momente, in denen ich tatsächlich schmerzfrei war.

In Brasilien war es vermutlich eine Mischung aus ganz verschiedenen Dingen gewesen – Adrenalin, Euphorie, Konzentration, die Verwirklichung meines größten Traums. Schon vorher waren die Schmerzen manchmal wie weggeblasen, wenn ich arbeitete. Und kehrten schlagartig zurück, wenn alle Zeichen wieder auf »Alltag« standen. Der Pegel, der die Schmerzen bei der Arbeit überlagerte, sank sehr schnell ab, furchtbar schnell. Nur in Brasilien war er die ganze Zeit über konstant hoch gewesen und ich schmerzfrei.

So viele Fortschritte ich auch gemacht hatte, so gut mir manche Rehamaßnahmen getan hatten, was die Schmerzen anging, gab es vor allem dunkle Tage. An denen ich früh – für meinen Geschmack viel zu früh – aus dem Bett rumpelte, weil ich nicht mehr wusste, wie ich liegen sollte. An denen ich alle halbe Stunde die Position wechseln musste, vom Sitzen ins Liegen, wieder zurück ins Sitzen, und doch nichts half. Noch nicht einmal, wenn ich auf und ab lief wie ein Tiger im Käfig. Den Schmerzen konnte ich nicht davonlaufen. Und sie wurden schlimmer, je größer die Belastung war. Bei vielen

Menschen geht Stress auf den Rücken, in den Nacken, alles ist mit einem Mal verspannt.

Eine solche schlimme Phase hatte ich im Oktober 2011, als mein Vater starb. Er hatte sich eines Nachts nicht wohl gefühlt, der Notarzt stellte einen gefährlich niedrigen Blutdruck fest, und Siggi fuhr mit ihm ins Krankenhaus. Vier Stunden später erklärten die Ärzte unserer Mutter, die eigentlich darauf wartete, ihn wieder mitzunehmen, dass er es nicht geschafft habe. Das Herz sei zu schwach gewesen. Wir waren alle geschockt – dreißig Jahre lang war diese Gefahr immer irgendwie präsent gewesen. Dreißig Jahre lang hatte er dem Tod ein Schnippchen geschlagen. Diesmal war ihm das nicht gelungen. Am nächsten Tag hatte ich mit ihm und Siggi zum Sonntagsspiel der Bundesliga gehen wollen. HSV gegen Schalke 04. Er war seit seiner Kindheit Schalke-Fan und hatte sich sehr auf das Duell gefreut. Wir gingen trotzdem ins Stadion, mein Bruder Tommy kam mit. Eben weil unser Vater sich so auf diesen Tag gefreut hatte, wollten wir auf diese Weise an ihn denken. Als hätten die Schalker es geahnt, gewannen sie das Spiel 2:0.

Die Bestattung fand zehn Tage später an der Nordsee statt; eine Seebestattung vor Hörnum auf der *Ekke Nekkepenn*, die sich Horst für den Ernstfall schon vor längerem ausgesucht hatte. Die Sonne strahlte, der Himmel war stahlblau, die See war ruhig, und wir verwandelten das Meer in einen Rosenteppich. Eine wunderschöne Zeremonie, die unserem Vater sicher gefallen hätte. Und die ich mir so auch wünschen würde, wenn es einmal so weit ist.

Auch wenn wir alle in gewisser Weise darauf vorbereitet waren, riss der Tod unseres Vaters eine große Lücke. Der Kümmerer, der immer alle Fäden zusammengehalten hatte, fehlte. Und mir fehlte der Mensch, den ich nach dem Unglück gerade erst neu kennengelernt hatte. Ich bin dankbar, dass wir diese gemeinsame Zeit gehabt haben, auch wenn sie viel zu kurz gewesen war.

Wie sehr mich sein Tod mitnahm, merkte ich in den Wochen danach vor allem körperlich. Die Verspannungen waren so massiv, dass ich mich an manchen Tagen fühlte, als hätte man mich in einen Schraubstock gespannt. Das Einzige, was anfangs noch half, waren schwere Medikamente. Sogenannte »Benzos«, die eine stark muskelentspannende Wirkung haben. Leider auch entsprechende Nebenwirkungen. Man ist wie wattiert im Kopf, wird etwas gleichgültiger, alles ist ein wenig verlangsamt. Die schlimmste Nebenwirkung für mich war, dass die Tabletten auch das Sprachzentrum beeinträchtigten. Ich bekam Schwierigkeiten mit der Aussprache, lallte, als hätte ich eine Flasche Wein getrunken. Das konnte kein Dauerzustand sein, also setzte ich die Medikamente ab und suchte nach anderen Alternativen.

Massagen, manuelle Therapie, andere Formen der Physiotherapie. Das Problem war, dass ich schon so lange unter diesen massiven Schmerzen litt. Bei jedem Menschen reichen acht bis zehn Wochen Schmerzen aus, damit der Körper ein sogenanntes Schmerzgedächtnis entwickelt. Wenn das System ständig mit Schmerzimpulsen bombardiert wird, ändern sich die Nervenzellen. Mein System bekam nicht nur ständig diese Schmerzimpulse, es war wegen der Gleichgewichtsstörung sowieso ständig in Alarmbereitschaft. Weshalb ich auch diese permanente Verkrampfung der Muskulatur hatte. Wie auf einer Festplatte werden all diese Informationen gespeichert. Nur leider gibt es hier keinen »Bitte löschen«-Knopf.

Als ich Monica 2012 als Therapeut kennenlernte, war der Schmerz bereits viele Jahre alt. Er saß wahnsinnig tief und konnte in jeder noch so kleinen Situation abgerufen werden. Und zwar in vollem Umfang. Da spielt es keine Rolle, ob man sich eben nur den Zeh irgendwo angehauen hat. Normalerweise ist das nicht weiter schlimm, aber im Falle einer Chronifizierung ruft das Gehirn die volle Breitseite an Schmerz ab. Da gibt es keine »angemessene« Reaktion mehr auf die konkrete Situation, da stehen alle Signale auf Alarm, der Schmerz verselbständigt sich.

Im Vorgespräch erzählte sie mir davon, dass ein Kollege – sicher in bestem Gewissen – immer wieder zu ihr sagte, Sie müssen auch in Rückenlage liegen können. Das braucht man ja im Alltag, nachts im Bett oder mal am Nachmittag auf dem Sofa. Die Schmerzen müsse sie aushalten, das werde besser mit der Zeit. Ich sage dagegen: Wenn jemand nicht gut auf dem Rücken liegen kann, trainieren wir eben die Seitenlage. Von jemandem, der eine so lange Schmerzerfahrung hat, verlange ich doch nicht, dass er sich weiter Schmerzen zufügt. Einmal völlig abgesehen davon, dass es unglaublich frustrierend und zermürbend ist, in einer Therapie, die auf lange Sicht Besserung, Linderung versprechen soll, immer wieder den Schmerzknopf gedrückt zu bekommen.

Wenn jemand wie Monica über sehr lange Zeit diese Schmerzinformationen im Körper hat, will man nicht weitere Schmerzen aushalten, sondern sie abbauen. Die Schmerzinformation an sich wird im Gehirn vorhanden bleiben, aber man kann die

Information, die sich im Gehirn schon fest verankert hat, ein Stück weit überschreiben.

Genau das ist in Brasilien passiert. Nicht auf Dauer, aber für diese Zeit war das Schmerzgedächtnis ein Stück weit überlagert von den ganzen äußeren Eindrücken, von der Freude, wieder im Beruf zu sein, sich diesen Traum erfüllt zu haben.

Der wichtigste Satz, als wir uns kennengelernt haben, war der folgende: »Wenn ich auf dem Pferd sitze, habe ich keine Schmerzen.« Wenn bei einem Patienten die Bandscheibe oder ein Gelenk kaputt wäre, dann wäre er oder sie auf dem Pferd nicht schmerzfrei. Denn mechanisch ändert sich dort ja nichts. Was sich aber komplett ändert, ist der Muskel-Tonus. Weil auf dem Pferd bestimmte Muster gehemmt werden, andere werden dagegen unterstützt, und gleichzeitig kommt eine Dynamik in die Bewegung, die natürlich ist, aber durch das Pferd von außen gesteuert wird. Man wird bewegt, aber in einer sehr harmonischen Form.

Dieser Satz war unser Einstieg; ich dachte, wenn das geht, muss es auch anders gehen.

Die Hippotherapie habe ich 2012 für mich entdeckt – eine Freundin hatte mir davon erzählt. Es ist eine Form der Krankengymnastik auf neurophysiologischer Ebene. Das Pferd überträgt seine Bewegungen dreidimensional auf das Becken des Reiters. Der wird damit an seine eigenen dreidimensionalen Bewegungen erinnert. Wenn jemand nicht gut oder gar nicht gehen kann, hat er auf dem Pferd das Gefühl, es doch irgendwie zu können. Außerdem lösen das Hin- und Herschaukeln und die

Wärme des Pferdes blockierte Muskeln. Der Haltungs- und Gleichgewichtssinn wird angeregt und die Muskelspannung normalisiert. Bei jedem Impuls, den das Pferd aussendet, muss man reagieren, sich neu einpendeln. Schlaffe Muskeln spannen sich an, zu stark gespannte, wie bei mir, geben nach.

Leider wird diese Form der Therapie, die gerade bei Erkrankungen mit erhöhtem Muskeltonus wie Spastiken sehr effektiv ist, nicht von den Krankenkassen bezahlt. Ein Gericht hat das 2002 so entschieden, weil der Bundesausschuss der Ärzte und Krankenkassen die Erfolgsaussichten dieser Therapie nicht anerkennen wollte. Ein weiteres Rätsel der Gesundheitspolitik, warum was und wieso anerkannt wird oder nicht.

Ich hatte Glück, dass wir einen Reitstall fanden, der nur eine gute halbe Stunde entfernt von Hamburg diese Therapieform anbietet. Es ist ein schöner Stall in der Nähe von Pinneberg. Rechts ein großer Freiluftreitplatz, hinter dem Parkplatz ein Klinkerbau, dahinter ein gepflasterter Weg zur Reithalle. Links davon geht es zu den Stallungen. Dort stehen Therapie- und Privatpferde. An den Boxen hängen Schilder mit Namen und Warnungen. »Pino – bitte nicht füttern. Hat Allergien.«

Pino, weiß und schwarz gescheckt, ist eines der Therapiepferde. Immer freitags sitze ich auf ihm, wenn wir »ins Gelände gehen«. Mit Ausritten wie früher, wenn ich mit Eva in den Sommerferien auf dem Reiterhof war, hat das wenig zu tun. Pino wird am Zügel geführt, im Schritt geht es ein Stück an der Straße entlang, dann in einen Wald hinein und über Wiesen und Koppeln zum Stall zurück. Dreißig Minuten, immer schön langsam.

In der Halle geht es schon ein bisschen flotter zu. Da kommen dann Thiago oder Bonifaz an die Reihe, beides braune Wallache mit einem wahnsinnig breiten Rücken. Wenn ich nach einer halben Stunde absteige, habe ich manchmal das Gefühl, als würden meine Beine in sich zusammenrutschen wie ein Haufen Karten. Der Weg zum Parkplatz ist dann nur noch Matrose pur, richtig o-beinig. Inzwischen gibt es in der Halle auch Trabeinheiten, die mir besonders viel Spaß machen. Dann fühle ich mich leicht und befreit.

Auch an schlechten Tagen bin ich während des Reitens völlig schmerzfrei. Aber schon auf dem Rückweg nach Hamburg geht es wieder los. Mein Physiotherapeut meint dann immer, die wichtigste Information sei die, dass ich wenigstens für eine gewisse Zeit ohne Schmerzen sei. In einem Interview mit Reinhold Beckmann habe ich 2013 gesagt, mein größter Wunsch sei momentan, die Schmerzen loszuwerden. Dass das punktuell funktioniert, ist ein gutes Zeichen. Nun müssten wir es nur noch schaffen, diese kurzen Phasen zu verlängern.

Das ist nicht leicht, denn es gibt tausend Dinge, die auf das Nervensystem einwirken. Ein ganz banaler Stressmoment reicht aus, um dem Gehirn zu sagen, alles auf Anfang, egal was zwischendrin war. Das ist das Gemeine daran.

Am deutlichsten sieht man die Probleme bei mir noch am Gangbild. Es ist viel besser geworden, aber längst nicht so, dass ich damit zufrieden wäre. Wenn ich konzentriert bin und mir Zeit nehme, kann ich die Kraft nach vorne richten. Wenn ich hudle, ungeduldig werde oder auch müde bin, falle ich in ein Muster, mit dem ich zwar sehr schnell vorwärtskomme. Aber mit Bewegungen, die nicht so fließend sind, wie sie sein könnten. Dazu müsste ich länger auf einem Bein stehen, bevor ich das andere absetze. Und dann signalisiert mein Kopf sofort wieder:

Achtung, Gefahr, gleich fällst du! Ein bisschen die Quadratur des Kreises. Aber ich gebe die Hoffnung nicht auf, dass auch das mit viel Üben besser wird. Und für den Fall, dass mein innerer Schweinehund sagt, geht doch schon ganz gut, reicht für heute, du musst nicht mehr vor die Tür, habe ich ja Pauline.

—

Pauline ist mein »Therapiehund«, wenngleich ich mich schon manchmal frage, was genau ihr diese Bezeichnung eingebracht hat. Gut erzogen? Hört aufs Wort? Mit genügend Leckerlis in der Tasche klappt das ganz gut. Ansonsten würde ich sagen: ausbaufähig.

Meine Hündin Lucy starb im Sommer 2013. Nach vierzehn Jahren war das ein großes emotionales Loch. Vor allem in meinen letzten Monaten in Allensbach, wenn wir um die Wette »rannten«, war es jeden Tag ein Lichtblick für mich, dass sie da war. Früher sind wir immer gemeinsam um die Alster gejoggt. Auch wenn ich das nun nicht mehr konnte und unsere gemeinsamen Spaziergänge eher kleine Runden um den Block waren, war ich froh, dass ich sie um mich hatte. Es war sehr, sehr leer, als sie nicht mehr da war.

Zu Hause hatten wir immer Hunde, manchmal gleich mehrere. Als wir sieben und acht Jahre alt waren, schenkten unsere Eltern Eva und mir einen eigenen Hund, Papillons. Ganz nach dem üblichen Prinzip bekamen wir jeder einen – ich einen rot-weißen, meine Schwester einen schwarz-weißen. Meiner hieß »Kuno«, nach Kunibert, dem Ritter ohne Furcht und Tadel – er hat es wirklich mit Würde ertragen, wenn ich ihn in Puppenkleider zwängte. Mein Vater hatte nach einem seiner

Infarkte den ersten Dalmatiner in der Familie. Er musste sich bewegen, also schenkte ihm die Familie einen Hund: Robbi saß eines Weihnachtens mit roter Schleife unter dem Baum. Meine Mutter hatte eine französische Bulldogge, ein selten hässlicher Hund mit dem schönen Namen »Scarlett«; sie war der Meinung, ein so hässlicher Hund müsste wenigstens einen schönen Namen haben. Vivien Leigh als Scarlett O'Hara war die Namensgeberin und wirklich eine legendäre Schönheit. Nach meinem Auszug von zu Hause hatte ich die Jack-Russell-Hündin »Shootie« aus dem Tierheim, später sogar einen Dobermann namens »Henry«, der allerdings nach knapp einem Jahr an Nierenversagen gestorben ist. Und dann kam meine Lucy, die mir viele Jahre enorm viel Freude gemacht hat.

Nach ihrem Tod war ein neuer Hund zunächst kein Thema. Ich hatte genug damit zu tun, den Alltag zu bewältigen. Tagsüber war ich beschäftigt mit den Therapien, später dann auch mit meiner Arbeit für Sky. Allerdings vermisste ich die Gesellschaft und Anhänglichkeit eines Hundes, zumal ich auch erlebte, wie viel Freude ihr neuer kleiner Hund meiner Mutter machte.

Nach dem Tod unseres Vaters war Siggi in einer ähnlichen Situation. Allein in einem leeren Haus, ohne Aufgabe, manchmal sicher auch einsam, obwohl wir nicht weit weg wohnten. Unsere Mutter ist richtig aufgeblüht, als sie wieder einen Hund hatte.

Natürlich bedeutet ein Hund Verantwortung, Aufgabe und Pflicht. Ich war erst dagegen, als Monica mit diesem Thema anfing: Wer geht mit dem Hund bei Glatteis, wenn die Sturzgefahr enorm ist? Was, wenn der Hund mal an der Leine zieht, dann gibt es einen Ruck und schwups, liegt meine Schwester auf der Straße und verletzt sich womöglich noch. Ich selbst wollte die Verantwortung zumindest nicht auf Dauer haben, auch wenn ich im Notfall natürlich eingesprungen wäre. Aber ich war mir ganz grundsätzlich nicht sicher, ob das wirklich das Richtige ist.

Meine Mutter war sofort Feuer und Flamme, Rolf ebenfalls tendenziell dagegen. Es sei zu früh, im nächsten Jahr, versprochen. Eva meinte, wenn überhaupt, dann sollte es wenigstens ein Therapiehund sein. Trainiert und entsprechend vorsichtig an der Leine, damit er mich nicht umreißt. Ich hatte also zumindest teilweise grünes Licht – es war bereits Spätherbst, ich konnte mit meiner Suche nach einem Hund beginnen, wenn er denn nächstes Jahr da sein sollte.

Das Problem war, dass die meisten Behinderten-Begleithunde recht groß sind. Labrador, Golden Retriever, Labradoodle ... Ich wollte aber einen kleinen, mit einem gewissen Kuschelfaktor, einen, mit dem ich auch gemeinsam auf dem Sofa liegen konnte. Mit einem dicken Retriever auf dem Bauch wäre der Kuschelfaktor schnell dahin gewesen.

Nach ein paar freien gemeinsamen Tagen mit unserer Mutter erklärte sich Eva bereit, mit mir im Internet unter dem Stichwort »Therapiehund« nach einem geeigneten Tier zu suchen. Siggi und ich hatten immer wieder das Thema Hund aufgebracht, bis sie irgendwann sagte: »Also gut, ich gebe nach.« Parallel dazu sah ich mir Angebote von Hundesittern und Nachbarschaftshilfen an, die im Notfall einspringen könnten. Die Recherche war gar nicht so leicht. Nach einer Ewigkeit entdeckten wir dann einen kleinen Havaneser mit einer schrecklichen Langhaarfrisur und obligatorischer Haarspange. Aber die Größe war gut. Immer noch eher ein Schoßhund, doch robust genug, um mal eine heftigere Bewegung abzukönnen, ohne dass es gleich weh tut, wenn meine Feinmotorik einmal nicht so funktioniert, wie sie sollte.

Die Züchterin lebte in Brandenburg, nicht gerade um die Ecke, irgendwo in einem kleinen Dorf auf dem platten Land. Wir riefen an und fragten, wann wir vorbeikommen könnten. Als Rolf abends nach Hause kam, erzählte ich ihm begeistert von »Pauline«. Fünf Minuten später hatten wir einen heftigen Krach. Ob ich verrückt sei, wir hätten uns doch darauf geeinigt, über einen Hund erst im nächsten Jahr zu sprechen. Ich hielt dagegen, dass das neue Jahr nicht mehr allzu weit weg war. Sicher, ich machte nach wie vor Fortschritte, aber keine riesigen Sprünge mehr. Ich verstand nicht, was in ein paar Wochen anders sein sollte. Wir hatten diesen Hund jetzt entdeckt, wer wusste schon, wann sich so eine Möglichkeit wieder ergeben würde. Außerdem wollte ich mir den Hund ja auch erst einmal ansehen. Rolf lenkte ein, nicht ohne vorher zu sagen: »Aber auf gar keinen Fall bringst du ihn gleich mit nach Hause!«

Ich hatte ihn noch gefragt, ob wir nicht gemeinsam hinfahren könnten, einen Ausflug aufs Land machen, eine nette Abwechslung. Am Ende klappte es nicht, aus Termingründen. Also stieg ich mit Eva ins Auto. Nach fast vier Stunden Fahrt waren wir endlich da. Die Züchterin erzählte uns, sie habe in den vergangenen Jahren intensiv mit Pauline gearbeitet. Sie seien zusammen in Kliniken und Altersheime gegangen, und selbst Demente, die normalerweise kein Wort mehr herausbrachten, hätten mit dem Hund auf dem Schoß geredet. Tiere könnten längst vergessene Emotionen wieder hervorholen. Auch für mich war das ein wichtiger Punkt, mit Hilfe des Hundes Ebenen im Gehirn zu aktivieren, die nicht mehr so gut funktionierten. Mit Lucy hatte das funktioniert. Sie hatte mich zum Lachen gebracht, sie spürte, wenn es mir nicht gut ging, sie war immer und überall an meiner Seite.

Am Telefon hatte uns die Züchterin gesagt, es gebe noch zwei andere Bewerber, die sich Pauline ansehen wollten. Während unseres Gesprächs wich der Hund nicht mehr von meiner Seite, er saß immer neben meinem Stuhl. Als wir uns verabschieden wollten, fragte die Züchterin plötzlich, ob wir Pauline nicht mitnehmen wollten. Sie mache das sonst eigentlich nicht, aber da der Hund bereits eine Entscheidung getroffen habe, würde sie ihn uns mitgeben.

Puh! Eva und ich diskutierten hin und her. Am Ende gab die lange Fahrt den Ausschlag. Noch einmal insgesamt fast acht Stunden durch die Gegend juckeln ... Wir nahmen Pauline mit.

Es war ein bisschen mit Ansage. Rolf tobte, machte vor allem Eva Vorwürfe, sie sei verantwortungslos, wenigstens von ihr hätte er mehr Realitätssinn erwartet. »Die Sache ist noch nicht durch!« Wir saßen bedröppelt da wie zwei Schulkinder vor dem Direktor.

Die Sache war tatsächlich nicht durch, immer wieder gab es in den Wochen danach Diskussionen um Pauline. Sie war klasse, sie war toll, ein unglaublich fröhlicher Hund und ein Kuschelbär. Ich war glücklich, dass sie da war. Auch Rolf, der Hunde eigentlich gerne mag, musste zugeben, dass es gut lief. Aber der Stachel, dass wir ihn übergangen hatten, saß.

Letztlich diskutierten wir aneinander vorbei. Rolf hatte ihr grundsätzlich die Zustimmung für einen Hund gegeben. Und ob nun für November oder für Januar, das machte de facto keinen Unterschied. Monica würde sich in dem ihr möglichen Rahmen kümmern, für alles andere würde sich eine Lösung finden. Meine Mutter könnte einspringen, es gab Hundesitter, und zur Not war ich ja auch noch da. Wo also war das Problem?

Das Problem war laut Rolf, dass jetzt gerade mal eine Phase angebrochen sei, in der es ein bisschen überschaubarer geworden war. In der die Belastung nicht mehr so groß war und man sich jetzt eine neue mit dem Hund ins Haus holte. Dass man dadurch nicht mehr so flexibel sei, nicht spontan ins Kino oder zum Essen gehen könnte.

Das sah ich einfach nicht ein, das war früher mit Lucy auch problemlos gegangen. Und an all diesen Gründen gegen einen Hund hätte sich nichts geändert, wenn wir Pauline wenige Wochen später und damit im neuen Jahr geholt hätten.

Im Rückblick war die Diskussion um Pauline wohl ein Scheingefecht. Ein Symptom dafür, dass es irgendwo hakte. Dass einer sich weniger wahrgenommen fühlte, dass Bedürfnisse plötzlich scheinbar gegeneinanderstanden. Nicht der Hund war das Problem, nicht der Zeitpunkt, nicht ich mit meinen Einschränkungen; Rolf hatte offenbar das Gefühl, an seine Grenzen gekommen zu sein.

12

In jedem Abschied liegt ein Neuanfang

Ich glaube, dass wir nicht getrennt wären ohne meine Erkrankung. Sie hat nicht nur uns, sondern auch unsere Beziehung verändert. Sie hat alles verändert.

Das ist natürlich ein bisschen Spökenkiekerei. Niemand kann voraussagen, wie sich Beziehungen entwickeln. Trotzdem bin ich überzeugt davon, dass Rolf und ich ohne dieses Unglück noch zusammen wären. Die gemeinsame Zeit, die danach kam, hat vieles verändert. Jeder von uns ist an seine Grenzen gebracht worden, jeder hat diese Grenzen ein Stück weit überschritten. In den ersten vier Jahren nach den Operationen war die Belastung sehr hoch. Erst die ständige Angst, die emotionale Achterbahn nach all den Komplikationen und Rückschlägen; dann mit ansehen zu müssen, wie mühsam jeder Millimeter zurück ins Leben war. Der 8. Januar 2009 hat uns beide in eine völlig neue Rolle katapultiert.

Früher war es vielleicht eher so gewesen, dass ich voranmarschiert bin. Ein Stück weit die Richtung vorgegeben habe, auch für uns beide. Jetzt gab die Erkrankung die Richtung vor, und ich selbst war anfangs nicht einmal mehr in der Lage, eine Entscheidung für mich zu treffen, klar zu denken, mich klar zu äußern. Ich war nicht länger die starke Frau, sondern ein hilfloses Bündel Mensch.

In dieser Zeit habe ich Rolf noch einmal ganz anders erlebt. Aufeinander verlassen konnten wir uns schon immer. Aber neu war die Bedingungslosigkeit, mit der er für das eintrat, was ihm wichtig war. Ohne Angst davor anzuecken und ohne Kompromisse einzugehen, nur um des lieben Friedens willen. Es gibt eine Szene aus der Frühreha in Allensbach, die mir hängengeblieben ist, obwohl sonst viel aus dieser Zeit einfach weg ist. Es ging um einen Besuch in der Augenklinik wegen der Doppelbilder, die ich sah, wenn ich überhaupt etwas sah. Ein Liegendtransport war angefordert worden, weil die Fahrt in die Klinik etwas dauern würde. Die Pfleger hatten mich in den großen Rollstuhl gepackt und nach draußen geschoben; im Krankenwagen sollte ich dann auf eine Liege gehoben werden. Als der Wagen endlich kam, klappte Rolf die Kinnlade herunter. Es war ein ganz normaler Transporter. Eigentlich kein Problem: Man hätte mich mit dem Rollstuhl hineinschieben können, ihn sichern, fertig. Genau das sagte ich dann auch: »Lass mal, wird schon irgendwie gehen.« Rolf wollte nichts davon hören. Entweder es kommt der angeforderte Liegendtransport, oder wir brechen die ganze Aktion an dieser Stelle ab und verschieben den Termin in der Klinik.

Ich war völlig platt. In den vielen Jahren, die wir zusammen waren, hatte ich Rolf als richtigen Harmoniemenschen erlebt, nicht als jemanden, der gleich auf Konfrontationskurs ging. Und das ohne Wenn und Aber auch durchzog. Der Termin in der Augenklinik wurde tatsächlich verschoben.

Das war vielleicht einer der Schlüsselmomente, in denen ich mich ein Stück weit neu in ihn verliebt habe. Er stand in dieser ganzen Zeit auf eine Weise hinter mir, die man sich vielleicht wünscht, die man in einer Partnerschaft vielleicht als selbstverständlich annimmt, die es aber nicht ist. Zumindest nicht, wenn man den Statistiken glauben kann. Von den wenigen Paaren, die eine solche Extremsituation überhaupt über Jahre hinweg ausgehalten haben, trennen sich nach einer gewissen Zeit noch einmal über die Hälfte. Oft sind es in diesen Fällen die Betroffenen selbst, die einen Schlussstrich ziehen.

Rolf hat versucht, während meiner langen Zeit in der Klinik und anschließend in der Reha alles durch meine Augen zu sehen. Was gut für mich war, was nicht, wie er mich unterstützen konnte. Wie meine ganze Familie hat er an mich geglaubt, auch zu Zeiten, in denen man eigentlich an nichts glauben konnte. In denen ich mit kaum mehr als einem Lächeln und ein paar Worten auf etwas reagieren konnte. Ein andauerndes Lesen zwischen den Zeilen, ein Zurücknehmen der eigenen Person, das viel Kraft kostet.

Rolf ist in dieser Zeit an seiner neuen Rolle gewachsen, ein Stück weit auch über sich hinaus. Mir selbst ist es in den vergangenen Jahren immer schwerer gefallen, mit meiner eigenen neuen Rolle klarzukommen. Ich habe sehr hart dafür gekämpft, wieder selbständig zu werden, wieder auf Augenhöhe zu kommen. Ich wollte nicht, dass alle immer nur gaben und ich das Gefühl hatte, ich kann nichts oder nur sehr wenig zurückgeben. Eva würde jetzt wahrscheinlich sagen: Du spinnst, du hast uns allen sehr viel zurückgegeben. Für einen Unabhängigkeitsmenschen wie mich war diese Abhängigkeitssituation aber schwierig.

In einem Interview nach der *Goldenen Kamera* hat Rolf einmal gesagt, mein Heiratsantrag sei die größtmögliche Kraftanstrengung gewesen, wieder ein Stück weit auf diese Augenhöhe zu kommen. Mehr hätte ich in diesem Moment nicht geben können. Er wusste, dass ich so etwas vorher nie, nie, nie im Leben gemacht hätte. Die Frage, wann wir denn nun heiraten würden, wurde mir danach in jedem Interview gestellt. Es war eine Frage, die sich für uns beide letztlich nicht stellte, zumindest nicht zu dieser Zeit. Wenn auch aus anderen Gründen als früher. Ich will nicht sagen, dass ich eine Heiratsgegnerin gewesen wäre. Ich fand es einfach nur ein schönes Gefühl, sich jeden Tag von neuem für den Partner entscheiden zu können. Außerdem wollte ich erst wieder ganz gesund werden, und davon war ich 2011 noch ein ganzes Stück weit entfernt. Eva hatte bei meiner Verabschiedung in Allensbach den leitenden Professor gefragt, ob er eine Prognose abgeben würde, inwieweit ich »wiederhergestellt« werden könnte. Er war erst ausgewichen, so genau könne man das nicht sagen, hatte dann aber eine gewagt: Zu siebzig, vielleicht zu achtzig Prozent. Meine Schwester hatte in ihrer typischen Art geantwortet: »Wie schön, den Rest schaffen wir auch noch!« Aber das war leichter gesagt als getan ...

In den letzten beiden Jahren bin ich diesem »Rest«

Stück für Stück ein wenig näher gekommen. Und gerade als ich das Gefühl hatte, ich kann wieder weitgehend so, wie ich möchte, kam die Trennung. Ich war überrascht, denn ich glaubte fest daran, dass wir so viel gemeinsam durchgestanden hatten, dass uns das eher noch näher zusammengebracht hatte. Das hat es sicher auch, aber auf einer anderen Ebene hat es uns voneinander entfernt.

—

Im Rückblick fügen sich vielleicht manche Puzzleteile zusammen, jedenfalls ist mir bewusst geworden, dass es ein schleichender Prozess war. Vielleicht will man in einer solchen schmerzhaften Situation aber auch nur, dass sich die Puzzleteile zusammenfügen, weil man es so besser nachvollziehen kann. Wobei das den Sturz aus allen Wolken auch nicht sanfter macht.

Unser gemeinsamer Alltag hatte sich in den letzten ein, zwei Jahren tatsächlich verändert. Wir haben früher beide sehr viel gearbeitet, uns oft auch über einen längeren Zeitraum nicht gesehen. Wenn ich wochenlang von der Tour de France berichtete oder von den Olympischen Spielen wie 2008 in Peking. Oder wenn wir pendelten, weil der eine gerade in Hamburg arbeitete, der andere in München oder Berlin. Selbst wenn wir beide gemeinsam in Hamburg waren, gaben wir uns manchmal nur die Klinke in die Hand. Das war ganz normal.

Seit dem Unglück war nichts mehr normal. Ich war sehr viel stärker an die Wohnung gebunden, und mein Tagesablauf wurde durch die vielen Therapien bestimmt. Immerhin war ich inzwischen wieder so selbständig, dass Rolf sein gewohntes Leben wieder aufnehmen konnte. Er engagierte sich stark in seinem Job, traf sich mit Kollegen und Freunden, ging zum Sport, so dass der Anteil der Zeit, die er zu Hause verbrachte, deutlich geringer wurde.

Die enorme Konzentration meines ganzen Umfelds auf die Folgen meiner Erkrankung forderte mit der Zeit einen gewissen Tribut. Es war lange ein Ungleichgewicht gewesen, vor allem, was die Belastungen anging; nun musste eine neue Balance gefunden werden, mit der wir uns schwertaten. Ich konnte an unserem Leben nicht mehr so wie früher teilnehmen, wir waren als Paar nicht mehr auf Augenhöhe, weil sich das Gefüge in der Beziehung hin zum »Partner als Patient« verschoben hatte und damit in eine Schieflage geraten war.

Rolf hat – wie alle anderen aus meinem engsten Umfeld – sehr viel geschultert. Jeder geht anders mit dieser Belastung um. Er ist immer schon jemand gewesen, der sich auseinandergesetzt, Dinge hinterfragt hat, sich hinterfragt hat. Um anschließend nach Möglichkeit alles im Konsens zu entscheiden. Ich gehe da eher schon mal mit dem Kopf durch die Wand. 2009 und 2010 war eine Extremsituation, da gab es keinen Konsens, nur Schwarz und Weiß. Nur ein Funktionieren, ein Reagieren von Tag zu Tag, eine lange Schleife aus Rückschlägen und Fortschritten.

Und danach kam die nächste Schleife, das schrittweise, mühsame Zurücktasten in den Alltag. Natürlich hat sich unser Zusammenleben verändert. Manches ist intensiver geworden, manches verlorengegangen. Manches lässt sich ausgleichen, manches nicht. Rolf hat einmal zu mir gesagt, es sei irgendwie eine schizophrene Situation gewesen. Auf der einen Seite dieses tiefe Band, das noch fester geworden ist. Auf der anderen dieser massive Einschnitt, auch was unsere Zweisamkeit angeht. Kann man ja nachvollziehen, so wie er mich erlebt hat.

Ich glaube, dass Rolf sich die Entscheidung nicht leichtgemacht hat. Es ist nie leicht, sich einzugestehen, dass etwas zu Ende geht oder bereits zu Ende gegangen ist. Aus meiner Sicht hätte es gerade wieder beginnen können, da ich mich mittlerweile wieder stärker und unabhängiger fühlte.

Es war nicht lange her, dass wir noch Pläne geschmiedet haben für die Zukunft. Die kleine Lichterkette neben den beiden roten Metallherzen auf dem Balkon brannte immer noch: »Bis du wieder durch die Tür unserer Wohnung gehst, bleibt sie brennen«, hatte Rolf in seinem Tagebuch notiert. Sie hatte uns jeden Tag daran erinnert, was wir uns versprochen hatten. In guten wie in schlechten Zeiten. Beide hatten wir gehabt, beide im Übermaß.

Trennungen passieren, jeden Tag, überall auf der Welt. Sie tun weh, aber sie gehören zum Leben dazu. In den Tagen, an denen es mir richtig mies ging, an denen ich Schmerzen hatte, dass ich nicht mehr wusste, wo oben und unten ist, habe ich nicht so viel geheult wie in dieser Zeit. Vor Rolf hatte meine längste Beziehung ein halbes Jahr gedauert. Wir hatten fast achtzehn gemeinsame Jahre hinter uns. Es war wie ein einziges schwarzes Loch. Alles war weg. Die Gesundheit, der Job, das Aussehen, das ganze alte Leben, jetzt auch noch Rolf. Das hat mir den Boden unter den Füßen weggezogen. Vor anderen richtig herausgelassen habe ich das selten, selbst vor Eva fiel mir das schwer.

Nach der Trennung von Rolf ist noch einmal eine Wand hochgegangen. Sie diszipliniert sich wieder, das Preußische kommt da rasend schnell hoch. Unsere Mutter hat das auch. Wenn man sie fragt, wie es ihr geht, wird man nie von ihr zu hören bekommen, dass es ihr schlecht geht. Sie würde immer sagen: Alles ist gut. Auch uns gegenüber. Nie Schwäche zeigen. Das hat Monica in einem solchen Maße, dass man zwischen den Zeilen lesen können muss, und das ist verdammt schwer. Zu heulen oder auch Teller zu schmeißen hat in diesem Moment nichts Befreiendes. Eher noch etwas Belastendes, weil man die Kontrolle verliert.

Außerdem bringt es ja auch nichts, es ändert nichts, man muss versuchen, damit klarzukommen. Ich war auch nicht wütend, nur sehr traurig und enttäuscht.
Eine Freundin wollte letzthin wissen, ob ich die Trennung auch als eine Art Chance sehen könnte; weil ich meine Kraft dann noch stärker auf mich, auf die »fehlenden Prozent« richten könnte. Ich weiß nicht, ich denke, dafür ist das alles noch zu frisch. Aber es heißt ja, die Zeit heilt alle Wunden ... Ich versuche, unsere Trennung als eine weitere Hürde zu sehen, die ich nehmen muss. Eine Hürde, über die ich auch noch rüberkommen werde. Ich wurde vor kurzem einmal gefragt, ob Rolf nun ein »gefallener Held« sei, mein Bild von ihm beschädigt sei. Das ist es nicht. Für mich ändert sich nichts an diesem Bild, er war in dieser Zeit mein Held, und daran wird sich auch nichts ändern.
Eva meinte letztens, sie sei davon überzeugt, dass es den richtigen Partner für bestimmte Lebensabschnitte

gebe. Ein langer Abschnitt sei zu Ende gegangen, aber eines Tages würde noch einmal ein »souveräner Mann« auftauchen, da sei sie sich ganz sicher. Weil in meinem Leben immer schon eine neue Tür aufgegangen sei, wenn eine andere zugefallen war.

13
Bruch mit einem Tabu

Den Moment, an dem ich gesagt hätte, es reicht, ich bereite dem ein Ende, den gab es nie. Es gibt ja keine Alternative. Mich vom Balkon zu stürzen, da hätte ich nicht den Mut dazu gehabt. Glaube ich zumindest. Außerdem wäre dann die ganze Mühe umsonst gewesen. Es wäre doch schrecklich, wenn ich das alles wegwerfen würde, was ich erreicht habe.

Am 17. Juli 2015 erschien in der *Hannoverschen Allgemeinen Zeitung* ein langes Interview, das ich gemeinsam mit meiner Mutter gegeben hatte. Das Word-Dokument, das ich anschließend zur Freigabe erhielt, umfasste insgesamt fünf Seiten. Es ging, wie bei vielen vorangegangenen Gesprächen mit Journalisten, um meine Erkrankung, die langwierige Reha, meine Fortschritte, die *Goldene Kamera*, Brasilien, die Trennung von Rolf,

Zukunftsträume ... Eigentlich war alles wie immer. Nur dass ich in diesem Interview einen Satz sagte, der sofort aufgegriffen wurde. Nicht nur von der Presse und den sozialen Medien:

> Frage: Was wäre gewesen, wenn es die OP nicht gegeben hätte?
> Sigrid Lierhaus: Monica ist freiwillig zur Schlachtbank gegangen. Aber ohne OP wäre sie irgendwann tot umgefallen. Kein Mensch hätte sie dann retten können. Darauf wäre ja keiner gekommen. Gott sei Dank hast du es machen lassen, ohne Wenn und Aber.
> Monica Lierhaus: Ich weiß nicht, ob ich es wieder machen lassen würde. Ich glaube, ich würde es nicht mehr machen.
> Sigrid Lierhaus: Du wärst sonst tot.
> Monica Lierhaus: Egal. Dann wäre mir vieles erspart geblieben.

Dass ich im gleichen Interview sagte, dass sich allein für die WM in Brasilien, für mein Comeback als Sportreporterin vor der Kamera, alle Mühen gelohnt hatten, ging völlig unter. Ebenso, dass ich weiterkämpfen und auch den neuesten Rückschlag durch die Trennung von Rolf schon irgendwie hinbekommen werde. Weil die Welt sich weiterdreht, weil man weitermachen muss, selbst wenn es schwerfällt. Nur dieser eine Satz, dass ich mich mit dem Wissen von heute wahrscheinlich nicht noch einmal operieren lassen würde, blieb hängen. Und sorgte für entsprechende Schlagzeilen: »Eine neu-behinderte

Prominente würde lieber nicht leben« – »Lieber tot als behindert« – »Der Bärendienst der Monica Lierhaus« – »Sie zeichnet ein falsches Bild« – »Sie hätte besser geschwiegen«, weil so alles nach »Aussichtslosigkeit und ewigem Leid« aussehe.

Das Interview war gerade einmal ein paar Stunden alt, da flog mir dieser eine Satz bereits um die Ohren. Ich bin lange genug dabei, um zu wissen, wie Medien funktionieren. Es braucht diesen einen besonderen Satz, um eine Schlagzeile zu generieren. Es braucht diesen einen Teaser, um das Interesse der Leser zu wecken. Auch wenn er wahlweise aus dem Zusammenhang gerissen wird oder nur einen winzigen Ausschnitt aus einem Gespräch abbildet. Wie in diesem Fall.

Trotzdem war ich von der Heftigkeit der Reaktionen überrascht. Es war offenbar ein weiterer falscher öffentlicher Moment gewesen, wie schon bei der *Goldenen Kamera*. Damals hatte es nicht nur hämische Kommentare wegen meines ungeschickten Antrags gegeben, sondern auch, weil manche Leute meinten, in meinem desolaten Zustand hätte ich mich der Öffentlichkeit nicht zumuten sollen.

Nun war eine einzige Äußerung von mir eine Zumutung. Warum eigentlich? Weil ich meine Situation nicht weglächelte, alles prima? Sondern weil ich indirekt gesagt habe, dass es auch ganz furchtbare Momente in meinem Leben gibt? Wohlgemerkt: In *meinem* Leben. Weil ich ehrlich war? Und das war ich, indem ich gesagt habe, ja, es gibt ein Auf und Ab. Und ja, darauf könnte ich manchmal gut verzichten.

Wer würde das nicht manchmal von seinem eigenen Leben sagen? Warum wurde mir ein Tabubruch vorgeworfen? Das Recht abgesprochen, meine eigene Situation auch mal kritisch zu betrachten und das auch offen auszusprechen?

Jeder von uns kann nur sein eigenes Leben beurteilen, jeder hat seine ganz persönliche Sichtweise darauf. Jeder von uns durchlebt Höhen und Tiefen. Und jeder geht anders damit um. Ich lebe seit 2009 mit den Folgen meiner Entscheidung. Ich mache niemandem einen Vorwurf, im Gegenteil. Es ist, wie es ist, und ich versuche, das Beste daraus zu machen. Meistens gelingt mir das auch. Dennoch gibt es Momente, in denen ich mit den Folgen meiner Entscheidung hadere. In denen ich einfach in einem emotionalen Loch sitze, das immer tiefer, immer schwärzer wird. In denen ich nicht das sehe, was wieder geht, sondern nur das, was immer noch nicht geht. In denen es mich frustriert, dass ich die Disziplin aufbringen muss, weiter an mir zu arbeiten. Obwohl mir Disziplin eigentlich nicht schwerfällt. In denen ich verzweifle, in denen ich vor Schmerzen schreien könnte, in denen das Liegenbleiben keine Lösung ist und das Aufstehen auch nicht. Ich habe es, wie jeder Mensch, an manchen Tagen einfach satt. Und ich habe genau wie jeder andere das Recht, manche Momente als Belastung zu empfinden. Das Recht, manchmal keine Kraft mehr zu haben. Den Verlust meines alten Lebens stärker zu spüren als das »Geschenk« des neuen. Das kein Geschenk ist, sondern hart erarbeitet. Und ich sollte wie jeder andere das Recht haben, darüber ehrlich reden zu dürfen. Über mein eigenes Leben, meine eigenen Empfindungen. Nicht mehr, aber auch nicht weniger.

Ich war überhaupt nicht darauf vorbereitet, dass ich genau das offenbar nicht hätte tun dürfen. Weil mir mit einem Mal eine Vorbildfunktion zugesprochen wurde, die ich nie haben wollte. Früher nicht und jetzt auch nicht. Weil ich plötzlich angeblich stellvertretend für viele gesprochen habe, nicht mehr nur für mich. Weil ein ganz persönlicher Satz mit einem Mal Allgemeingültigkeit bekommen hat. Es hieß, ich hätte mit meiner Äußerung »den Wert anderer behinderter Menschen in Frage gestellt« und »ein Bild gezeichnet, dass Menschen mit Behinderungen *alle* lieber tot als behindert wären«. Mit keiner Silbe habe ich das getan. In keiner Sekunde würde mir das auch nur in den Sinn kommen. Ich habe auf eine konkrete Frage zu meinem Leben nur eine ehrliche Antwort gegeben.

Dass nun daraus abgeleitet wird, ich würde ein Leben mit Einschränkungen als nicht lebenswert darstellen, ist verletzend und stimmt mich traurig. Niemals würde ich mir anmaßen, über andere und ihre Lebensweise oder Haltung zu urteilen, so wie manche Menschen es lautstark in meinem Fall getan haben.

Dass man mir nun mangelnde Dankbarkeit vorwirft, ist zynisch. Man kann mir auch wirklich nicht vorwerfen, ich hätte mich hängenlassen. Das wäre manchmal sicher einfacher gewesen, als weiterzumachen. Ich bin dankbar dafür, dass ich so weit gekommen bin. Trotzdem ist das eine Erfahrung, auf die ich gerne verzichtet hätte. Ich lebe 24 Stunden am Tag mit ihr, mit den Folgen. Ein Spaziergang ist das nicht. Dass ich das so empfinde, ist kein GAU, wie manche Kritiker meinten. Es ist einfach nur die Wahrheit.

Darf man nicht mehr sagen, dass einen die eigene Existenz überfordert? Darf man nicht aussprechen, dass manche Tage einfach schwierig sind, bei all dem, was zu stemmen ist? Das darf man offenbar nicht, zumindest nicht öffentlich, wenn man kein ganz gesunder Mensch mehr ist. Ich musste mir von der Geschäftsführerin des baden-württembergischen Verbandes für Körper- und Mehrfachbehinderte anhören, im »Vergleich zu anderen Behinderten« gehe es mir doch »gut«. Was soll ein solcher Vergleich, eine solche Bewertung? Wer will von außen beurteilen, wie es jemandem geht? Selbst wenn zwei Menschen den haargenau gleichen Krankheitsverlauf, die gleiche Behinderung hätten, könnten sie doch zwei grundverschiedene Meinungen dazu haben. Niemand lebt dasselbe Leben, jeder hat seine ganz eigene Sicht.

Niemand außer mir kann nachempfinden, wie ich die vergangenen Jahre erlebt habe. Deshalb sollte man mein Leben auch nicht in Bezug setzen zum Leben anderer. Nicht das eine Handicap mit einem anderen gleichsetzen. Denkt man den Vorwurf, mir gehe es doch vergleichsweise gut, zu Ende, wäre die Empörung dann geringer gewesen? Wäre ich der schwere Pflegefall geblieben, von dem die Ärzte anfangs ausgingen, dürfte ich dann sagen: Ich würde mich heute wahrscheinlich dagegen entscheiden, weil ich dann schlechter dran wäre als andere?

Dürfte ich dann in »Selbstmitleid versinken«, wie der Vorsitzende des allgemeinen Behindertenverbandes über meine Äußerung urteilte? Auch in Selbstmitleid bin ich mit keinem Wort, keiner Zeile in diesem Interview versunken. Auch in keinem anderen Interview, das ich in den vergangenen Jahren gegeben habe. Ich habe immer gesagt, Jammern hilft nicht, es muss weitergehen, und es wird weitergehen, aufgeben gilt nicht.

Im Internet gab es nun Stimmen, die mich genau dazu aufforderten. Endlich aufzugeben, endlich Schluss zu machen. Es waren zum Glück nur wenige Menschen, die sich so heftig und aggressiv äußerten. Ich bekam unendlich viele Zuschriften, vor allem von Betroffenen und ihren Angehörigen, die mir für meinen Mut dankten. Auch wenn ich nur für mich gesprochen habe, hätte ich auch ihnen eine Stimme gegeben. Viele dieser Mails und Briefe haben mich berührt. Und sie haben mir gezeigt, dass das Leben mit Einschränkungen in unserer Gesellschaft keineswegs so selbstverständlich ist, wie es sein sollte. Hätten sich die Verbandsvertreter meiner Äußerung von der anderen Seite her genähert, sich gefragt, *warum* ich das gesagt habe, wäre das vielleicht hilfreicher gewesen. Es braucht keine »Lierhaus-Debatte«, sondern eher eine darüber, wie die Wirklichkeit aussieht.

Ich habe es selbst erlebt, wie es ist, wie ein Monster angestarrt zu werden. Wie es ist, wenn andere die Straßenseite wechseln. Wie es ist, wenn man mit einer Mischung aus Mitleid und offener Ablehnung konfrontiert wird.

Eines der heftigsten Erlebnisse in dieser Hinsicht hatte ich noch während meiner Zeit in Allensbach, kurz vor Ende der Reha. Ich hatte mit der Zeit einen richtigen Klinikkoller entwickelt und war kaum mehr dort zu halten. Ich hatte Heimweh und wollte nur noch nach Hause. Meine Eltern hatten gedacht, ein Tapetenwechsel würde mir und Rolf guttun, und ein Zimmer in einem Wellnesshotel in Konstanz gebucht. Zum Abendessen gingen wir hinunter ins Restaurant, alles sehr gediegen, gedämpftes Licht, die Tische schön eingedeckt. Alle blickten von ihren Tellern auf, als ich hereinkam und mich ungelenk zu unserem Platz durchhangelte. Auch als wir längst saßen, gab es immer noch einige, die tuschelten, alle paar Minuten herübersahen.

Auf der Speisekarte entdeckte ich verschiedene Menüs mit Ente. Ich liebe Ente, traute mich aber nicht, mehr als zwei Gänge zu bestellen. Endlich kein Süppchen, keine Schonkost und schon gar kein Brokkoli mehr. Das Essen kam, und ich habe mich selig darauf gestürzt. Prompt habe ich mich heftig verschluckt und einen elenden Hustenanfall bekommen. Alle guckten. Die Blicke haben mich getroffen: Muss man so eine denn in ein Restaurant zerren? Kann die denn nicht zu Hause essen? Muss man sich mit einem solchen Handicap in die Öffentlichkeit begeben?

Genau solche Reaktionen haben später dazu geführt, dass ich nicht mehr aus dem Haus gehen wollte. Weil man dadurch ständig damit konfrontiert wird, dass man anders ist, dass man eben nicht normal ist. Dass gelebte Inklusion keineswegs selbstverständlich ist.

Die Solidarität endet oft da, wo man selbst indirekt davon betroffen ist, sich irgendwie davon eingeschränkt fühlt, dass ein anderer nicht so kann, wie man das erwartet. Mir ist eine Situation hängengeblieben in einem Supermarkt, in dem ich oft nach einer der Therapien einkaufte. Ich wollte einige Putenschnitzel kaufen für ein Currygericht. Ich fragte die Verkäuferin, ob sie mir die Schnitzel bitte kleinschneiden und eine zweite Portion als Vorrat einschweißen könnte. Gerne, kein Problem. Als ich mit Eva an die Theke gekommen war, waren wir die einzigen Kunden. Das änderte sich, noch während das Fleisch geschnitten wurde. Einige Leute beließen es nicht nur bei einem ungeduldigen Schnauben und Augenrollen.

Ich neige in solchen Momenten dazu, die Aktion abzubrechen und zu sagen, geht schon, packen Sie es einfach nur ein. Eva ist da ganz anders. Sie drehte sich um, strahlte die Leute in der Schlange an und sagte: »Ist es nicht toll, dass die Dame hinter der Theke einen so unterstützt, wenn man auf diese Unterstützung angewiesen ist?« Betretenes Schweigen. Unser Vater hat immer schon gesagt, Freundlichkeit ist die größte Gemeinheit. Und das stimmt auch.

Im gleichen Supermarkt hatte ich übrigens das umgekehrte Erlebnis. Als selbst Eva nach meinem gefühlt fünfzigsten Versuch, die EC-Karte richtig herum in das Lesegerät zu stecken, gesagt hat: »Nu lass mich mal machen, die Leute warten schon«, sagte die Kassiererin ganz gelassen: »Wir haben doch alle Zeit, oder nicht? Das ist doch eine super Übung für das räumliche Denken!«

Das hatte eine Art der Selbstverständlichkeit, die eigentlich normal sein sollte, es aber immer noch nicht ist. Die auch ich früher nicht hatte, weil ich »von der anderen Seite« komme. Ich bin nicht mit Einschränkungen auf die Welt gekommen und habe erst lernen müssen, wie das ist. Vom grünen Tisch aus kann man das nicht beurteilen. Nicht die Kämpfe, die Schmerzen, das Starren, die latente Ablehnung, die trotzdem vorhanden ist, auch wenn das politisch nicht korrekt ist. Niemand, der das nicht selbst erlebt hat, weiß, welche Belastungen damit verbunden sind, auch für die Angehörigen. Und niemand kann sagen, wie er oder sie im konkreten Fall damit umgehen würde.

Es gibt viele Menschen mit Einschränkungen, welcher Art auch immer, die ihr Leben schön finden. Nicht »trotz allem«, sondern genau so, wie es ist. In der Gesellschaft gelten sie als »erfolgreich Behinderte«, wie Christina Berndt in der *Süddeutschen Zeitung* schrieb.[9] Mit ihnen

---

9 Christina Berndt: »Es ist ihr Leben«. In: *Süddeutsche Zeitung* 169, 25./26. Juli 2015.

kann man »punkten«, wenn es um Inklusion geht und darum, dass schon alles in Ordnung ist. Wer will denn hören, dass es auch anders aussieht? Dass in unserer Gesellschaft Betroffene, Familien und Angehörige oft genug alleingelassen werden?

Genau davon haben mir viele Menschen geschrieben. Ich wollte mit meinem Satz nie diese Diskussion anstoßen, ich habe einfach nur gesagt, wie ich empfinde. Ich habe die Situation, in die ich geraten war, angenommen, auch wenn ich sie nie akzeptiert habe. Hätte ich mich gefügt, hätte ich das Gefühl gehabt, ich stecke auf. Ich ergebe mich meinem Schicksal, wenngleich ich das Wort nicht mag. Und auch das sage ich nur für mich. Jeder, der in eine solche Lage gerät, wird anders damit umgehen.

Mein Leben ist ein täglicher Kampf geworden. Ich habe eine irreparable Gleichgewichtsstörung, die dazu führt, dass ich jederzeit stürzen und mich schwer verletzen kann, denn ich habe kaum noch Reflexe, um mich aufzufangen. Die Stürze und Platzwunden in all den Jahren kann ich schon nicht mehr zählen.

Ich habe dadurch, wie schon mehrfach erwähnt, einen erhöhten Muskeltonus, alles ist komplett angespannt und verhärtet, was zu starken Schmerzen in der gesamten Rückenmuskulatur führt. Ich kann mich manchmal kaum bewegen, nicht lange liegen, sitzen oder stehen. Der Schmerz bestimmt mein Leben, beherrscht oft meine Konzentration, meine Gedanken und meine Gefühle.

Wer vorher gesund war und dann durch einen Schicksalsschlag mit Behinderungen oder Schmerzen zu kämpfen hat, ist ja noch im Kern der »alte Mensch«. Er fühlt sich noch so wie im alten Leben, und es ist, zumindest für mich, manchmal sehr schwer, in einem neuen Körper ein neues Leben zu bewältigen.

Ich bin oft verzweifelt, aber: JA! Ich kämpfe für eine bessere Lebensqualität und arbeite hart daran. Seit Jahren. Jeden Tag. Und ich werde weiterkämpfen, denn es lohnt sich. Aber ich werde nicht mich selbst oder andere belügen und Dinge schönreden. Ich habe mich nie verbiegen lassen. Es gibt kein richtig und falsch – jeder muss für sich seinen Weg finden. Nur den kann man mit all seiner Kraft gehen. Und eine Medaille hat immer zwei Seiten. Nur beide zusammen ergeben das ganze Bild.

Epilog

Hut ab vor Ihnen, dass Sie den Mut hatten, öffentlich das auszusprechen, was viele Menschen denken, die einen solchen Schicksalsschlag erlitten haben und deren Leben von einem Tag auf den anderen total umgekrempelt wurde. Lassen Sie sich bitte nicht unterkriegen, machen Sie weiter!

Aus einer der vielen E-Mails, die ich nach
dem Interview vom 17. Juli 2015
erhalten habe

Nicht zuletzt auch die vielen positiven Zuschriften, die ich nach diesem letzten »Shitstorm« erhalten habe, haben mir den Mut gegeben, mich meiner Geschichte zu stellen und sie niederzuschreiben. Und dabei auch in Ecken zu leuchten, die mir Angst gemacht haben und in die ich lieber nicht so genau hineinsehen wollte. Die Arbeit an diesem Buch war für mich eine wichtige Auseinandersetzung mit dem, was passiert ist. Ein großer Schritt auf dem Weg der Verarbeitung. Währenddessen bin ich durch viele Täler gegangen. Vieles von dem, was ich verdrängt und weggeschoben habe, um die ersten Schritte in meinem neuen Leben überhaupt gehen zu können, habe ich noch einmal durchlebt. Es war manchmal ein sehr schmerzhafter Prozess, aber einer, der notwendig war. Um die Dinge erspüren und verstehen zu können und sie ein Stück weit danach auch loslassen zu können.

Jeder Schritt, den ich seit dem Unglück bis heute gegangen bin, war im Rückblick betrachtet einer nach vorne. Auch wenn ich manchmal in meiner Ungeduld gedacht habe, dass es nur ein sehr kleiner war, so war jeder Schritt für sich genommen doch ein Riesensatz. Weil es immer auch darum ging, den Glauben an das Gute und das Schöne im Leben nicht zu verlieren. Jeder Schritt war mit Hoffnung verbunden. Und mit jedem Schritt habe ich versucht, einen Wackerstein nach dem anderen aus meinem Rucksack zu werfen, ein Licht nach dem anderen anzuzünden in diesem Tunnel, der mir oft so entsetzlich lang vorgekommen ist. Ich weiß, dass ich nach wie vor noch ein Stück des Weges vor mir habe; aber ich erlebe immer noch, dass es jeden Tag besser wird, dass ich nicht stagniere. Jeden Tag werde ich noch ein bisschen leistungsfähiger, und das spornt mich an weiterzumachen.

Mein Leben ist anders geworden, aber es ist trotzdem noch mein Leben. Ich habe nur dieses eine – und ich habe sehr darum ringen müssen, dass ich es überhaupt behalten habe. Der Kampf zurück war nicht leicht, aber er hat sich gelohnt. Denn ich habe vieles dabei gelernt. Darüber, was ein Mensch aushalten kann, und auch, welche Selbstheilungskräfte in unserem Körper stecken. Darüber, dass man unendlich viel schaffen kann, auch wenn die dunkelsten Stunden ganz finster sind. Mit dem Glauben an sich selbst, mit dem Glauben an den Partner oder die Familie, an die Liebe und die Kraft des engsten Umfelds können wir alle viel mehr schaffen, als wir uns selbst zutrauen. Leider muss man manchmal erst in eine so extreme Situation geraten, bis man das merkt.

Ich selbst war schon immer dann besonders stark, wenn ich mit dem Rücken zur Wand stand. Nehmerqualitäten, wie Eva dazu sagen würde.

> Das hat sie eindeutig von unserem Vater – der ist auch immer wieder aufgestanden, wenn er gesundheitlich vom Leben umgehauen wurde. Ihre wenigen Defizite nehme ich gar nicht mehr so wahr, die empfindet sie selbst wohl am stärksten. Was sie wirklich geleistet hat, können Außenstehende kaum ermessen. Noch nicht einmal wir, die wir so dicht dran waren. Es war viel schwerer für sie weiterzuleben, als sich aufzugeben. Sie kommt von null, sie war eine lebende Leiche. Kein Arzt hat an sie geglaubt. Jetzt macht sie mir morgens einen Kaffee, wir sitzen in ihrer Küche und quatschen, gehen gemeinsam mit Pauline am Strand entlang, freuen uns über die Heckenrosen, die immer so herrlich duften. Sie arbeitet wieder ... das ist alles unglaublich. Vor allem ist sie noch immer jemand, der sehr geradlinig und direkt ist. Jemand, der niemals aufgibt, weitergeht, immer weiter.

Aber auch für mich war es in dieser ganz besonderen Situation nicht leicht, jeden Tag von neuem die Fäuste hochzunehmen und weiterzukämpfen. »Nicht aufgeben«, das ist manchmal schnell dahingesagt. Jeden Tag den inneren Schweinehund zu überwinden und weiterzumarschieren, das kostet Energie. Aber wenn man dann zurückblickt und sieht, welche Wegstrecke man bereits geschafft hat, gibt einem das enorm viel Kraft für die nächste Etappe. Wie bei Beppo Straßenkehrer, Schritt für Schritt, Meter für Meter, aber doch immer weiter. Das ist es, was am Ende zählt. Ich hoffe, dass ich mit meiner Geschichte Ihnen, meinen Lesern, ein Stück weit Mut machen konnte, Ihren Weg zu gehen. An sich zu glauben, die Hoffnung nicht aufzugeben.

Ich habe vor Jahren einmal ein Buch geschrieben mit dem Titel *Unsere Zukunft ist jetzt*. Auch ich habe eine Zeitlang gebraucht, bis ich mein neues Leben, meine neue Zukunft annehmen konnte. Gegen die Folgen meiner Erkrankung stemme ich mich nach wie vor, will immer noch besser werden, weiter an mir arbeiten. Aber das Erlebte gehört zu mir, es hat mich und mein Umfeld geprägt.

In den vergangenen Monaten habe ich bei der Arbeit an diesem Buch sehr intensiv zurückgeblickt. Der Prozess der Verarbeitung ist damit sicher noch nicht ganz abgeschlossen – aber nun möchte ich nach vorne blicken. Es gibt unendlich viele Dinge, die ich noch tun möchte. Nach wie vor ist mein Alltag unter der Woche geprägt von Trainingseinheiten. Montag Neuropsychologie und Sprachtherapie; Dienstag Physiotherapie und Massage; Mittwoch Hippotherapie; Freitag Hippotherapie, Physiotherapie und Massage. Das ist die Pflicht. Aber ich bin entschlossen, mich nun auch mit all meiner Kraft der Kür zu widmen.

Als ich kürzlich mit Eva für ein paar Tage an der Nordsee war, gingen wir lange am Strand entlang. Pauline sauste über den Sand, hüpfte vor den Wellen davon und kläffte übermütig, alles an ihr war Lebensfreude pur. Wir sprachen über Träume und Ziele und neue Aufgaben. Nach unserem Spaziergang schrieben wir einiges davon auf. So entstand unsere »Löffelliste«. Mit Dingen, die wir noch erleben möchten, bevor wir den »Löffel abgeben« – daher die etwas seltsame Bezeichnung. Sicherlich ist das eine oder andere Wunschdenken, aber träumen muss erlaubt sein. Auf meiner Liste steht zum Beispiel

- freihändig eine Treppe hinaufgehen
- eine Delphintherapie machen
- doch noch einmal einen Anlauf machen, um Zöpfe zu flechten! Oder einen Pferdeschwanz hinzukriegen
- Australien endlich bereisen und wie Lucky Luke in den Sonnenuntergang reiten
- Steffi Graf interviewen
- Robert de Niro und Götz George treffen
- einen Tandemsprung machen (allerdings ohne Eva, die hätte viel zu viel Angst)
- eine Schwarzwälderkirschtorte nach Siggis Rezept alleine backen und dekorieren, damit die Familientradition weiter fortgesetzt wird
- in einem deutschen Kino- oder Fernsehfilm (gerne bei Rosamunde Pilcher, der schönen Umgebung wegen) mitspielen
- mich für andere Menschen engagieren und etwas von der Unterstützung zurückgeben, die ich erfahren habe

Ich bin wahnsinnig stolz auf meine Familie und sehr dankbar dafür, dass und wie sie diesen schwierigen Weg bis heute mit mir gegangen ist. Das hat mir Mut und Kraft gegeben, die ich gerne weitergeben möchte. Auch den vielen Menschen da draußen, die in einer vergleichbaren Situation vielleicht nicht so viel Unterstützung erfahren. Oder die an sich zweifeln und daran, ob sie die Kraft und Disziplin aufbringen können, um weiterzumachen. Ihnen und ihren Familien möchte ich Mut machen, niemals aufzugeben.

Natürlich habe ich während meiner Zeit in der Reha auch Fälle erlebt, bei denen man Zweifel an der Berechtigung von Hoffnung haben konnte. Aber: Auch in meinem Fall gab es eigentlich keine Hoffnung. Meine Familie hat so viele Hiobsbotschaften erhalten, dass man ihren unerschütterlichen Glauben an meine Gesundung für realitätsfern hätte erklären können. Ich selbst habe so viele Rückschläge erlitten, dass ich sie kaum noch zählen kann. Die Erfahrungen, die meine Familie in dieser Zeit gemacht hat, und die Entwicklungsschritte, die ich gegen jede Prognose vollzogen habe, haben uns allen gezeigt, dass man sich nicht damit zufriedengeben sollte, wenn es heißt, die Tür ist endgültig zu. Es lohnt sich, an ihr zu rütteln. Nicht aufzugeben, nach anderen Schlüsseln zu suchen, bis sich die Tür wieder ein Stück weit öffnet.

Vielen Ärzten habe ich sehr viel zu verdanken. Aber auch sie sind nur Menschen. Sie machen Fehler. Sie können nicht alles wissen. Und bei so komplexen Krankheitsbildern, wie ich sie hatte, tappen auch sie oft genug im Dunkeln und können keine verlässlichen Prognosen abgeben. Jeder Krankheitsverlauf ist anders; man kann Leid und Schmerz nicht vergleichen. Gleich ist aber, dass irgendwann ein Punkt kommt, an dem man selbst oder das Umfeld Gefahr läuft, die Hoffnung zu verlieren. Für die Patienten wird in akuten Krisensituationen alles medizinisch Mögliche getan. Für die Angehörigen, deren

Leben ebenfalls aus den Fugen gerät, wird hier aus meiner Sicht zu wenig getan. Es fehlt, wie das auch in meinem Fall war, ein Stück weit die Aufklärung, wie wichtig zum Beispiel eine aktive Komabegleitung, ist. Es fehlt oft an einer psychologischen Unterstützung, und später, in der Rehaphase, wird leider häufig nach Schema F gearbeitet, nicht immer nach individuellen Bedürfnissen. Darüber hinaus fehlt vielen Angehörigen manchmal auch der Mut, ihrem eigenen Gefühl zu trauen, weitere Meinungen einzuholen und manche Empfehlungen oder Entscheidungen der Mediziner kritisch zu hinterfragen.

Meine Geschichte lässt sich sicher nicht eins zu eins auf andere Betroffene übertragen. Aber eines lässt sich ganz sicher übertragen: Geben Sie nicht auf! Kämpfen Sie weiter! Wenn ich das an dieser Stelle so deutlich sage, ist das kein Widerspruch zu meinem Satz, dass ich mich mit dem Wissen von heute wahrscheinlich gegen diese Operation entschieden hätte. Denn ich habe in den vergangenen Jahren Erfahrungen gemacht, auf die ich gerne verzichtet hätte. Das Unglück hat mir unter dem Strich all das genommen, was mein Leben bis dahin ausgemacht hatte. Und es hat mir in gewisser Weise einen neuen Platz zugewiesen in unserer Gesellschaft. Denn ich habe auch die Erfahrung gemacht, dass ein Leben mit Einschränkungen oder einem Handicap in unserer Gesellschaft keineswegs selbstverständlich ist.

Inklusion ist ein wahnsinnig sperriges Wort. Es meint die Integration von Menschen, die nicht zu hundert Prozent funktionieren, die anders sind als das, was man als »normal« bezeichnet. Viele solchermaßen Betroffene leben am Rand unserer Gesellschaft. In Heimen und Therapiezentren, wo sie »nicht so auffallen«. Im Kreis ihrer Familien, die mit dieser wichtigen Aufgabe oft genug alleingelassen werden, sich damit auch manchmal überfordert fühlen. Das auszusprechen, dass nicht immer alles Gold ist, fällt den wenigsten leicht. Und wie sehr solche Sätze missverstanden werden können, habe ich selbst erlebt. Ich bin gespannt, was gewisse Hamburger Medien diesmal für Schlüsse aus meinen Äußerungen ziehen werden ...

Auch ich kann all das erst in vollem Umfang nachempfinden, seit ich selbst in diese Situation gekommen bin. Dann verändert sich die Perspektive. Dann versteht man auf einmal vieles, worüber man vorher vielleicht nur »vom grünen Tisch«, aus einer gewissen Distanz, geurteilt hat. Nach dem Motto: Wieso? Das mit der Inklusion klappt doch schon ganz gut, da ist doch schon vieles vorangegangen.

Ist das wirklich so? Und hinkt der Kopf nicht ein Stück weit hinterher? Natürlich ist vieles besser geworden – aber hat unsere Gesellschaft den Schritt hin zu einem selbstverständlichen Umgang mit Gehandicapten tatsächlich vollzogen? Auch hier kann ich nur meine Erfahrungen wiedergeben, und die zeigen, dass wir davon noch ein ganzes Stück weit entfernt sind. Aus meiner Sicht fehlt die Selbstverständlichkeit in vielen Bereichen, und vor allem fehlt die Erkenntnis, dass Inklusion etwas Bereicherndes sein kann. Und zwar in beide Richtungen: für die Betroffenen, die auf diese Weise erleben, dass sie einen Platz mittendrin haben; und für die Gesellschaft, sofern sie ihre Maßstäbe überdenkt und erkennt, dass sie viel zurückbekommt.

> Ich kann das an einem kleinen, ganz banalen Beispiel schildern, wieder einmal aus einem Hambur-

ger Supermarkt. Wir waren zum ersten Mal zum Einkaufen dort, nach einer von Monicas Therapien. Als wir an die Kasse kamen, saß da eine junge Frau, der der Unterarm fehlte. Mit einer Hand zog sie die Waren über den Scanner und tippte die endlos langen Ziffern ein, wenn das Gerät den Code nicht erkennen konnte. Ich war im ersten Moment überrascht, dass diese junge Frau an einer Stelle eingesetzt wurde, die selbst einem »Gesunden« so viel abverlangt. Normalerweise bricht einem ja schon als Kunde der Schweiß aus, weil man weiß, gleich muss man in rasender Geschwindigkeit alle Einkäufe auf das Band legen und Sekunden später wieder in den Wagen hinein. Ätzend, auch für die Leute an der Kasse, die unter einem enormen Druck stehen. Je länger ich der jungen Frau zusah, umso erstaunlicher war es, was das mit mir machte. Ich wurde ruhig und ruhiger, dachte mir, siehste, es geht auch anders und es ist gut so. Es war wie eine Art Erholungsblase inmitten der ganzen Hektik des Alltags.

    Ein paar Wochen später waren wir wieder da, und bei diesem Einkauf fiel mir auf, dass noch viel mehr Menschen mit Einschränkungen dort arbeiteten. Ein junger Mann mit Down-Syndrom erklärte mir mit Hingabe, welche meiner Einkäufe auf dem Band seine Lieblingsprodukte seien. Er war einfach hinreißend in seiner Freude, und ich fühlte mich danach viel fröhlicher – es war großartig.

Auch für mich ist der wichtigste Motor nach wie vor die Arbeit. Seit 2014 läuft auf Sky einmal im Monat die

Interviewreihe *Monica Lierhaus trifft ...* Wenn ich diese Sendung mache, bin ich nicht nur schmerzfrei, ich bin glücklich. Weil ich wieder das tue, was ich kann, wofür ich brenne. Weil ich wieder eine Aufgabe habe, für die sich all die Mühen gelohnt haben. Auf diesem Weg möchte ich weitergehen. Im Juni 2015 hatte ich ein Interview mit Vladimir Klitschko. Nach der Aufzeichnung kam er noch einmal zu mir zurück und meinte, dass ich ein großes Vorbild sei. Weil ich mich auch »durchboxen« würde. Und dabei mehr als ein paar blaue Augen hätte einstecken müssen.

Ich habe mich vor dem Unglück auf verschiedenen Ebenen sozial engagiert. Für UNICEF, für andere Stiftungen und Initiativen. Auch damals schon mit dem Gedanken, etwas von dem zurückgeben zu wollen, was mir alles Gutes widerfahren ist in meinem Leben. Ich wollte Aufmerksamkeit schaffen für die Belange derer, denen es schlechter geht. Bei meinen Reisen für UNICEF konnte ich hautnah fühlen, was Leid und Ungerechtigkeit bedeuten. Heute kann ich zu hundert Prozent nachempfinden, was es bedeutet, bei NULL zu stehen. Wieder von vorne anfangen zu müssen und von der Gesellschaft aus einem anderen Blickwinkel wahrgenommen zu werden.

Ich möchte mich in Zukunft mit all meiner Kraft dafür einsetzen, dass unsere Gesellschaft achtsam bleibt, dass sie Menschen, die wegen eines Handicaps am Rand stehen, wieder in ihre Mitte hineinholt. Für mehr Verständnis werben. Ich kann aus Erfahrung sprechen und hoffe, dass ich Partner und Institutionen finden werde, die mich dabei unterstützen, das Thema Inklusion lauter und deutlicher nach vorne zu tragen.

Mein Weg ist noch lange nicht abgeschlossen – und das Leben steckt voller Überraschungen. Mein Motto war schon immer nach Robert Frost: »Im Wald zwei Wege boten sich mir dar, und ich ging den, der weniger betreten war. Und das veränderte mein Leben.« Wer weiß? Vielleicht schreibe ich irgendwann sogar einmal einen Krimi. Wie der Kommissar aussehen soll, weiß ich schon. Auch einige Ideen zur Geschichte habe ich bereits. Nur wie sie ausgehen wird, darauf habe ich mich noch nicht festgelegt. Das habe ich schon einmal getan, und dann hat das Leben die Geschichte doch ganz anders weitergeschrieben.

Danksagung

An dieser Stelle möchte ich DANKE sagen.

Vor allem meiner Schwester Eva und meiner Mutter Sigrid, die mich schon mein ganzes Leben lang mit ihrer Liebe begleiten und die immer für mich da sind. Danken möchte ich auch Rolf Hellgardt für alles, was er in dieser unglaublich schweren Zeit für mich getan hat.

Ein riesengroßes Dankeschön geht an Jacqueline Klöckner, meiner Krankenschwester auf der Intensivstation im UKE in Hamburg, die mich später auch zu Hause betreut hat. Sie schafft es mit ihrem unglaublich trockenen Humor immer wieder, dass wir Tränen lachen. Wie schön, dass ich mit ihr eine liebe Freundin dazugewonnen habe, die vor allem unsere »Mädelsabende« mit ihren kulinarischen Mitbringseln bereichert. Unsere Runde ist für mich immer ein Lichtblick. Überhaupt bin ich dankbar dafür, dass ich unglaublich liebe Freunde und Bekannte habe, die mir helfen, wo sie können – schön, dass es euch gibt!

Großer Dank gilt natürlich auch den Ärzten und der Klinikleitung des UKE, den Professoren Hermann Zeumer, Christian Gerloff, Manfred Westphal und Jörg Debatin, die sich so sehr für mich eingesetzt haben und die meine ganze Familie mit Engelsgeduld ertragen haben, wenn sie wieder geballt im Rudel erschienen ist und sie belagert hat.

Die Schmieder-Klinik in Allensbach am Bodensee hat mit Professor Joachim Liepert an der Spitze den Grundstein für meine Genesung gelegt. Die Haltung und Hingabe der Menschen dort sind so wunderbar, dass ich mich trotz der Umstände sehr wohl fühlen konnte.

Mein besonderer Dank gilt auch den Therapeuten, ohne die ich mit Sicherheit nicht so weit gekommen wäre: Reinhold Rieple, der mich mit viel Geduld und Ausdauer immer wieder hartnäckig gefordert hat. Seine Liebe für seinen Beruf und die Menschen haben mich tief beeindruckt. Sein Dream-Team Tina & Tino hat es mit enormer Fröhlichkeit immer wieder geschafft, mich zu motivieren, was in meinem desolaten Zustand wirklich nicht einfach war.

Meine großen Fortschritte im sprachlichen Bereich verdanke ich Silke Pfeil, der es mit Loriot immer wieder gelingt, den eintönigen Übungen etwas Leben einzuhauchen. Ihre herzliche und fröhliche Art machen die Stunden mit ihr zu einem Vergnügen.

Meine größte Baustelle, die Rückenschmerzen und das Gangbild, hat Uwe Harste als Erster mit einigem Erfolg bearbeitet. Ohne ihn hätte ich die Strapazen wohl nicht auf mich nehmen können, zweimal nach Brasilien zur WM zu fliegen. Dass ich das schaffen konnte, dafür bin ich ihm unendlich dankbar.

Ich hatte einen Traum, der mir in der schlimmsten Phase meines Lebens Hoffnung geben sollte – das war der Traum, zur Fußballweltmeisterschaft nach Brasilien zu fliegen. Diesen Traum hat mir der Fernsehsender Sky erfüllt. Allen voran Dominik Böhner, der die Interviewserie *Monica Lierhaus trifft* ... mit entwickelt und mich zur WM begleitet hat, sowie Roman Steuer und Carsten Schmidt. Sie haben dieses Abenteuer ermöglicht, wofür ich ihnen von Herzen danke!

Axel Balkausky und Volker Herres von der ARD danke ich für ihre Diskretion und den Rückhalt in der ersten schweren Zeit nach dem großen Schock. Ebenso gilt mein Dank Christian Kipper und der Deutschen Fernsehlotterie, die wunderbare Arbeit in einem so wichtigen Bereich leistet. Danke, dass ich ein Teil dessen sein durfte.

Sehr geholfen haben mir auch die Tausenden Zuschriften und E-Mails von Menschen aus aller Welt. Sie haben mir Mut gemacht, als ich am Ende war. Sie haben sich geöffnet, mich an ihren eigenen Schicksalen teilhaben lassen. Viele dieser Zuschriften haben mich sehr bewegt.

Großer Dank an Bettina Eltner vom Ullstein-Verlag. Über Jahre hatte ich alle Anfragen von Verlagen erfolgreich abgewehrt, doch sie hat es geschafft, mich zu überzeugen, meine Geschichte niederzuschreiben. Ohne ihr Engagement wäre dieses Buch nicht entstanden.

Vor allem danke ich Heike Gronemeier, die mich bei diesem oft schmerzhaften Prozess so phantastisch unterstützt und begleitet hat. Ihre sensible und ruhige Art hat mir geholfen, mich zu öffnen und meine Erfahrungen in Worte zu fassen. Ich hätte mir keine bessere Co-Autorin wünschen können – sie ist mir während der Zeit unserer Zusammenarbeit eine Freundin geworden.

Bildnachweis

Wenn nicht anders vermerkt handelt es sich bei den Abbildungen im Bildteil um private Fotos:
S. 1: © Thorsten Eichhorst / Thomas & Thomas
S. 3, oben: © Arne Weychardt
S. 8: © Christian Schoppe